*À mon père
pour qui le sport
a toujours été
source de vie*

Photo de la couverture: Le Belge Enzo Scifo (n° 10) tente de surprendre le onze anglais. Le gardien Peter Shilton et les défenseurs Paul Parker (n° 12) et Des Walker, consternés, surveillent la trajectoire du ballon. (Italia 90. Huitième de finale: Angleterre 1 • Belgique 0.)

Photo de la quatrième de couverture: Jacques Gagnon en entrevue avec Carlos Valderrama, le milieu offensif vedette de la sélection de Colombie. (Photo: León Monsalve)

Mise en pages: Folio infographie
Révision: Giovanni Calabrese
Conception de la couverture: Mardigrafe

© Editions Mille-Iles

Dépôt légal: 2ᵉ trimestre 1994
Bibliothèque nationale du Québec
Bibliothèque nationale du Canada

Diffusion au Canada
Diffusion Dimedia
539, boulevard Lebeau
Saint-Laurent (Québec)
H4N 1S2
Téléphone: (514) 336-3941 • Télécopieur: (514) 331-3916

Données de catalogage avant publication (Canada)
Gagnon, Jacques, 1935-

La fantastique histoire de la Coupe du monde de soccer

(Sport Mille-Iles)
Comprend des réf. bibliogr.
ISBN 2-920993-31-3

1. Coupe du monde (Football association) - Histoire. 2. Football association - Histoire. I. Titre. II. Collection.

GV943.49.G53   1994   796.334'668   C94-940834-4

JACQUES GAGNON

La fantastique histoire de la Coupe du monde de soccer

REMERCIEMENTS

Guido Tognoni, Fédération internationale de football association

Terry Quinn, président, Association canadienne de soccer

Jean Gandubert, Fédération québécoise de soccer-football

André Gagnon, Fédération québécoise de soccer-football

Sam Foulds et Lois Emmanuelli, American National Soccer Hall of Fame

Bert Patenaude, fils

Georges Schwartz, RDS

Gérard Ernault, *L'Équipe*

François de Montvalon, *France football*

Serge Laget et Dominique Bartholomé, Service de documentation de France Football

Francis Huertas, correspondant de *France football* en Argentine

Pascal Cifarelli, *Québec soccer*

Jean Trudelle, *La Presse*

AVANT-PROPOS

J'aime ce sport. J'ai été conquis d'entrée.

Juin 1958, étudiant à Paris, je regarde à la télévision mes premiers matchs. L'occasion est grandiose, c'est la sixième Coupe du monde en Suède. Émerveillé, je découvre un jeu beau et fascinant. C'est l'âge d'or du football.

L'offensive se déploie, toutes voiles dehors. Quatre attaquants et des buts, des buts. France 7 Paraguay 3; France 4 Irlande du Nord 0; France 6 Allemagne de l'Ouest 3; mais aussi Brésil 5 France 2 et en finale Brésil 5 Suède 2.

Une superbe équipe de France mais des Brésiliens touchés par la grâce. Parmi eux, Edson Arantes Do Nascimento qu'on appelle déjà Pelé à Santos. C'est l'émergence d'un homme-dieu.

Heureuse initiation pour un jeune Québécois vibrant aux sports d'équipe, mais totalement ignorant en matière de «football». Pourquoi ce soudain ravissement?

Sans doute la qualité des matchs, mais aussi et surtout la conscience instantanée d'un sport éminemment collectif où chaque passe devient un lien entre des hommes qui s'emploient à une tâche commune sans hiérarchie sinon celle qui est tacitement acceptée par les joueurs eux-mêmes et qui s'établit spontanément selon les qualités reconnues à chacun.

Ce n'est qu'en 1969 que je serai de nouveau plongé dans le monde passionné du soccer-football. Coopérant technique en Algérie, j'aurai le privilège de voir à la télévision plusieurs rencontres de la plus fabuleuse des Coupes du monde, celle de 1970 au Mexique. Des noms surgissent: Pelé, au sommet de son art,

Rivelino, Tostao, Rivera, Riva, Beckenbauer, Muller et autres Charlton, Banks... Jamais la Coupe du monde n'aura suscité un tel enchantement.

À partir de là je ne décrocherai plus, achetant tout ce qui peut satisfaire mon appétit: journaux, magazines, livres en français, en anglais, en espagnol, rien ne m'échappe.

Depuis 1982, j'ai la chance de couvrir les Coupes du monde comme journaliste. J'ai l'impression d'avoir saisi une partie de la poésie qui émane de ce sport. La beauté du geste, le rythme d'un match, l'insolite osmose entre les joueurs constituent un hymne à la joie et une émotion constamment renouvelée.

Et cette ambiance unique des stades où un match est synonyme de fête populaire et de bonheur. Un appel à la convivialité, une communion, un partage mais également une participation intense au spectacle, voilà l'essence même, la raison d'être d'un match — ne dit-on pas aussi rencontre — de soccer.

Grâce aux hommes qui ont marqué les Coupes du monde depuis 1930, j'ose espérer vous faire partager les plaisirs que procure ce sport, véritable langage universel.

LA PRÉHISTOIRE

«Ore un ballon poussé sur une verte place...»
RONSARD, *Les amours de Marie*, XVIᵉ siècle

Bien avant l'avènement de la première Coupe du monde en 1930, le soccer-football s'était implanté solidement dans plusieurs pays. Mais les origines lointaines de ce jeu se perdent dans les brumes de l'histoire. On «parle» de joutes de balle qui se disputaient déjà en Chine, 2500 ans avant J.-C.

Le Moyen Âge, en France, verra l'apparition de la soule ou choule selon les régions. Puis, en Italie, au XVIᵉ siècle, ce sont des tournois de «calcio» qui sont organisés, en particulier à Florence. En plus de diriger un ballon vers un but adverse, le calcio, nom que porte toujours le soccer en Italie, contribue à une certaine organisation du jeu. Les participants à ces tournois, qui attiraient surtout l'aristocratie, se voyaient attribuer des positions sur le terrain: les avants, les demis, les arrières... On peut déjà voir, dans le calcio, un ancêtre plus directement relié au soccer.

L'influente Angleterre

L'histoire est truffée de légendes et celle du soccer ne s'en prive pas. Ainsi pendant des siècles, à Kingston-on-Thames en

Angleterre, on s'est réclamé d'une coutume ancestrale datant du VIIIe siècle selon laquelle les Saxons, à la suite d'une victoire sur un chef viking, auraient botté sa tête à travers les rues du village.

Le ballon, c'est aussi un peu le soleil. En Bretagne, à l'ère médiévale, le but du jeu est de se saisir du ballon et de l'emporter pour s'assurer des récoltes abondantes.

À la fin du Moyen Âge, en Angleterre et en Écosse, les jeux de balle étaient populaires, mais pour des raisons religieuses ou par mesure de sécurité, les autorités durent les interdire car les parties avaient lieu en pleine rue et mettaient aux prises des centaines de participants. Les règles étaient inexistantes.

Mais le football appartenait déjà au peuple et cet attachement allait forcer le gouvernement, en 1488, à le légaliser.

Il faut toutefois situer la naissance du soccer moderne au milieu du XIXe siècle. Et ce sont les Anglais, «inventeurs» de plusieurs sports comme le tennis, la boxe, le golf... qui sont également à l'origine du soccer.

Dans la mentalité anglo-saxonne, déjà à cette époque, le développement du corps allait de pair avec celui de l'esprit. Cette notion n'a été reconnue ici que beaucoup plus tard. Cent ans après, au début des années 50, étudiants dans une école secondaire de Montréal, nous devions disputer nos matchs de basketball dans le gymnase d'une école primaire anglaise située juste en face. Nous étions privés d'installations sportives intérieures, nous, jeunes francophones du secondaire, alors que les «enfants» du secteur primaire anglais jouissaient de ces avantages depuis toujours. Un monde nous séparait.

C'est donc dans les universités et écoles britanniques, au début du siècle dernier, que le soccer allait amorcer un rayonnement qui n'aura de limites que les plus lointaines frontières de la planète.

Dès 1815, le collège d'Eton se dote des premiers règlements connus, mais c'est en 1848 que les institutions d'enseignement supérieur anglaises s'entendent sur des lois communes régissant le «socker» («sock» signifie bas ou chaussette et aussi coup de pied) plus tard le soccer.

En 1823, un étudiant du collège de Rugby lors d'un match saisit le ballon de ses mains et le dépose dans le but adverse. William Webb Ellis, 16 ans, venait d'inventer le rugby, ancêtre du football américain et canadien. Le rugby bourgeonnera dans les jardins de la classe bourgeoise alors que le soccer s'épanouira au sein des masses populaires.

Pendant longtemps le soccer a porté le nom de Football Association pour le distinguer du Football Rugby. C'est de là que vient le nom hybride de Fédération internationale de football association (FIFA).

Forts de leur révolution industrielle, à la fin du siècle dernier, les patrons anglais construiront des stades tout près des usines pour permettre aux travailleurs fourbus d'oublier, au moins le dimanche, leur dur labeur. Peut-être espéraient-ils ainsi que les énergies investies dans le sport ne seraient pas canalisées vers la création de syndicats.

Lorsqu'en 1863 la Football Association voit le jour, un pas énorme a été franchi. C'est la première association nationale et celle qui régit toujours le soccer en Angleterre.

Pour bien comprendre l'influence que le Royaume-Uni exerce encore aujourd'hui sur l'ensemble des pays du monde en matière de soccer, précisons que les lois du jeu ont toujours été l'affaire des Britanniques. L'International Board, création de la Football Association et des autres associations anglo-saxonnes (pays de Galles, Irlande du Nord et Écosse), décide des modifications à apporter aux lois du jeu. Or ce Board est formé de quatre représentants des associations britanniques et de quatre autres émanant de tous les autres pays du monde.

D'autre part, cent quatre-vingt-dix pays sont actuellement membres de la FIFA. Il s'agit de fédérations, d'associations, de confédérations... Au Canada, c'est l'Association canadienne de soccer; aux États-Unis, c'est la United States Soccer Federation; au Brésil, la Confédération brésilienne de football. Mais en Angleterre, c'est la Football Association, point. Elle ne porte pas le nom du pays contrairement à toutes les autres. Comme s'il n'y en avait qu'une.

C'est grâce aussi à la Football Association que la FIFA

reconnaît toujours à l'Irlande du Nord, à l'Écosse et au pays de Galles le droit de participer aux compétitions internationales sous leur nom même si ces régions sont politiquement intégrées au Royaume-Uni.

Naissance de la FIFA

Sous l'impulsion des Français, qui croient à l'avenir du football dans le monde, la Fédération internationale de football association voit le jour à Paris, le 21 mai 1904. La Belgique, le Danemark, la Hollande, l'Espagne, la Suède, la Suisse et la France en sont les membres fondateurs.

Le Français Robert Guérin, président de l'organisme naissant, solidement appuyé par le Hollandais Walter Hirshmann, souhaite organiser une grande compétition internationale avec les pays membres le plus tôt possible.

Un premier projet de Coupe du monde est mis en avant. Sa réalisation est prévue pour l'été 1906 en Suisse. L'Angleterre, qui a joint les rangs de la FIFA en 1905, s'opposera à cette idée sous prétexte que seul le soccer britannique avait atteint l'âge adulte. À cette époque, l'Angleterre était une puissance politique considérable. À la tête d'un vaste empire qui s'étendait des Indes jusqu'au Canada, les Anglais se considéraient nettement comme supérieurs à tout point de vue. Pour eux, cette idée de Coupe du monde était prématurée.

De plus, le projet était d'origine française, et cela risquait fort de porter ombrage à la nation qui avait «donné» le football à l'humanité. La Coupe du monde de 1906 n'eut donc pas lieu.

Puis l'Europe entra en guerre en 1914 et, jusqu'en 1918, le travail de la FIFA fut improductif. Mais dès 1921 et avec l'arrivée de Jules Rimet à la présidence de l'organisme international — un autre Français —, le débat reprit sur l'opportunité d'organiser un tournoi mondial.

Pourquoi autant de tergiversations? Les choses n'étaient pas simples. Le football s'était développé dans plusieurs pays mais de façon très éclectique. Parfois il était bien structuré, parfois moins. Mais surtout, le professionnalisme avait trouvé sa voie en

Autriche, en Hongrie et en Tchécoslovaquie. Ces pays avaient refusé de participer aux Jeux olympiques de 1928 conscients de ne pouvoir y envoyer leurs meilleurs éléments, les professionnels étant exclus des Jeux.

Il devenait alors évident que les Olympiades ne pouvaient plus être le lieu pour déterminer l'hégémonie suprême en football. C'est la thèse que défendra habilement Henri Delaunay, français aussi, devenu secrétaire de la FIFA. C'est grâce à sa détermination que le congrès de mai 1928 adoptera finalement (23 pour et 5 contre) les résolutions suivantes:

1) La FIFA organisera tous les quatre ans, à partir de 1930, un championnat mondial de football ouvert aux professionnels et aux amateurs.
2) Seules les associations nationales membres pourront s'inscrire à cette compétition.

Après une longue, très longue période de gestation, la Coupe du monde allait naître.

Chapitre 1

1930 Uruguay

LA «CÉLESTE» AU PARADIS

> «Le football est une fleur qui pousse
> sur les terrains pauvres.»
> TÉLÉ SANTANA, entraîneur brésilien

31 juillet 1930. Alors que la silhouette de l'énorme diri-
geable, le R-100, se dessine au-dessus de Montréal au terme
d'un voyage transocéanique depuis l'Angleterre, la première
Coupe du monde vient de rendre son verdict à Montevideo, en
Uruguay. Les maillots bleu ciel de la sélection uruguayenne —
d'où son nom: «la Céleste» — l'avaient emporté le veille devant
l'Argentine 4 à 2 en finale au stade Centenario.

Pourtant cette grande fête avait bien failli ne pas avoir lieu.
La FIFA avait choisi l'Uruguay, récent vainqueur des Jeux
olympiques de 1924 et 1928, pour accueillir la première Coupe
du monde parce que ce petit pays avait offert de rembourser les
dépenses des pays participants et promis de construire un
immense stade, le stade Centenario, pour célébrer le centenaire
de son indépendance en 1930. Les Uruguayens sont fous de
football. En 1966, lors de la phase finale de la Coupe du monde

en Angleterre, leur entraîneur Viera n'allait-il pas déclarer: «Les autres pays ont leur histoire, l'Uruguay a son football.»

L'Europe timide

Malgré tout, il fallut tout le pouvoir de conviction des dirigeants de la fédération internationale pour persuader finalement quatre pays européens de participer à ce premier tournoi de la FIFA. La France, qui avait longtemps hésité, acquiesça pour une raison évidente. C'est elle qui était à l'origine de la Coupe du monde, comment pouvait-elle s'y soustraire? La Belgique, la Roumanie et la Yougoslavie acceptèrent également pour donner à cette première finale une dimension intercontinentale. Sans une présence européenne, il y aurait eu éclatement de la FIFA car les pays latino-américains avaient menacé de quitter l'organisme international.

Il faut comprendre que cette compétition, tenue en Amérique du Sud, posait de sérieux problèmes aux clubs européens d'où provenaient les joueurs sélectionnés. Il fallait partir pratiquement deux mois. L'interruption des championnats nationaux s'imposait et allait coûter cher aux différents clubs impliqués. Voilà pourquoi la Hongrie, l'Autriche et la Tchécoslovaquie se sont abstenues.

Une autre absence fut fort remarquée, celle de l'Angleterre, pays qui avait révélé et structuré le soccer-football. Les Anglais n'avaient pas participé à la création de la FIFA mais ils y avaient adhéré dès 1905 puis s'étaient retirés de 1920 à 1924 et de 1928 à 1946. Cette attitude hautaine allait coûter très cher à la trop fière Albion lorsqu'elle se présentera finalement à la Coupe du monde de 1950.

La finale de 1930 avait donc mis en valeur deux sélections sud-américaines. Ce n'était pas une surprise, l'Uruguay et l'Argentine ayant dominé de la tête et des épaules les Jeux olympiques de 1928 à Amsterdam. Les Uruguayens revinrent avec la médaille d'or, leur deuxième d'affilée.

Comment expliquer cette étonnante vitalité du football sud-américain? Bien sûr les professionnels anglais, hongrois, autrichiens et tchécoslovaques étaient exclus des Jeux olympiques. Mais auraient-ils fait beaucoup mieux quand on voit avec quelle aisance l'Argentine et l'Uruguay ont franchi les étapes vers la finale !

C'est grâce à la présence anglaise un peu partout dans le monde mais spécialement en Amérique du Sud que ces pays ont progressé aussi rapidement. Francis Huertas, correspondant sud-américain de *France football* précise: «Dès 1904, en Argentine, le club INDEPENDIENTE, le plus titré d'Amérique du Sud avec 7 Copa Libertadores (coupe des clubs champions d'Amérique du Sud) a été créé par un groupe de jeunes Anglais qui travaillaient à Buenos Aires dans un magasin appelé "À la ville de Londres". Son premier nom fut "Independiente Football Club". La couleur de son maillot — rouge — est une référence directe au club Nottingham Forest dont ces jeunes Anglais étaient supporters. Il en est de même pour un autre grand club argentin le "River Plate" dont le nom est anglais. En Uruguay, on retrouve également l'influence britannique avec les clubs Liverpool ou Wanderers. Même scénario au Chili avec Everton O'Higgins et les Rangers. L'immigration européenne, en général, explique par la suite non plus l'établissement du football mais son développement. Les immigrants, issus de pays où le football avait une solide assise, s'installèrent entre autres au Brésil où on retrouve l'influence portugaise, bien sûr, et le club Vasco de Gama. Cette équipe contribua à populariser le ballon rond, alors réservé à une élite, en engageant des joueurs noirs. D'autres exemples: en Argentine les clubs Deportivo Italiano, Deportivo Español...»

Le premier match, le premier but

Si plusieurs rencontres de ce premier tournoi mondial «ouvert» n'ont pas laissé, dans leur foulée, de traces indélébiles, d'autres ont fait l'histoire. Ainsi, lors du premier match de cette Coupe du monde initiale, un jeune Français, Lucien Laurent, inscrira le tout premier but. C'était à Pocitos, domaine du Penarol de Montevideo, grand club uruguayen encore aujourd'hui, et la France l'avait emporté 4 à 1 sur le Mexique.

Ces mêmes Français disputeront un deuxième match héroïque devant l'Argentine. Un duel épique. Après deux minutes de jeu, Lucien Laurent sera attaqué brutalement par Luisito Monti, demi-centre argentin. Un tacle appuyé, comme on dit. Ce Monti se fera une réputation de joueur violent et il ne ménagera pas non plus le rapide Marcel Pinel qui lui donnera bien du mal.

Comme à l'époque on ne pouvait remplacer un joueur, même blessé, Laurent dut poursuivre sur une seule jambe. Malgré tout, les bleu-blanc-rouge, inspirés par une foule scandant sans arrêt «Francia ! Francia !» tiendront bon. Pour les Uruguayens, l'Argentine était l'ennemi juré. Surtout depuis la finale des Jeux olympiques de 1928 qui avait nécessité deux matchs exténuants avant de voir la victoire de l'Uruguay par 2 buts à 1. Voilà pourquoi il fallait encourager la France.

Mais à la quatre-vingt-deuxième minute, un coup franc direct est accordé aux Argentins. Et ce même Monti marquera des 20 mètres. Suivront des minutes complètement folles. Les Français attaquent comme des déchaînés et au moment d'une échappée de Langiller, l'arbitre brésilien, M. Almeida Rego, siffle la fin de la rencontre. Immédiatement les Français l'entourent et essaient de le convaincre qu'il reste 6 minutes à jouer. Et ils ont raison. Peine perdue, la foule envahit le terrain. Les joueurs se retirent.

Mais au moment où les protagonistes sont aux vestiaires, certains mêmes sous la douche, M. Rego se rend compte finalement de son erreur et rappelle les deux équipes. La police à cheval doit foncer dans la foule pour faire évacuer le terrain. Le match reprendra mais les Français n'ont plus de jambes et le score restera intact. Néanmoins pour le public uruguayen, les héros ce sont les Français qui, disent-ils, auraient dû l'emporter.

Et les joueurs tricolores seront transportés par un public enthousiaste. Furieux, les Argentins menaceront de quitter le tournoi. Ils n'en feront rien, bien sûr, et poursuivront leur parcours vers la finale en éliminant facilement tour à tour le

Mexique (6 à 3) et le Chili (3 à 1) et enfin les étonnants Américains en demi-finale (6 à 1).

Un «Québécois» parmi les grands

Cette sélection venue des États-Unis est tout à fait singulière. Elle regroupait des professionnels britanniques de stature imposante. «Ils avaient les cuisses comme des troncs d'arbre», dira le demi-centre français Pinel qui les avait vus à l'entraînement.

Les Wood, Gallagher, Auld, Brown, Mc Ghee, Moorhouse... s'étaient drôlement bien débrouillées en «sortant» la Belgique et le Paraguay par la même marque de 3 à 0.

Il y avait parmi eux un certain Bertrand Patenaude qui fut la grande vedette américaine réussissant trois buts lors des deux matchs du premier tour. Joseph Arthur Bertrand Patenaude était né le 4 novembre 1909 à Fall River, Massachusetts. Comme beaucoup de Québécois partis conquérir l'eldorado américain vers la fin du XIXᵉ siècle, ses parents s'étaient installés en Nouvelle-Angleterre. Sa mère, Marie-Louise-Rosanna Mailloux, née à Saint-Sébastien-d'Iberville, près de Montréal, avait épousé Wilfrid Patenaude le 12 octobre 1897 à l'église Sainte-Anne de Fall River.

Non seulement Bertrand Patenaude participa-t-il à cette prestigieuse compétition mais il termina cinquième buteur de cette première Coupe du monde et le meilleur parmi les siens. Selon l'*American National Soccer Hall of Fame*, il fut le premier à marquer trois buts dans un même match lors d'une phase finale de la Coupe du monde, soit contre le Paraguay le 17 juillet 1930. Toutefois, les statistiques officielles de la FIFA contredisent cette affirmation. Il aurait plutôt marqué un but contre la Belgique et deux devant le Paraguay. Le troisième filet des États-Unis dans ce troisième match serait l'œuvre de Florie. De toute façon, trois buts en deux rencontres à ce niveau, c'est un véritable exploit et ce tour de force fut celui d'un fils de Québécois.

Bertrand Patenaude se passionna très tôt pour le soccer. Jeune, il occupa un premier emploi dans une épicerie, mais son amour du jeu lui fit perdre son boulot. En effet, un jour, comme il se rendait au travail, il longea un terrain où deux équipes poussaient un ballon rond. Or il manquait un joueur et on l'invita à participer. Il remplit tellement bien son rôle qu'il joua jusqu'à s'épuiser de plaisir. Mais quand il regagna finalement l'épicerie, très en retard, il fut congédié sur-le-champ.

En Uruguay, en 1930, Patenaude n'avait que vingt ans. Sa carrière se prolongea longtemps après. À la suite de cette Coupe du monde, la sélection américaine disputa une série de six matchs en Amérique du Sud. Sur les vingt buts marqués par l'équipe des États-Unis, Patenaude en réussit dix dont deux contre le Santos FC du Brésil, le club auquel Pelé, trente ans plus tard, va donner une dimension mondiale. Il toucha la cible deux fois encore le lendemain contre Sao Paulo.

En 1931, avec les Giants de New York, il termine meilleur buteur de la ligue «américaine» avec vingt-quatre buts même s'il a commencé la saison quelques semaines après les autres. Il marqua à cinq reprises pour Fall River, cette fois, au Polo Grounds de New York dans la grande finale de la National Open Challenge Cup face aux Chicago Bricklayers, le 5 avril 1931. En 1930, dans ce même tournoi, il avait frappé quatre fois en 15 minutes alors qu'il évoluait pour St. Louis. Lors de cette même saison il marqua soixante-trois buts en soixante-douze rencontres. Il poursuivit son parcours à Philadelphie et, en tout, il fut associé à six clubs champions.

Mike Devitt, journaliste sportif de Philadelphie, écrivit en 1937: «À 18 ans, il faisait déjà sensation dans la ligue et à 28 ans, il est un des grands avant-centres des États-Unis.» Enfin, Brian Glanville, journaliste anglais et grand historien du soccer parle de lui dans son livre *Soccer, a History of the Game, its Players and Strategy* publié en 1968. Décidément l'histoire nous réserve de fabuleuses surprises.

Mais cette équipe américaine de Patenaude et compagnie souffrira mille morts contre l'Argentine en demi-finale de cette première Coupe du monde. La vitesse et la technique des Sud-Américains emportèrent ces courageux représentants des États-Unis par 6 buts à 1.

Non, Patenaude n'a pas compté ce jour-là. Les États-Unis termineront ce tournoi en troisième place, un sommet qu'ils ne sont pas près de retrouver.

L'Uruguay exulte

De leur côté, les Uruguayens effectueront un itinéraire sans histoire. Des succès de 1 à 0 face au Pérou et de 4 à 0 sur les Roumains propulsent la Céleste en demi-finale devant les Yougoslaves, derniers rescapés du vieux continent.

Après un but de Sekulic à la quatrième minute pour la Yougoslavie, son copain gardien de but ira cueillir pas moins de six fois le ballon au fond de son filet: 6 à 1 en faveur de l'Uruguay. L'addition était salée. Pourtant, les arrogants Yougoslaves avaient déclaré en arrivant à Montevideo: «Nous sommes venus pour gagner.»

La table était donc mise pour une finale toute sud-américaine. L'Argentine, finaliste vaincue des derniers Jeux olympiques contre l'Uruguay, humait sa revanche.

Trente mille supporteurs argentins, sur des navires nolisés pour l'occasion, devaient traverser le Rio de la Plata jusqu'à Montevideo. La nuit du 29 juillet, veille de la finale, fut embrasée de cris et de chants. La foule en attente sur les quais de Buenos Aires répétait inlassablement: «Argentina, si! Uruguay, no!» et «Victoria o Muerte» (la victoire ou la mort). Une violence qui se limita finalement aux mots.

Une brume opaque empêchera plusieurs navires d'atteindre l'Uruguay. D'autres arriveront à Montevideo mais trop tard pour le match final.

Le coup d'envoi est prévu à 14 heures. Dès 8 heures les tourniquets du stade grincent. Quatre-vingt-dix mille personnes se blottissent dans les gradins du Centenario, inauguré quelques jours plus tôt lors du match Uruguay-Pérou. Le stade peut contenir 100 000 spectateurs mais sécurité oblige. Ambiance exceptionnelle. Dix mille des trente mille Argentins arrivés le matin trouveront place dans les tribunes. La police les avait fouillés à leur arrivée dans le port de Montevideo pour tenter d'éviter tout incident, la réaction des foules étant imprévisible.

Après avoir pris une assurance-vie spéciale — on redoutait particulièrement le comportement des masses sud-américaines —, M. John Langenus, arbitre belge tiré à quatre épingles, procède à la mise au jeu. Il a déjà dirigé trois rencontres avec une autorité reconnue dans un contexte pourtant difficile où la violence atteint un niveau insoupçonné en Europe.

Pendant un match du premier tour entre le Chili et l'Argentine, par exemple, Luis Monti, le milieu argentin, le joueur le plus violent du tournoi, administre un terrible croc-en-jambe à l'attaquant chilien Villalobos. Bagarre générale. Coups de pied, de poing. L'enfer. Langenus déclarera plus tard: «En Europe, j'aurais exclu les vingt-deux joueurs. Là-bas, on trouvait cela presque naturel. Finalement, la police montée est intervenue et le match put reprendre normalement.»

La finale annonçait donc un duel épique entre deux adversaires qui avaient de vieux comptes à régler. À la fin de la première mi-temps, la foule est muette, sidérée. L'Argentine mène par 2 buts à 1. Les Uruguayens n'ont plus la superbe des derniers Jeux olympiques. Ils peinent.

Pourtant, un but de Cea à la cinquante-septième minute stimule les supporteurs qui se remettent à y croire. Puis Santos Iriarte saisit une passe lumineuse de Scarone et marque le but qui va libérer tout un peuple. Ce cratère qu'est devenu le Centenario explose littéralement. Deux minutes avant la fin, Castro, le manchot — il est amputé de la main droite — inscrit un quatrième but mettant un terme à une grande finale. L'Uruguay s'installe au sommet de la pyramide mondiale.

Ce petit pays de deux millions d'habitants pourra fêter à satiété puisque le lendemain sera décrété fête nationale. Toute une nation chante, danse et vibre en oubliant le lourd quotidien.

Les retombées de cette première Coupe du monde dépassent largement le cadre sportif. À Buenos Aires, l'ambassade d'Uruguay est envahie par une meute d'Argentins frustrés. Ceci provoquera une scission entre les fédérations des deux pays.

Même si l'Europe avait, à toute fin utile, fait l'impasse sur ce grand rassemblement — quatre pays participants seulement —, l'événement se solda par un très grand succès sportif et financier. Le vieux continent, qui fera très peu écho à ce premier tournoi de la FIFA accueillera pourtant la deuxième Coupe du monde en 1934.

ENTREVUE AVEC LUCIEN LAURENT

Auteur du premier but de l'histoire de la Coupe du monde

Comment s'est faite la sélection des joueurs français?
Ce sont les dirigeants de la Fédération française de football et les entraîneurs qui ont décidé de prendre les meilleurs éléments à cette époque-là.

Vous étiez amateurs, semi-professionnels ou professionnels?
Nous étions encore amateurs en 1930. Pendant la Coupe du monde, nous n'avons touché aucun salaire.

La France n'a-t-elle pas hésité avant d'accepter de se rendre en Uruguay?
C'est-à-dire que, comme c'est un Français, Jules Rimet, qui a «offert» cette Coupe du monde, la France devait être représentée. Ce n'était pas tellement facile. Tous les joueurs travaillaient et il fallait s'absenter pendant deux mois.

La traversée s'effectue sur un magnifique paquebot le Conte Verde, *racontez-nous un peu ce voyage?*
Nous étions un peu dans un rêve. Penser qu'à 22 ans on allait partir en Amérique du Sud, c'était incroyable. N'ayant jamais pris le bateau, on ne savait vraiment pas à quoi s'attendre. Mais tout s'est bien passé. Il y avait les Belges, les Roumains et nous. Nous étions sur ce même navire. Il y avait un gymnase et nous faisions la course d'entraînement

sur les ponts. Il a fallu 15 jours pour arriver à Montevideo. Nous avions quitté l'Europe à Villefranche-sur-Mer près de Nice.

Et l'accueil des Uruguayens?

Ce fut formidable. Et nous nous sommes installés dans un Rowing Club (club sportif) où nous avions toutes les installations sportives disponibles à ce moment-là.

Abordons ce premier match de la France face au Mexique. Une victoire de 4 à 1.

Remarquez qu'on ne connaissait aucun de nos adversaires. Il y avait bien peu de matchs internationaux. Le tirage au sort nous avait réservé le Mexique, l'Argentine et le Chili. Le premier affrontement avec le Mexique me laisse de bons souvenirs. D'abord, chose surprenante, il a neigé pendant la rencontre. C'était l'hiver à ce moment-là mais, enfin, on était très étonné. Puis ce fut une victoire assez nette.

Et vous avez marqué ce premier but historique?

Dans les dix premières minutes, la balle voyageait d'un camp à l'autre. Soudain Delfour descendit le terrain, transmit à Liberati sur l'aile droite qui réussit à déborder le défenseur mexicain et centra en retrait. Je repris la balle de volée à quinze mètres et battis le gardien Bonfiglio. À l'époque, on ne se congratulait pas comme aujourd'hui et j'eus droit simplement à quelques tapes dans le dos et des poignées de main.

Puis, dans un autre match, vous rencontrez l'Argentine?

À neuf minutes de la fin nous étions toujours 0 à 0. L'Argentine c'était un gros morceau pour nous. On n'a pas eu de réussite quand même et à la toute fin, on a été victime d'un coup franc. Et sur ce tir, l'Argentine a marqué. Puis, l'arbitre a arrêté le match 6 minutes trop tôt. On était finalement rentré aux vestiaires lorsque, sous les pressions diverses, l'arbitre nous a rappelés sur le terrain pour compléter la rencontre. Mais le cœur n'y était plus. Moi j'étais blessé et nous avions dû jouer à dix pratiquement.

Parlez-nous de ce Monti qui vous avait blessé dès le début de la partie.
Comme on dit aujourd'hui, ce fut une agression caractérisée. Nous étions plutôt petits et lui faisait «armoire à glace»; il cherchait à nous intimider. Il s'est amené sur moi et n'a pas hésité à mettre le pied. J'ai eu la cheville foutue mais comme on ne pouvait être remplacé, je suis resté au jeu.

En général, l'arbitrage a-t-il été à la hauteur?
Ah là! Oui. Tout à fait. Et, évidemment, la foule était contre l'Argentine et nous encourageait constamment. C'était bien. Les spectateurs criaient: FRANCIA! FRANCIA! Jamais on n'avait vu une chose pareille. Les gens s'extériorisaient, étaient enthousiastes et manifestaient leur satisfaction devant un bon match. Vous savez, c'est un match qu'on aurait aussi bien pu gagner.

Et votre dernière rencontre face au Chili?
On avait encore beaucoup de joueurs blessés et on était démobilisé. Les deux bons matchs qu'on a faits, ç'a été contre le Mexique et l'Argentine.

Les consignes d'avant-match étaient-elles strictes?
Non, pas du tout. Nous, les footballeurs français, on jouait d'instinct. On avait quand même un système de jeu puisqu'on pratiquait le WM avec trois attaquants, deux inters, deux demis repliés et trois défenseurs. Mais la tactique était assez limitée.

Pourquoi avez-vous aimé ce sport?
Né d'une famille plutôt modeste, étant tout gosse, nous nous fabriquions un ballon en chiffons et à la sortie de l'école, en banlieue de Paris, nous nous amusions, des heures durant.

On posait nos sacs d'école par terre, on faisait des buts et voilà... On s'est initié nous-mêmes à ce qu'était le football.

Qu'est-ce que cette carrière de footballeur vous a apporté?
Beaucoup de choses. D'abord le plaisir de voyager, de voir des pays. Puis la possibilité d'atteindre le plus haut niveau, l'équipe de France. Et de beaux souvenirs dont un gain de 5 à 2 sur les pros anglais en 1931. Et plus tard en 1932-1933, on est devenus professionnels et on était quand même un petit peu rémunérés. Puis, j'ai joué à Sochaux (un club financé par la compagnie Peugeot). Après la guerre, où j'ai été fait prisonnier trois ans, je suis devenu entraîneur-joueur. Depuis, je n'ai jamais cessé de jouer.

Que pensez-vous du football pratiqué maintenant?
Je déplore l'anti-jeu qui s'est développé en France. On accroche, on tacle par derrière. C'est très mauvais pour le football.

(Entrevue réalisée en octobre 1990. Lucien Laurent avait alors 82 ans et jouait toujours au foot à Besançon avec ses copains.)

Chapitre 2

1934 Italie

L'ITALIE GAGNE,
LE FASCISME TRIOMPHE

«Le football, heureusement, n'a jamais été
et ne sera jamais enfermé dans un évangile.»
JEAN-PHILIPPE RETHACKER, *L'Équipe*

Trente-deux pays se sont inscrits à cette deuxième Coupe du
monde de la FIFA, plus qu'en toute autre occasion en incluant
les Jeux olympiques. Il faudra, cette fois, se qualifier pour accéder au tour final et c'est l'Italie qui est désignée pour accueillir
les sélections élues. Les dates: du 27 mai au 10 juin 1934.

Étonnant puisque les Italiens n'avaient même pas daigné
participer au premier tournoi en Uruguay, convaincus, sans
doute, du peu d'impact de l'événement.

Ce sont des raisons politiques qui expliquent ce changement
radical de cap. Les fascistes, dirigés par Benito Mussolini, ont
vite saisi l'importance du calcio comme outil formidable de
propagande. Forte de l'appui du gouvernement italien qui s'était
engagé à couvrir tout déficit éventuel, la fédération italienne a
rapidement obtenu l'accord de la FIFA.

Les chances de voir les Italiens réussir un grand truc lors de cette Coupe du monde étaient considérables. Le professionnalisme s'établissait solidement dans la péninsule et le championnat national drainait d'excellentes foules. Bref le football s'épelait déjà P-A-S-S-I-O-N. Et la «squadra» (l'équipe nationale), depuis 1930, avait accumulé une fiche positive. En vingt-six matchs, on comptabilisait dix-sept victoires, six nuls et seulement trois défaites.

Vittorio Pozzo

Le nouveau président de la Federazione Italiana Giuoco Calcio (Fédération italienne de football), le général de la milice Giorgio Vaccaro, disciple de Mussolini, nomme Vittorio Pozzo à la direction technique de la «squadra azzurra».

Dans *Storia del calcio in Italia*, Antonio Ghirelli décrit le personnage Pozzo: «Le régime fasciste avait vu en lui l'homme idéal pour canaliser vers le football la charge émotive des masses et pour faire du calcio un hymne à la religion et à la patrie. En raison de son expérience en Angleterre, on croyait qu'il pourrait apporter aux Italiens le sens de la discipline. Rigide, autoritaire et pourtant paternel, il fut le père de la sélection nationale et son plus sévère précepteur... Pozzo eut aussi la chance d'être soutenu, sans réserve, par le régime fasciste dans son travail comme commissaire technique (entraîneur) de l'équipe nationale.»

C'était un diable d'homme. Un véritable leader qui associera son nom à celui de la sélection italienne pendant un quart de siècle.

Comme depuis quelques années le championnat italien était dominé par la Juventus de Turin, Pozzo se devait de puiser surtout dans cette formation. La Juventus, c'est un peu là-bas ce qu'est le Canadien de Montréal au hockey ici. La comparaison s'impose. Les deux clubs ont beaucoup en commun. À ce jour, le Canadien a gagné vingt-quatre fois la Coupe Stanley, emblème de la suprématie dans la Ligue nationale de hockey. La Juventus, de son côté, a accumulé vingt-deux championnats dans la ligue de soccer-football la plus prestigieuse du monde. Nés au début du siècle (la Juventus en 1900 et le Canadien en 1910), les deux clubs ont forgé glorieusement un palmarès inégalé.

Propriétés de solides entreprises, la brasserie Molson pour le Canadien et la FIAT (constructeur automobile de Turin), les deux formations ont établi une tradition de stabilité et de succès qui leur assure une popularité exceptionnelle.

Si Pozzo avait choisi plusieurs joueurs de la Juventus, il avait également sélectionné des représentants de l'Ambrosiana-Inter, l'équipe qui livrait une lutte constante à la Juventus pour le titre de champion depuis deux ans. Mais les rivalités s'étaient nourries de la forte concurrence entre ces deux clubs et l'intolérance entre les joueurs étaient à son comble.

Pozzo trouva vite la solution. Lors d'un stage préparatoire à cette deuxième Coupe du monde, il plaça sciemment les antagonistes dans la même chambre. Devant les plaintes il n'eut qu'une réplique: «Nous devons former une équipe. Il faut vous convaincre que cet homme qui partage votre espace n'est pas un adversaire mais un ami.»

Et le lendemain, en ouvrant les portes des chambres, il demandait: «Alors les cannibales, vous ne vous êtes pas encore bouffés?» Très vite, la tension baissa et un esprit de groupe s'installa.

Ce psychologue sans le titre, qui avait une formation journalistique, était passé maître dans l'art d'imposer sa volonté. Ainsi, par exemple, pendant un entraînement, il donnait quelques consignes à un joueur. Si celui-ci s'opposait, Pozzo simulait l'indifférence la plus totale. Puis, quelques minutes plus tard, s'approchant du même homme: «Tu avais raison tout à l'heure. J'y ai repensé. Tu devrais plutôt agir de telle ou telle façon.» Et ces suggestions étaient justement celles qu'il souhaitait faire accepter.

Il croyait aussi que les joueurs anglais devaient être traités collectivement. Mais les Italiens, toujours individuellement. Fervent admirateur du club Manchester United qu'il avait vu en Angleterre, il s'inspira de cette grande équipe britannique pour pétrir le style du onze italien. Pozzo avait aussi un esprit novateur.

Dans un article publié le 25 septembre 1947 dans l'hebdo-madaire *France football*, le journaliste Dominique Vernand raconte: «Pozzo dirige ses joueurs par signes. Il a convenu avec eux un code de signaux très complexes. Il lève les bras, les abaisse, les met en croix; il se passe la main dans les cheveux, incline le corps... Chacun de ces gestes a un sens précis: les arrières en avant, les demis en retrait, attaquez par le centre, marquez l'ailier droit... Ainsi Pozzo est un véritable télégraphe humain. On se demande comment ses joueurs peuvent l'obser-ver sans se distraire.»

Avait-il vu un match de baseball?

De toute façon, cette méthode allait faire très peu d'adeptes. Toute cette mise en scène illustrait parfaitement la volonté de Pozzo de contrôler une rencontre au maximum même du banc des joueurs.

C'était aussi un méticuleux. Rien ne lui échappait. Il avait compris qu'au plan tactique le WM largement exploité en Angleterre ne convenait pas aux Italiens. Le WM était un système de jeu en 3-2-2-3, donc avec trois défenseurs, deux demis défensifs, deux demis offensifs et trois attaquants. Sur un schéma, en reliant par un trait les cinq joueurs offensifs on forme la lettre W; en faisant de même avec les cinq équipiers à vocation défensive, on trouve la lettre M. Ce système a eu la cote un peu partout entre 1930 et 1958. Il était basé sur le marquage individuel strict.

Vittorio Pozzo en vint sans doute à la conclusion que cette façon de procéder était trop rigide pour les Italiens et qu'il fallait l'adapter aux joueurs de la péninsule.

Bref, Pozzo, c'était Thikhonov, entraîneur de l'ex-URSS et récemment encore de la sélection russe de hockey. Viktor Thikhonov et Vittorio Pozzo, deux prénoms «victorieux». Deux hommes qui avaient beaucoup d'autres choses en commun dont une emprise quasi totale sur leur équipe et une capacité remarquable de faire accepter le travail et l'effort comme base du succès.

Chapeau melon et valses de Strauss

L'Italie, pays d'accueil de cette deuxième Coupe du monde, pouvait donc prétendre aux plus grands honneurs. Son palmarès des dernières années justifiait amplement ce fol espoir.

Mais c'est l'Autriche qui se pointe comme équipe favorite. Depuis trois ans, les Autrichiens avaient dominé le football mondial. Contre l'Italie, en particulier, ce petit pays avait eu largement le dessus. Depuis 1912, en treize affrontements, l'Autriche avait dominé avec huit victoires, quatre matchs nuls et une seule défaite.

De plus, la dernière rencontre disputée le 11 février 1934, à Turin, soit quatre mois avant le grand rendez-vous, avait été une terrible aventure pour les Italiens battus encore 4 à 2 par ces magnifiques Autrichiens. Pendant toutes ces années, Hugo Meisl avait dirigé l'équipe nationale d'Autriche.

Depuis trois ans surtout, ce petit homme rondelet, arborant souvent un chapeau melon, avait regroupé un onze exceptionnel qu'on a qualifié de «Wunderteam» un peu comme le «Dream Team» des basketteurs américains.

Meisl, que les Italiens surnommaient «il mago» (le sorcier), avait su identifier et appliquer le style qui convenait le mieux à ses joueurs. Les Autrichiens jouaient «à la viennoise» développant un football issu de l'âme même du pays, un football qui laissait beaucoup de liberté aux joueurs, sans consigne de marquage serré, un football élégant s'inspirant en quelque sorte des valses de Strauss.

Ce fut le «Wiener Schule» (l'école de Vienne) œuvre du «sorcier» Meisl. Mais un entraîneur, fût-il génial, ne peut réussir qu'avec des athlètes de grand talent. Parmi ceux-là, Mathias Sindelar fut le plus brillant.

Probablement le meilleur du monde entre les deux guerres, Sindelar étala sa classe dans toute l'Europe. Jacques De Ryswick, auteur de *100 000 heures de football* a connu Sindelar: «Il était l'âme et le cerveau de cette fabuleuse équipe. Ce garçon filiforme, sec et osseux, au nez pointu, d'aspect souffreteux et torturé, semblait traîner dans son visage et sa démarche toute l'inquiétude et la mélancolie des peuples d'Europe centrale. Il était si mince, si fluide, que le public viennois l'avait surnommé "papieren" (feuille de papier). Mais quelle finesse, quelle intelligence sensitive du jeu chez cet avant-centre complet, génial créateur et finisseur redoutable.»

Comme Jean Béliveau et maintenant Mario Lemieux au hockey, Sindelar était un véritable artiste du ballon rond. Il sera suivi par Pelé, Beckenbauer, Socrates, Platini... ces athlètes qui par leur admirable technique et la beauté de leurs gestes font rêver les masses.

Le duel prévu entre l'Italie et l'Autriche, entre Pozzo et Meisl allait donc avoir lieu mais pas au moment où on l'attendait.

Les participants

Fouettés par l'indifférence quasi générale des Européens en 1930, les Uruguayens bouderont cette Coupe du monde «italienne». Ce sera la seule fois où les champions ne défendront pas leur titre. Pour justifier leur absence, les dirigeants de la Céleste invoqueront les difficultés financières. Mais personne n'était dupe. La formation nationale n'avait plus la même allure et, peut-être, craignait-on de sérieuses désillusions.

Sans doute par mesure de représailles également, l'Argentine et le Brésil n'enverront que des sélections quelconques qui s'évanouiront dès le premier tour.

À Rome, les États-Unis porteront les espoirs de l'Amérique du Nord, de l'Amérique centrale et des Caraïbes (zone CONCACAF) et, pour la première fois, l'Afrique sera présente grâce à l'Égypte. Même si la Palestine avait été éliminée en phase préliminaire, cette Coupe du monde se donnait une dimension mondiale.

Tous les autres pays étaient européens. Pour l'Angleterre, l'heure n'était pas encore venue de s'associer au menu fretin international.

Les premiers tours

Avant d'accéder à la ronde des seize finalistes, les États-Unis avaient dû affronter le Mexique en match décisif pour représenter la zone CONCACAF. Cette rencontre eut étrangement lieu à Rome juste avant le début de la phase finale. Comme la distance entre New York et Mexico est considérable et qu'on souhaitait jouer sur terrain neutre, les deux pays se mirent d'accord pour jouer en Italie. Au moins le gagnant serait déjà sur place pour le reste de la compétition.

Les États-Unis l'emportèrent par le score de 4 à 2. Les Mexicains devenus touristes visitèrent la ville éternelle pendant que les Américains se faisaient écorcher vifs dès le premier tour par l'Italie (7 buts à 1). De la sélection américaine de 1930, il ne restait que Moorhouse et Florie. Bertrand Patenaude, la grande vedette en Uruguay en 1930 n'était pas sur la liste des dix-huit présents en Italie. Il était sans doute blessé puisqu'il poursuivit brillamment sa carrière professionnelle jusqu'en 1937.

Après cette première victoire écrasante, les Italiens annonçaient clairement leurs intentions et leurs ambitions.

Contrairement à la Coupe du monde de 1930 où le tournoi s'était joué selon la formule de championnat — on avait formé quatre groupes et, avant les demi-finales, chacun des pays affrontait une fois les adversaires de son groupe —, en Italie on avait opté pour l'élimination directe après chaque défaite.

À Turin, la France qui s'était qualifiée en douceur — 6 buts à 1 contre le faible Luxembourg — est opposée au magnifique Wunderteam autrichien.

Les Français, qui ont rarement fait appel à un entraîneur étranger pour leur sélection nationale, ont engagé le britannique major Kimpton, adepte, bien sûr, du WM. Sachant très bien que la seule façon de battre l'Autriche est de priver Sindelar de ballons, il implore Georges Verriest de rester collé à lui. «Si Sindy (Sindelar) va à la toilette, tu y vas aussi», avait ajouté Kimpton pour être certain que le message avait passé.

La tactique faillit bien réussir: 1 à 1 à la fin du temps réglementaire. Inespéré pour les Français. Puis le match bascula pendant les prolongations. Deux buts des Autrichiens par Schall et Bican et un par Verriest sur penalty: 3 à 2. Bonjour la France.

Mais le Wunderteam ne faisait plus merveille, Meisl l'avait dit en arrivant en Italie: «Nous sommes fatigués. Nous n'avons aucune chance.» Stratégie? En tout cas, l'Autriche n'avait pas prouvé grand-chose contre la France.

Si le match contre les États-Unis avait été une simple formalité, tout n'avait pas été aussi facile pour les Italiens. Ils avaient dû se qualifier lors d'une partie décisive devant la Grèce, Victoire de 4 à 0. Sans problème.

On peut quand même imaginer la terrible catastrophe qu'aurait constitué une élimination du pays d'accueil. Consciente de l'importance d'assurer la présence de la nation hôte en phase finale, la FIFA légiférera et, dès 1938, le pays organisateur sera qualifié d'office. Le champion pourra également participer au tour final sans passer par l'épreuve des éliminatoires pour défendre son titre. Ces mesures, par ailleurs logiques, répondaient de plus à des impératifs économiques évidents.

Les Italiens furent donc les seuls dans l'histoire à devoir se qualifier sur le terrain avant de recevoir le plus prestigieux tournoi de la FIFA.

Le 31 mai, à Florence, l'Espagne et l'Italie allaient s'affronter dans un duel héroïque et historique. Tous les matchs de quarts de finale se sont terminés par la mince marge d'un seul but mais la bagarre Italie-Espagne ne trouvera son terme que 24 heures plus tard. Tendue, passionnée, violente, cette bataille deviendra une sorte de repère de l'histoire.

Après le temps réglementaire et les prolongations, on en était toujours à un but partout.

Dans ce climat extrêmement politisé, les arbitres sentaient un poids énorme et hésitaient à pénaliser la squadra. Le but de Ferrari, qui devait assurer le match nul à l'Italie, était, semble-t-il, entaché d'une faute. Suite à un coup franc de Pizzioli, Ferrari avait repris victorieusement la balle relâchée par Zamora, le gardien et capitaine espagnol, qui était au même moment bousculé par Schiavio. L'arbitre belge, Baert, accorda le but.

Comment être impartial au milieu d'une meute de spectateurs fanatiques?

Comme le règlement le stipulait, le match dut être rejoué le lendemain. Le combat avait été féroce. Blessé, Zamora «El Divino», le plus grand gardien — avec Planicka, le Tchécoslovaque —, déclara forfait de même que six autres titulaires. Seul Regueiro, qui avait marqué le but espagnol la veille put reprendre du service comme attaquant. Les Italiens feront appel à cinq nouveaux joueurs et, après un repos de 24 heures, le choc reprend.

Pour l'honneur de la patrie et du fascisme, les Italiens, qui comptaient sur une sélection déjà excellente, trouvaient le moyen de se renforcer en naturalisant rapidement quatre Argentins dont Luis Monti qui s'était fait remarquer par sa violence au jeu en Uruguay en 1930. Devenu italien par la grâce du Duce — on avait dû lui trouver un quelconque ancêtre dans un coin du pays —, Luigi, pour les besoins de la cause, faisait partie des «oriundis» (italiens d'origine) avec Guaita, Orsi et De Maria.

C'est lui le féroce Monti, celui que Thierry Roland, l'auteur de *La fabuleuse histoire de la Coupe du monde de football*, qualifie de joueur le plus brutal que le monde ait connu, c'est lui encore qui, lors du second match contre l'Espagne, abat, dès la cinquième minute l'attaquant Bosch qui ne peut continuer. Sans droit de substitution, l'Espagne poursuit à dix joueurs.

Finalement, malgré le courage des Espagnols avec le défenseur Quincocès en tête, Giuseppe Meazza marque de la tête sur un corner d'Orsi et propulse l'Italie en demi-finale. Là encore la validité du but est contestée. Meazza s'était-il appuyé sur Quincocès au moment de concrétiser? L'arbitre n'a pas vu.

Cette ambiance plutôt morbide permettant d'entretenir le doute sur un arbitrage favorable aux «locaux» ternira cette Coupe du monde. Dommage parce que les Italiens avaient fait preuve de grandes qualités physiques et d'une volonté incroyable de gagner.

Deux jours plus tard à Milan, cette fois, il fallait faire face aux merveilleux Autrichiens. Complètement épuisés, les hommes de Pozzo avaient-ils quelque chance?

La finale avant l'heure

Contrairement à toute attente, la squadra azzurra a miraculeusement récupéré et ce sont les Autrichiens qui font du surplace. Monti, encore lui, avait déjà déclaré à Pozzo: «Quand je vois Sindelar, je vois rouge.» La fable du poète et du bûcheron. Évidemment il eut la tâche de couvrir le génial attaquant autrichien qui ne pourra se faire justice d'autant plus que le terrain spongieux ne favorisait pas les techniciens du Wunderteam.

Guaita, un des oriundis, touchera la cible à la vingt et unième minute pour l'Italie et sonnera le glas de la grande équipe de Meisl. La plus belle sélection d'entre les deux premières Coupes du monde n'aura pu accéder aux grands honneurs et perdra même devant l'Allemagne lors du match pour la troisième place.

Finalement, c'est la Tchécoslovaquie qui devait croiser l'Italie en grande finale. Nejedly, Planicka et les autres formaient un groupe solide et leur présence à ce stade de la compétition n'était pas usurpée. Ils avaient éliminé la Pologne 2 à 1 avant d'accéder au tour final en Italie. Et là, ils durent livrer des matchs serrés avant de passer à travers les mailles du filet des premiers tours: 2 à 1 devant la Roumanie, 3 à 2 face à la Suisse et, en demi-finale, 3 à 1 contre l'Allemagne.

Bien avant le coup d'envoi de l'ultime rencontre, 45 000 spectateurs rythment leur passion par des cris continus: I-TA-LIA! DU-CE! I-TA-LIA! DU-CE!

Engagée, physique, la partie resta quand même dans les normes et, même Monti, averti par l'arbitre suédois Ecklind, joua correctement. Longtemps sans but, le match éclata vraiment à la fin de la seconde mi-temps. À la soixante-dizième minute, Puc, l'ailier gauche tchécoslovaque trompe le célèbre gardien italien Combi. Consternation.

Mais les spectateurs-militants-fascistes refusent de céder et reprennent leurs encouragements: «FORZA ITALIA, FORZA ITALIA.»

Orsi, un des Argentins-Italiens d'origine, sur une passe de Guaita, autre «naturalisé», s'engage dans la défense adverse, feinte du gauche et tire du droit. La balle superbement brossée effectue la courbe désirée et touche le fond du but après avoir effleuré les doigts de Planicka.

La légende veut que le lendemain, en présence des photographes, Orsi reprit la même action vingt fois sans succès.

À 1 à 1, il faut poursuivre en prolongation. Et c'est Schiavio qui enveloppa le match; après avoir reçu la balle de Guaita, il déjoue le défenseur Ctyroky et bat Planicka.

Le fascisme avait gagné sur toute la ligne. Le calcio avait bien servi la cause.

Maurice Pefferkorn, envoyé spécial de *L'auto*, quotidien qui malgré son nom touchait tous les sports, jugera cette deuxième Coupe du monde avec nuance: «Pourquoi faut-il qu'on enregistre cette victoire italienne avec réserve? L'Italie remporte le tournoi mais son équipe n'a pas honoré le pur football comme l'avaient fait à Montevideo les joueurs uruguayens. La compétition a été disputée par des équipes dont la manière fut plus impulsive qu'artistique.»

Le Duce remit la coupe à ses joueurs. Pozzo s'écroula, épuisé et saoulé de bonheur.

Ferrari, un joueur éminemment collectif, un des meilleurs Italiens qui se mit au service de Meazza, le buteur dont on reparlera, expliqua le succès de la squadra par l'esprit de sacrifice total qui régnait dans l'équipe: «Un footballeur individuel, même pourri de talent, ne peut jamais être un grand joueur.»

Quant aux oriundis qui avaient joué un rôle prépondérant dans la victoire, on raconte que Guaita, entre autres, aurait été vu à la frontière française tentant d'échapper au service militaire.

L'Italie pour le sport, oui. Pour la guerre, non.

Chapitre 3

1938 France

L'OMBRE D'HITLER SUR L'EUROPE

«Les grandes manifestations du ballon rond s'accompagnent d'une sorte de communion universelle grâce à quoi elles deviennent de véritables fêtes de l'humanité.»
MAURICE PEFFERKORN, *L'auto*, quotidien français

L'Europe tremble lorsque le ballon est mis au jeu au début de cette troisième Coupe du monde.

En Allemagne, les nazis manifestent de plus en plus ouvertement leur volonté d'assujettir le vieux continent. L'annexion de l'Autriche (Anschluss) le 15 avril 1938 marquera le début des invasions hitlériennes. Seize mois plus tard le Führer attaquera la Pologne et la deuxième guerre mondiale sera engagée.

En Espagne, la guerre civile atteint son apogée et le général fasciste Francisco Franco s'apprête à devenir seul maître... après Dieu.

La vieille Europe était fortement secouée et le monde du football ne pouvait plus être épargné. En effet, deux pays, qui avaient pourtant marqué la dernière Coupe, allaient être écartés, cette fois, pour des raisons politiques. D'une part l'Espagne, déchirée par une guerre fratricide, et l'Autriche aspirée par Hitler, qui n'a plus d'identité propre. C'est alors la disparition d'un petit pays qui, avec son Wunderteam, avait tellement donné au monde. L'équipe nationale allemande s'empressera d'ailleurs d'intégrer les meilleurs joueurs autrichiens heureux, malgré tout, de pouvoir participer au plus grand tournoi de la FIFA, eux qui s'étaient déjà qualifiés en battant la Lettonie à Vienne le 5 octobre 1937. Mais c'était avant l'annexion.

La France, pays d'accueil

Le climat d'hostilité n'allait pas empêcher la France d'accueillir la troisième Coupe du monde qui continuait de prendre du volume. C'est à Berlin, en 1936, que la FIFA avait choisi la France au détriment de l'Argentine, autre candidate, qui avait alors proposé le principe d'alternance entre l'Amérique et l'Europe à l'occasion de chacune des phases finales. Cette proposition sera effectivement respectée, mais à partir de 1958 seulement. Furieux d'avoir été rejetés au profit de la France, les dirigeants argentins refuseront d'envoyer leur sélection en Europe provoquant ainsi de violentes manifestations à Buenos Aires où les supporteurs souhaitaient, malgré tout, voir leur équipe nationale dans la cour des grands.

Le choix de la France comme pays hôte ne constituait pas une grande surprise dans la mesure où Jules Rimet, président de la FIFA était également à la tête de la Fédération française de football.

Pour convaincre son conseil d'administration, Rimet n'avait eu qu'à promettre à la FIFA l'agrandissement du stade de Colombes à Paris, la construction d'enceintes nouvelles à Bordeaux et à Marseille et la rénovation de plusieurs autres lieux de compétition. Et pendant quelques jours, au moins, le sport allait faire oublier une conjoncture politique plus que précaire.

Les qualifications

C'est vrai que l'Uruguay, pays hôte et vainqueur du premier Mundial, s'abstiendra encore, comme en 1934 et pour les mêmes raisons: officiellement, en mesure de représailles pour la faible participation européenne en 1930 et, officieusement, par peur de mal paraître parce que la Céleste n'avait plus retrouvé son panache d'antan.

C'est vrai aussi que le Japon s'était retiré avant les matchs de qualification laissant la voie libre aux minuscules Indes néerlandaises. Autre retrait notable, celui de l'Égypte au profit cette fois de la Roumanie. Les Égyptiens, présents en 1934, laissent cette fois l'Afrique sans représentants. Notons au passage qu'à cette époque les matchs éliminatoires n'étaient pas disputés nécessairement entre pays d'un même continent, faute de participants.

Malgré tous ces abandons, la compétition allait être grandiose. Trente-cinq pays avaient manifesté leur intérêt au départ. Pour des raisons politiques ou économiques, certains auront quitté la compétition. En plus de ceux déjà mentionnés, il faut ajouter les États-Unis, le Mexique, la Colombie, pour ne nommer que les plus connus.

Finalement, vingt-six compétitionneront pour obtenir une des seize places disponibles en phase finale. La formule de compétition fut la même qu'en 1934, c'est-à-dire l'élimination directe des perdants après chaque confrontation. Pour le premier tour de cette finale «française» le tirage au sort a désigné les adversaires suivants:

à Paris:	Suisse - Allemagne
à Toulouse:	Cuba - Roumanie
à Reims:	Hongrie - Indes néerlandaises
à Colombes:	France - Belgique
au Havre:	Tchécoslovaquie - Pays-Bas
à Strasbourg:	Brésil - Pologne
à Marseille:	Italie - Norvège

Le retrait tardif de l'Autriche permettra à la Suède d'accéder, sans jouer, aux quarts de finale.

Et le Brésil vint...

C'est à Paris, le 4 juin au Parc des Princes (l'ancien) qu'eut lieu le match inaugural entre la Suisse et le géant allemand.

La foule n'hésita pas longtemps avant de choisir son camp, celui de la Suisse, bien sûr. Les Allemands avaient ostensiblement exécuté le salut fasciste ce qui n'avait rien pour amadouer les spectateurs français. La rencontre se termina sur le score de 1 à 1 après prolongation. Comme on ne procédait pas à l'épreuve des tirs au but, il fallut rejouer le match cinq jours plus tard au même endroit.

Cette fois, même en alignant cinq ex-internationaux autrichiens, le grand Reich sera terrassé. Les Helvètes l'emporteront 4 à 2 grâce entre autres à deux réussites de Trello Abbeglen qui sera porté en héros par la foule. Il était déjà bien connu en France ayant évolué avec le FC Sochaux. La mayonnaise austro-allemande avait mal tournée. Comment en effet peut-on espérer construire un jeu collectif et harmonieux alors que les descendants du Wunderteam continuaient de pratiquer un football technique et artistique et que les Allemands accordaient priorité à l'aspect physique du jeu.

Sepp Herberger, qui venait de prendre charge de la sélection allemande allait retenir la leçon. L'histoire lui permettra de prendre une superbe revanche.

À Toulouse, le lendemain, entre Cuba et la Roumanie, le même scénario se reproduisit. Résultat nul de 1 à 1. Il fallut refaire ses devoirs et finalement le deuxième match fut favorable aux Cubains grâce à deux buts marqués en deuxième mi-temps pour répondre à celui des Roumains en début de partie. Les Centre-Américains, comme les Suisses, avaient réussi là un coup de génie. Ce sont eux qui représentaient la zone nord de l'Amérique et ils s'étaient qualifiés sans jouer, faute d'opposants.

Par ailleurs, la Hollande sera effacée par la toujours dangereuse Tchécoslovaquie 3 - 0; la France sortira la Belgique par

3 buts à 1 et la Hongrie fera éclater les Antilles néerlandaises 6 à 0.

L'Italie, championne en titre, et la France, pays d'accueil, avaient été qualifiées d'office pour la première fois de l'histoire. Son titre de champion du monde, l'Italie faillit bien le perdre lors de son premier affrontement en France. La Norvège, qui participe pour la première fois au tour final de la Coupe du monde, pose moult problèmes à la troupe de Pozzo qui va arracher la victoire en prolongation sur un but de Piola reprenant le retour d'un tir de Pasinati.

Mais le match le plus attendu se déroulera au stade de la Meinau à Strasbourg. Attendu, parce qu'il permettrait enfin de voir ces Brésiliens qu'on qualifie déjà de véritables magiciens.

Contrairement aux deux premiers tournois de la Coupe du monde, le Brésil, cette fois, avait délégué la meilleure formation possible, un groupe qui avait d'ailleurs beaucoup progressé. La France et le monde vont redécouvrir le football. La spontanéité, la joie de jouer des Brésiliens est telle qu'elle séduira instantanément un public qui en redemande. Voilà donc un football différent, totalement tourné vers l'attaque; un style qu'on associera bientôt à la samba, cette danse qui exprime l'âme brésilienne.

C'est la Pologne que le tirage au sort oppose aux Brésiliens. Cela va donner un match complètement fou qui va rester longtemps comme un des plus beaux de l'histoire. Brésil 6 Pologne 5. Grandiose. C'était 4 à 4 à la fin du temps réglementaire. Willimoski, le Polonais, en avait mis quatre à lui seul derrière le gardien brésilien. Mais Leonidas Da Silva avait fait de même pour les artistes «cariocas*». On oubliera vite son nom pour ne retenir que son prénom. Lors de cette incroyable rencontre disputée sur un terrain boueux, Leonidas enleva ses souliers. Comme les crampons n'étaient guère utiles, il voulut jouer pieds nus comme sur les plages de Copacabana. L'arbitre

* Le terme cariocas, qui désigne d'abord ceux de Rio de Janeiro, est employé très souvent pour les Brésiliens en général. Sans doute au grand dam des Paulistas, habitants de Sao Paulo.

cependant lui ordonna de se chausser. Né en 1914, celui qu'on connaîtra bientôt comme le Diamant noir fut champion du Brésil cinq fois avec Flamengo et trois fois avec Sao Paulo. En vingt-cinq sélections, il frappa cinq fois le fond des buts adverses.

Entre Friedenreich* et Pelé, il y eut Leonidas, une pure merveille capable de renverser à lui seul le cours d'une partie. Dans son livre *History of the World Cup*, Brian Glanville écrit: «Pendant toute la durée de cette Coupe du monde, tous ses tirs avaient trouvé le cadre des buts.»

Ce résultat de 6 à 5 était tout à fait à l'image des Brésiliens. Ils avaient peu de rigueur défensive et n'avaient de plaisir réel qu'en possession du ballon. L'important était de marquer une fois de plus que l'opposant. Un point c'est tout.

Soudainement, après ce duel ponctué de 11 buts, le foot européen parut bien besogneux et privé d'imagination. La presse de l'époque avait fait la synthèse de cette partie en soulignant que, si la rencontre fut un véritable régal, c'est qu'elle donna lieu à une débauche de jeu ouvert comme on n'en voit plus depuis l'importation du WM. Certes, le bon sens commande de fixer avec précision à chaque défenseur la tâche qui lui incombe et l'adversaire à surveiller, mais c'est tant mieux si à Rio de Janeiro et à Cracovie on ne songe pas encore à cela puisque le jeu y gagne en clarté.

Sans l'ombre d'un doute, les Brésiliens vont éclairer cette Coupe du monde de tout leur génie et une seule erreur incompréhensible les privera de la victoire finale.

La terrible décision de Pimenta

Huit équipes restent donc en lice après ce premier tour et la Suède, exemptée du premier match par le retrait forcé et tardif de l'Autriche, devait maintenant faire face à Cuba. Mais les

---

* Artur Friedenreich, immense étoile du football brésilien entre 1910 et 1930. Il aurait marqué 1329 buts dans le championnat de Sao Paulo. D'origine allemande par son père et brésilienne par sa mère, il avait hérité la volonté reconnue aux germaniques et la spontanéité toute sud-américaine. Il fut le Pelé des années 20.

pauvres Cubains épuisés par la longue lutte qu'ils durent mener pour évacuer les Roumains, et avec trois jours de repos seulement, furent une proie facile pour des Suédois tout frais et dispos: 8 à 0. Rien à ajouter. À noter, tout de même, les quatre buts de Wetterstroem.

À Paris, le 12 juin, 58 000 personnes entassées dans les gradins du stade de Colombes attendent fébrilement une grande performance de leur sélection nationale devant l'Italie.

Après tout, les raisons d'y croire sont réelles puisque les «bleus» ont disputé six matchs de préparation et n'ont concédé qu'une seule défaite contre l'Angleterre qui snobe toujours la Coupe du monde de la FIFA. Le réveil des Anglais sera brutal lorsqu'ils croiront enfin venu le moment de joindre l'élite mondiale. On y reviendra.

Mais après 90 minutes, la désillusion était totale. Le compte était bon... et l'Italie avait sorti la France de «son propre tournoi» par 3 buts à 1. Froide défaite, comme une pluie de novembre. La France remballe et Gabriel Hanot écrivait le lendemain: «C'est le résultat le plus normal, la plus légitime des défaites. Ah, si Piola avait joué dans l'équipe de France à la place de Nicolas.»

C'est vrai. Silvio Piola venait de livrer un grand match marquant deux buts et contrôlant à sa guise le ballon en pointe de l'attaque. Mais c'est plus que sévère pour l'avant-centre français. Jean Nicolas méritait mieux de la patrie, lui qui avait réussi trois buts en trois matchs de Coupe du monde en 1934 et 1938.

Lille, ville minière du Nord, fut témoin d'une autre rencontre de quart de finale. La Hongrie vint stopper la Suisse 2 à 0. Sarosi et Zsengeller, qui accumulaient les buts, avaient réalisé pour les Magyars. Mais, depuis le match fabuleux de Strasbourg, ce sont les Brésiliens qui captent l'attention. Ils durent, cette fois, traverser l'hexagone de l'Alsace à l'Aquitaine pour rejoindre Bordeaux où les Tchécoslovaques les attendaient.

Surprise, étonnement. Un match inattendu et d'une rare brutalité. Trois expulsions et des blessures graves: fracture de la jambe pour Nejedly, le superbe attaquant tchécoslovaque et meilleur buteur de la Coupe du monde de 1934; fracture du bras droit pour Planicka, son gardien, lui aussi finaliste en 1934. Triste bilan.

Le marquage des Européens était-il trop musclé? Toujours est-il que les Sud-Américains semblent avoir perdu la tête et voient deux de leurs joueurs expulsés. Compte final de cette hécatombe: un but partout. Leonidas pour le Brésil et Nejedly, avant d'être touché et sur penalty, mirent les deux équipes d'accord.

Deux jours plus tard, et toujours au nouveau stade municipal de Bordeaux, on reprit les hostilités, c'est le cas de le dire. Et là, le décor changea totalement. Le calme et la sérénité avaient remplacé la brutalité. Il faut dire que les deux formations avaient été modifiées presque complètement. Pour les Brésiliens, seuls le gardien Walter et le magicien Leonidas pointèrent pour la deuxième partie.

Menés à la marque à la mi-temps, les Brésiliens refirent surface et battirent deux fois Burkert, le remplaçant de l'infortuné Planicka. Leonidas, encore lui, et Roberto ont marqué les deux buts. Le Brésil accède à la demi-finale.

Mais, lors d'une conférence de presse impromptue, Adhémar Pimenta, l'entraîneur de la sélection brésilienne, annonce à la stupéfaction générale: «Leonidas et Tim (qui avait fait sensation lors du deuxième match de Bordeaux) sont mes meilleurs joueurs. Ils ne participeront pas à la demi-finale. Je les réserve pour l'ultime rencontre. L'Italie n'est qu'une étape.»

Vittorio Pozzo, le patron de la sélection italienne et adversaire prochain des Sud-Américains n'en croyait pas ses oreilles. Lui qui avait déjà échafaudé des tactiques pour menotter Leonidas se voyait maintenant devant un match plus facile que prévu. Un cadeau.

Cette demi-finale de Marseille allait créer tellement d'intérêt, de passion que même s'il s'agissait de deux formations étrangères, on refusa pas moins de cinq mille personnes aux portillons.

Le président de la Fédération brésilienne de football fit parvenir un télégramme dans lequel on promettait à chaque joueur, en cas de victoire finale, une maison et une part importante des recettes de cette Coupe du monde.

Ce fut insuffisant.

Les «azzurri» (les bleus), grâce à Colaussi et à Meazza sur penalty — il faillit perdre sa culotte déchirée en effectuant le tir —, l'emportèrent 2 à 1. Romeo marqua à la quatre-vingt-septième minute. Trop tard et trop peu, et cela malgré l'appui inconditionnel du public français.

Les Brésiliens avaient jugé injustifié le penalty accordé à Piola sur faute du défenseur Domingos Da Guia. Et ils le feront savoir. Mais ils n'avaient qu'eux à blâmer. Non seulement la décision inqualifiable de Pimenta avait-elle privé la sélection de ses meilleurs éléments, mais elle avait de plus stimulé au maximum l'ardeur des Italiens furieux d'avoir été traités comme des moins que rien, eux, les champions du monde.

L'Italie passait donc en finale et le Brésil dut se consoler en jouant le match pour la troisième place, cette fois avec Leonidas et Tim.

L'autre demi-finale fut l'affaire de la Hongrie. Les Suédois avaient laissé une grosse impression en écrasant des Cubains épuisés et plutôt faibles. À Paris, au Parc des Princes, les Hongrois n'ont pas fait dans la dentelle: 5 à 1 et... suivant. Trois buts de Zsengeller, un de Sarosi, un autre de Titkos. Seul Nyberg a permis aux Suédois de sauver... les meubles. La finale du stade de Colombes, à Paris, proposait donc une affiche prestigieuse avec deux grandes formations offensives.

Pozzo, le renard argenté

Si Pimenta avait été pitoyable dans la gestion des affaires brésiliennes, Vittorio Pozzo, bien au contraire prouvait depuis longtemps avec quel doigté il manipulait le subterfuge.

En arrivant en France, il affirmait haut et clair: «Nous sommes moins forts qu'en 1934.» Le genre de déclaration qui vous fait bien paraître quelle que soit la suite des événements. Si vous perdez, il y a toujours le: «Ah, je vous l'avais bien dit.» Et si vous gagnez, vous avez la partie belle avec «Nous nous sommes dépassés, nous avons joué collectivement...» De toute façon vous sortez grandi de l'aventure puisque vous avez triomphé avec une formation supposée plus faible.

La tête maintenant recouverte d'une chevelure argentée, Pozzo, en faisant une telle allégation, enlevait énormément de pression des épaules de ses hommes. Habile, rusé et terriblement efficace, il dirigeait la squadra en accumulant les succès. Les Italiens n'avaient connu qu'une seule défaite depuis presque quatre ans. C'était à Prague, le 27 octobre 1935. Les Hongrois se présentaient eux aussi à cette finale avec des arguments solides aux noms bien précis: Zsellenger et Sarosi, un tandem offensif qui avait déjà engrangé dix buts en trois matchs.

Mais que pourrait cette attaque féroce contre une sélection bien groupée en défense et maniant la contre-attaque magistralement. D'autant que les Magyars avaient la mauvaise habitude d'être trop souvent statiques.

Meazza, Piola, Ferrari et les autres

La sélection italienne entreprit la rencontre sur les chapeaux de roue. Après 6 minutes, une passe de Meazza trouva Colaussi et l'empire hongrois vacillait déjà. Pourtant Titkos réagissait tout de suite et battait le gardien Olivieri.

Puis, Meazza et Ferrari prirent les choses en main et donnèrent des balles de buts à Piola et Colaussi et, à la mi-temps, le tableau affichait Italie 3 Hongrie 1.

À la soixante-dixième minute, Sarosi redonne espoirs aux siens. Mais Piola, après une combinaison avec Biavati, ramène le compte à 4-2. C'est fini. L'Italie réussit le premier doublé de l'histoire en gagnant cette fois en terre étrangère.

Effondrés, les Hongrois retournent aux vestiaires et, seul, le gardien Szabo déclare, avec un certain humour: «En concédant quatre buts, j'ai sauvé la vie de onze hommes.»

En effet, juste avant la finale, Mussolini avait servi un sérieux avertissement à son onze national: «vaincre ou mourir». Les «Latins» auront toujours eu le sens de la formule, non?

Dans *Le Petit Provençal,* un quotidien du sud de la France, on lira le lendemain de l'affrontement décisif: «L'Italie a donné un spectacle inoubliable. Possédant une foi ardente, un amour du triomphe porté à un niveau inimaginable, onze Italiens ont été supérieurs d'une classe aux Hongrois.»

De son côté, Silvio Piola, le merveilleux finisseur des azzurri déclarera altruistement: «La squadra compte sur le duo d'intérieurs* le plus formidable que j'aie vu. Si parfois j'ai été grand, c'est à eux que je le dois. Meazza et Ferrari s'entendent sur le terrain comme des frères.»

Giuseppe Meazza avait marqué cette époque du sceau de son immense talent. On a dit de lui qu'il était le joueur le plus parfait de sa génération. À 17 ans, il entreprit une carrière longue et féconde avec l'Internazionale de Milan — familièrement, l'Inter. À 20 ans, il était connu dans toute l'Europe après une victoire de l'Italie sur la Hongrie, encore, à Budapest: 5 à 0 et chapeau pour le jeune Lombard!

Lors des deux derniers tournois de la Coupe du monde, en accord avec Pozzo, il avait glissé de la position d'avant-centre à celle d'intérieur d'où il avait servi ses passes lumineuses à Schiavio en 1934 et à Piola en 1938. Il portera le maillot national à cinquante-trois reprises réussissant alors trente-trois buts. Ce n'est qu'en 1973 que Luigi «Gigi» Riva le doublera comme meilleur buteur de la «nazionale».

En guise de consécration, on a baptisé le stade du Milan AC et de l'Inter du nom de Giuseppe Meazza, même si on continue encore d'appeler cette enceinte «stade San Siro», qui est le nom du quartier de la ville où elle est érigée.

La finale qui ne console pas

Le Brésil, incontestable attraction de cette compétition, furieux d'avoir été «volé» (!) lors de son dernier match contre l'Italie — l'histoire du penalty converti par Meazza —, menaça

---

* Intérieurs: les deux attaquants qui évoluaient de chaque côté et derrière l'avant-centre.

de quitter la compétition et jura même de ne jamais revenir jouer en Europe.

Pourtant, on eut bien peu de mal à dissuader les dirigeants brésiliens puisque la sélection se présenta pour disputer la finale consolation devant la Suède. Victoire de 4 à 2 dont deux buts par l'incontournable Leonidas qui termina meilleur buteur du tournoi avec huit réussites.

L'Auto, le quotidien français du sport, décrivait ainsi ce remarquable attaquant: «Ce petit homme noir, adroit comme un singe, sortait à tout instant d'une mêlée et, malgré la surveillance dont il était l'objet, marquait des buts qui avaient le don de déchaîner l'enthousiasme de ses partenaires.»

Imaginez un peu les pirouettes et prouesses d'un Denis Savard de la belle époque et vous aurez compris la vague d'émotions que faisaient naître les acrobaties de Leonidas. Du jamais vu.

Mais il n'était pas la seule grande vedette de son équipe. Un certain Domingos Da Guia dominait la défense brésilienne et jouissait d'une réputation internationale. Au sommet de sa carrière, il touchait annuellement 12 500 $. En 1938, une telle somme était énorme. On dit qu'il était le joueur le mieux rémunéré de son temps.

Finalement, cette troisième édition de la Coupe du monde aura été un véritable succès et sur tous les plans. Beaucoup de buts, du beau football et des recettes importantes laissant un surplus appréciable de 35 000 $.

Malgré l'optimisme qui régnait à la fin de la compétition, il fallut vite se rendre à l'évidence. On était à la veille du plus effroyable conflit de l'histoire. Ce n'est que douze ans plus tard que la grande fête du football pourra renaître.

À propos d'un fait divers

Sept mois après cette dernière Coupe du monde, précisément le 22 janvier 1939, les médias du monde dévoilaient une nouvelle déconcertante: le suicide de Mathias Sindelar, l'exceptionnel attaquant du Wunderteam autrichien des années 30.

Selon certaines sources, le geste désespéré du plus merveilleux footballeur de l'entre-deux-guerres s'expliquait par l'angoisse de tomber aux mains des nazis. Il était juif.

Toutefois, l'hypothèse la plus vraisemblable suggère comme mobile la peine d'amour. On trouva, en effet, dans son appartement son corps et celui de sa compagne qui allait le quitter. Empoisonnement au gaz.

«Le Mozart du football» n'avait que 36 ans.

La gloire l'aura longtemps enveloppé et la peine emporté.

Chapitre 4

1950 Brésil

LE BRÉSIL EFFONDRÉ

«Ce que finalement je sais de plus sûr de la morale et des obligations des hommes, c'est au football que je le dois.»
ALBERT CAMUS, Prix Nobel de littérature, 1957

Même si les blessures ouvertes lors du conflit mondial étaient loin d'être cicatrisées, au moins, la lutte était terminée depuis près d'un an lorsqu'en juillet 1946 la Fédération internationale de football association ouvre son premier congrès d'après-guerre au Luxembourg.

C'est avec enthousiasme que les délégués se sont retrouvés après des années d'immobilisme forcé et ont voulu immédiatement relancer la Coupe du monde pour rapidement tourner la page sur une période accablante de l'histoire des hommes.

La longue trêve aura eu de multiples effets sur le monde du football entre autres celui de mettre fin prématurément à des carrières internationales qui s'étaient remarquablement amorcées en 1938. À ce moment-là, Silvio Piola, l'Italien, a 24 ans. Leonidas, le Brésilien, aussi, 25 ans pour le Hongrois Sarosi. Et combien d'autres qui débutaient alors dans leur sélection nationale. Qui sait jusqu'où leur étoile aurait pu briller?

La plupart poursuivront leur parcours footballistique dans de grands clubs, puisque certains championnats nationaux maintiendront leurs activités malgré tout, entre 1939 et 1945. Néanmoins, ces athlètes ne bénéficieront plus du fantastique tremplin de la Coupe du monde qui les projetait sur la scène mondiale.

Mais les congressistes réunis, donc, en ce début d'été 1946 à Luxembourg, n'avaient que faire du passé. Et c'est en construisant résolument l'avenir qu'ils adoptèrent plusieurs propositions déterminantes devant mener au tournoi mondial de la FIFA.

On décida d'abord de donner un nom à cette coupe du monde qui s'appellera dorénavant la Coupe Jules Rimet, histoire de rendre hommage à celui qui dirigeait les destinées de la FIFA depuis vingt-cinq ans. Puis on accepta la réintégration des quatre associations britanniques, celles d'Angleterre, d'Écosse, d'Irlande du Nord et du pays de Galles.

L'arrogant isolement des insulaires prenait ainsi fin. Le retour du Royaume-Uni dans le giron de la FIFA était une excellente nouvelle qui allait accroître encore la crédibilité de l'organisme mondial. Les Britanniques n'étaient-ils pas à l'origine de l'histoire du soccer? On pourrait enfin savoir s'ils étaient toujours les maîtres du jeu. Eux en étaient convaincus.

Finalement, le congrès de Luxembourg devait déterminer le lieu de la prochaine phase finale de la Coupe du monde prévue d'abord pour 1949 et repoussée en 1950. Valait mieux prendre tout le temps nécessaire.

Ce fut probablement la décision la plus facile puisque seul le Brésil présenta sa candidature en annonçant la construction d'un stade gigantesque de 200 000 places, le plus grand du monde. L'Europe dévastée n'était pas en mesure de réclamer un tel événement. D'autre part, dans le plus vaste pays d'Amérique du Sud, le football s'était développé à un rythme accéléré depuis quelques décennies.

Le peuple s'était attaché au ballon rond. Il l'avait adopté et intégré à son quotidien. Sur l'immense et célèbre plage de Copacabana à Rio de Janeiro, mais aussi sur tous les terrains vagues du pays, on jongle, on dribble à cœur joie en disputant d'interminables matchs auxquels la nuit seule peut mettre fin.

Comme la boxe, aux États-Unis, permettait à plusieurs Noirs d'échapper aux ghettos de la misère, le foot, au Brésil, constituait une planche de salut pour des milliers de jeunes des «favelas» (bidonvilles).

La guerre n'ayant touché qu'obliquement l'ancienne colonie portugaise, les Brésiliens ont continué de peaufiner leur merveilleux football fait de technique et d'improvisations géniales. C'est grâce à ces étonnants magiciens qu'en 1938 l'Europe avait découvert un football tout neuf.

Donc, en 1950, le Brésil attendait le monde mais le monde était encore bien mal en point.

La cascade des abstentions

D'abord, le Rideau de fer vient de diviser l'Europe en deux parties étanches. Il faut faire place aussi à la reconstruction. Aucun pays de l'Est ne s'inscrira. Dommage quand on sait le rôle qu'ont joué la Tchécoslovaquie, la Pologne et la Hongrie, entre autres, dans les tournois précédents.

Puis, la FIFA avait accordé deux places en phase finale au groupe britannique formé de l'Angleterre, de l'Écosse, de l'Irlande du Nord et du pays de Galles.

À la fin des matchs éliminatoires entre eux, l'Angleterre termina première remportant ses trois rencontres. L'Écosse, ayant perdu sa partie contre l'Angleterre, finit en deuxième place et obtenait ainsi le droit d'aller au Brésil. Toutefois, les dirigeants écossais avaient déclaré, avant le début des qualifications: «Nous irons au Brésil uniquement si nous sommes les meilleurs de notre poule.» Rien ne leur fit changer d'idée. Même pas les doléances de leurs propres joueurs.

Autres défections aussi de la Belgique, dont la fédération demandait trop de sacrifices aux clubs, de l'Argentine, pourtant voisine, qui invoqua quelques problèmes avec la Confédération brésilienne de football — en réalité, une grève des joueurs professionnels sévissait alors, plusieurs s'étaient exilés —, de l'Autriche, qui avait retrouvé sa légitimité politique, mais qui ne se sentait pas prête. La Birmanie, l'Équateur, le Pérou, les Philippines et la Turquie se désistèrent également. Quant à l'Allemagne, grande responsable de la guerre, elle ne fut pas invitée.

Même la France, à l'origine de la compétition, décida de faire faux bond. Mais là, c'est plus compliqué.

Quelques mois avant le tournoi final, le Brésil, soudainement conscient des coûts énormes d'organisation, menaça de tout laisser tomber si la FIFA n'acceptait pas de modifier totalement la formule de la compétition. Selon les responsables, il fallait absolument oublier l'élimination directe, comme lors des deux dernières épreuves, et former plutôt des groupes où chacun jouerait contre les adversaires désignés par le sort. De plus, ce mode d'opération devait se poursuivre jusqu'à la fin puisque ultimement les quatre derniers pays procéderaient de même. En fait, on omettait la grande finale qu'on remplaçait par un tournoi à quatre finalistes, chacun jouant un match contre ses trois adversaires. Autrement dit, plus de matchs pour tous, donc, plus de recettes.

Mais comme c'était la première fois qu'on procédait ainsi, on n'avait pas pensé que, logiquement, chaque poule devait disputer ses matchs dans une même ville. Comme le Brésil est immense, les différentes sélections devraient se déplacer sur d'énormes distances entre chaque partie.

C'est en voyant le calendrier des matchs que la France, prétextant les heures de vol qu'il faudrait avaler, annonça son refus de participer. Prétexte en effet, car, en réalité, les Français venaient de se faire écraser par la Belgique 4 à 1 au stade du Heysel à Bruxelles — qui allait devenir tristement célèbre en mai 1985. Craignant donc de perdre la face, la France profita de l'affaire des déplacements pour tirer sa révérence. Amère déception pour les Brésiliens qui, en 1938, dans l'hexagone justement, s'étaient tapés des matchs dans des villes aussi éloignées que Strasbourg, Bordeaux, Marseille et retour à Bordeaux et souvent en train. Alors...

Au bout du compte, treize pays défendront leurs couleurs, le même nombre qu'en 1930 lors de la première Coupe du monde en Uruguay. Au moins, cette fois, il y eut des matchs de qualification. Mais la guerre avait modifié sérieusement la carte du monde et expliquait, en grande partie, les nombreux abandons.

Une participation haut de gamme quand même

Malgré tout, les organisateurs tenaient plusieurs motifs de satisfaction. La présence de l'Italie, de l'Angleterre, de l'Uruguay et de la Suède, entre autres, n'était pas la moindre. La crédibilité du tournoi était donc assurée.

Après une aussi longue trêve, il était périlleux de faire des pronostics ou d'évaluer des formations qu'on connaissait assez mal. Certains faits méritent toutefois d'être signalés.

Vainqueurs en 1934 et 1938 les Italiens, douze ans plus tard, formaient-ils encore un groupe aussi brillant? Depuis la fin de la guerre, la squadra avait disputé quatorze matchs amicaux et affichait un bilan positif de huit victoires deux matchs nuls et quatre défaites. Mais cela n'avait plus rien à voir avec les phénoménales statistiques accumulées lors des années 30. Parmi les quatre échecs, il fallait souligner des résultats inquiétants contre l'Angleterre — 4 à 0 à Turin le 16 mai 48, et 2 à 0 à Londres le 30 novembre 1949. Et un très sévère 5 à 1 devant l'Autriche à Vienne, le 9 novembre 1947. Troublant. De plus, le grand Vittorio Pozzo avait quitté la barre de la sélection en 1948.

Mais il y avait plus grave encore.

Le 4 mai 1949, l'avion ramenant l'équipe du Torino, après un match amical au Portugal, s'écrase près de Turin fauchant tous les occupants. Le Torino se dirigeait alors vers un cinquième championnat italien. C'était le club à battre. Huit joueurs de l'équipe piémontaise évoluaient avec la sélection nationale.

Il fallait tout recommencer.

On comprendra alors pourquoi la délégation italienne se rendra au Brésil en... bateau, même s'il fallait compter seize jours pour atteindre Santos où 300 000 supporters italiens établis au Brésil attendaient les nouveaux azzurri.

Les Anglais, quant à eux, même à leur première présence à ce tournoi mondial, devaient être considérés comme favoris ou, en tout cas, comme de très sérieux prétendants.

Les représentants de la Football Association avaient rivalisé depuis longtemps avec plusieurs pays lors de matchs amicaux. Or, ils ne perdaient pratiquement jamais et leurs victoires étaient souvent décisives. Un de ces triomphes avaient aidé à créer autour de la sélection anglaise un mythe d'invincibilité. En 1947, pour marquer le retour de l'Angleterre dans les cadres de la FIFA, on organisa — curieusement à Glasgow, en Écosse — un match international entre la sélection de Sa Majesté et une équipe d'étoiles formée des meilleurs joueurs du continent: 6 à 1 en faveur des Anglais. De quoi donner des maux de tête et d'estomac à bien des entraîneurs nationaux. De plus, depuis les débuts de l'histoire du soccer, les techniciens d'outre-Manche étaient à l'origine des systèmes de jeu qui faisaient loi partout. Le classique 2-3-5 — deux défenseurs, trois demis et cinq attaquants — avait régné de 1880 à 1930 et, depuis, ils avaient développé le WM grâce surtout à Herbert Chapman, entraîneur du prestigieux club londonien d'Arsenal. Là aussi la recette a été suivie dans la plupart des clubs.

Au plan tactique, on reconnaissait qu'ils étaient les maîtres à penser. Tout cela leur conférait un avantage psychologique certain.

Il y avait aussi la Suède, récente championne olympique en 1948. Mais la médaille d'or olympique impressionnait de moins en moins les professionnels qui étaient évidemment exclus de cette compétition. Curieusement, la formation suédoise, gagnante aux Jeux de Londres, alignait un formidable trio d'attaque formé de Gren, Nordhal et Liedholm qui ne s'est pas présenté au Brésil. Les trois se sont retrouvés en Italie avec le Milan AC où ils vont aider à hausser ce club au sommet du classement italien en 1950-1951. Ils furent connus sous le nom de trio Gre-no-li. On les reverra en 1958 en Suède où ils prendront une belle revanche en Coupe du monde.

Il fallait compter aussi avec l'Uruguay qui revenait, vingt ans après avoir enlevé la première Coupe du monde chez elle. La Céleste se présentait ici comme l'adversaire sud-américain direct des Brésiliens.

Le pays hôte, lui, n'espérait qu'une chose. Que la fête commence.

Le Maracana de Rio

À la demande des Brésiliens, quatre groupes furent formés; deux de quatre pays, un de trois et un de deux seulement.

Le groupe 4 ne vit donc qu'une rencontre où l'Uruguay atomisa la Bolivie par 8 buts à 0 dont un festival de cinq filets de Juan Alberto Schiaffino, record de tous les temps dans un match de phase finale de Coupe du monde. Avec cette seule victoire, la Céleste accédait donc à la ronde des quatre finalistes avec les gagnants des trois autres poules.

Le groupe 1, au contraire, était complet. Le Brésil avait préféré un groupe de quatre pour jouer un maximum de matchs. Et hop! les bénéfices. Avec l'Italie, l'Uruguay et l'Angleterre, le Brésil fut considéré comme «tête de série». Il s'agit de formations reconnues et protégées grâce aux résultats obtenus antérieurement.

Il ne faut pas s'étonner d'une telle procédure. En fait, c'était tout à fait logique de ne pas provoquer un affrontement des ténors dès le début. Comme au tennis, on voit à protéger les meilleurs en faisant en sorte qu'ils ne s'opposent pas lors des premières rondes. Normal. Les Brésiliens évoluaient donc dans un groupe très prenable avec la Yougoslavie, la Suisse et le Mexique.

Le 24 juin 1950, le onze brésilien entre en scène et le pays en transes. Lors du premier match du tournoi, on inaugure le stade Maracana de Rio de Janeiro. C'est encore aujourd'hui le plus grand stade du monde. Folie des grandeurs? Démesure? Les Cariocas voyaient grand, et pour le foot, rien n'était trop beau. Il est bien évident qu'on ne construira plus de monstre semblable. Le contexte médiatique a tout modifié. On vise maintenant le confort des spectateurs et des dimensions plus raisonnables.

Mais à Rio, on n'avait pas lésiné sur les moyens. Le gazon, par exemple, avait été importé des Bermudes, colonie britannique. Or les pelouses anglaises n'ont pas d'équivalent. Le gazon du Maracana était, dit-on, aussi souple que celui du stade de Wembley, la Mecque du soccer en Angleterre, l'équivalent du Forum de Montréal au hockey.

Au moment d'entreprendre ce mondial, le Maracana n'est pas encore complété. Les alentours du stade ressemblent à un vaste chantier. Peu importe. Les Brésiliens exultent après le premier triomphe des leurs devant le Mexique qui représente encore le nord de l'Amérique, cette fois, avec les États-Unis. Match sans histoire — Brésil 4 Mexique 0 — si ce n'est un immense embouteillage autour du Maracana qui avait avalé pas moins de 160 000 spectateurs. C'était un début, «il» ferait beaucoup mieux quelques jours plus tard.

À Belo Horizonte, la Yougoslavie battit la Suisse 3 à 0. Ce résultat a foutu la peur à tous les Brésiliens, surtout que les hommes de Flavio Costa, l'entraîneur, ne firent que match nul 2 à 2 contre ces mêmes Suisses. Mais ce duel s'était déroulé à Sao Paulo et là, tout était plus compliqué. Il existait, et existe toujours d'ailleurs, une féroce rivalité entre Rio de Janeiro et Sao Paulo. Quand le Brésil évoluait à Sao Paulo, on voulait que les joueurs sélectionnés soient des «Paulistas». Pour cette rencontre avec la Suisse, l'entraîneur Costa avait donc ignoré certains titulaires de Rio, des Cariocas, pour faire place à des Paulistas et plaire à la foule. Peine perdue. Ce résultat jugé comme un échec avait soulevé la foule qui s'en est prise à la voiture de Costa vers laquelle elle lança tout ce qu'elle put trouver. L'entraîneur avait pourtant aligné six Cariocas et cinq Paulistas. Nettement insuffisant pour les supporteurs de Sao Paulo.

Tous les autres matchs des Brésiliens étant prévus à Rio, Costa ne retiendra plus que deux Paulistas, Jair et Bauer.

Ce duel entre les deux grandes cités existe toujours. Quand le Brésil gagne, c'est la fête partout. Mais à la suite d'une défaite, de part et d'autre, on sait bien sur qui jeter le blâme. Il ne s'agit pas là d'un phénomène strictement brésilien. Cette rivalité entre villes existe partout et dans tous les sports. Ici, durant les années 50, les Maple Leafs de Toronto et les

Canadiens de Montréal au hockey suscitaient des réactions passionnées. Cet antagonisme entre Anglais et Français connaîtra son apogée lors de l'historique émeute du Forum de Montréal, le 17 mars 1955, lorsque Maurice Richard fut suspendu par le président de la Ligue nationale de hockey, Clarence Campbell.

Un mot encore sur ce match Brésil-Suisse. Si les Helvètes ont réussi à contenir les magiciens du ballon, c'est grâce à un certain Karl Rappan. Cet Autrichien s'était installé en Suisse dès 1931 et avait fortement influencé le football de ce pays. Rappan était à l'origine de ce qu'on a appelé le «verrou suisse». Il s'agissait d'un système de renforcement de la défense tout en privilégiant la contre-attaque.

En fait, un peu plus tard, cette philosophie sera reprise en particulier par les Italiens et on parlera alors du «catenaccio» (cadenas) qui mettra encore plus d'accent sur l'aspect défensif du jeu.

De retour au stade Maracana pour leur troisième et dernier affrontement du premier tour, les Cariocas avaient absolument besoin d'une victoire, la Yougoslavie ayant remporté facilement ces deux premiers matchs. Un résultat nul ne suffisait pas.

L'importance de la partie était telle que des centaines de haut-parleurs avaient été installés pour diffuser le match dans les rues de Rio. Mais Ademir et Zizinho donneront une capitale victoire de 2 à 0 au Brésil. Le pays tout entier chantera les louanges de sa sélection qui accédera alors à la ronde finale.

Les Yougoslaves n'avaient pas démérité. Déjà présents à Montevideo en 1930, ils avaient terminé quatrièmes après avoir déclaré qu'ils étaient venus pour gagner. En arrivant au pays du café, l'attaquant Bobek, hâbleur et sans doute respectueux de la tradition, avait lui aussi annoncé: «Nous gagnerons cette Coupe du monde.» Cette fois, ils devront remballer sans atteindre le carré final mais non sans avoir fait frémir tout un peuple.

L'Angleterre tombe de haut

Pour sa première prestation sous le grand chapiteau de la Coupe du monde, l'Angleterre rencontrait une modeste sélection chilienne. Match sans histoire et sans surprise: 2 à 0 en faveur des Anglais. On n'attendait rien d'autre des British qui devaient tout écraser dans ce groupe 2 où l'on trouvait aussi l'Espagne et les États-Unis. Ces derniers, qualifiés péniblement lors d'un tournoi à trois avec le Mexique et Cuba pour représenter le nord de l'Amérique, devaient être sacrifiés sur l'autel du football, le 29 juin, devant l'Angleterre, à Belo Horizonte.

Or, ce jour-là, si la terre n'a pas tremblé, l'Empire britannique a chaviré. L'imprévisible s'est produit. Sur un but de Larry Gaetjens, un immigrant haïtien, à la trente-neuvième minute, les Américains créent la plus grande surprise de l'histoire de la Coupe du monde jusque-là, en battant l'Angleterre 1 à 0. Un match durant lequel les joueurs de l'oncle Sam se sont défendus avec la dernière once d'énergie.

La réalité a frappé les Anglais en plein front.

Étoile d'un jour — on a parlé de lui dans les journaux du monde —, ce Gaetjens a connu une gloire éphémère poursuivant une carrière sans éclat en France, par la suite. L'illustre inconnu, c'est lui.

À la suite de ce retentissant échec, les quotidiens de la fière Albion, étaient déchaînés. «C'est le black-out du sport anglais», retrouvait-on dans le *Daily Mail.* «C'est le plus grand coup à notre prestige qu'on puisse se rappeler», selon le *Daily Express.*

Roy Pesquett, flegmatique journaliste, ajoutait dans le *Daily Mail*, concernant l'enthousiasme des spectateurs brésiliens qui avaient porté les joueurs américains en triomphe après le match: «Je ne suis pas partisan de ces explosions. Mais je dois avouer que, là, je ne les ai pas trouvées déplacées, car les USA ont réussi à obtenir un résultat inouï.»

Dans leur dernière rencontre devant l'Espagne, les Anglais avaient toujours une chance de se qualifier. Mais il fallait impérativement gagner.

Or, malgré la rentrée de l'attaquant réserviste Stanley Matthews, rien n'allait changer. Matthews avait alors 35 ans et jouissait d'une immense réputation en Angleterre. Il poursuivra sa carrière professionnelle jusqu'à 49 ans. Un peu comme Gordie Howe, qui joua au hockey à plus de 50 ans avec les Whalers de Hartford.

En 1956, alors qu'il avait 41 ans, Stanley Matthews reçut le Ballon d'or remis par le magazine *France football* au meilleur joueur européen. Un phénomène, ce Matthews, qui marquera onze buts avec l'équipe d'Angleterre en cinquante-quatre sélections. Pas beaucoup, pensez-vous, mais c'était un fantastique dribbleur qui jouait comme ailier droit et dont le rôle était avant tout de déjouer le défenseur latéral et de centrer pour ses équipiers.

À noter aussi, dans cette formation anglaise de 1950, le nom d'Alf Ramsey, défenseur. Il devint l'entraîneur de la sélection qui allait faire merveille lors de la Coupe du monde de 1966.

Devant l'Angleterre, les Espagnols disputèrent donc un match impeccable pour éliminer les Anglais, s'assurant la première place du groupe 2 et rejoignant ainsi, pour la poule finale, le Brésil, l'Uruguay et la Suède.

Avec un bilan de deux défaites en trois parties, les arrogants Britanniques devront maintenant apprendre l'humilité.

Dans le groupe 3, la Suède avait remporté son match crucial contre l'Italie par 3 buts à 2 et fait match nul avec le Paraguay 2 à 2. C'était suffisant pour terminer en tête de cette poule à trois pays et accéder au groupe final. Les Italiens, champions du monde depuis seize ans, ont dû, cette fois, laisser le rêve passer. Les circonstances atténuantes que l'on sait — l'accident aérien de Superga et le long voyage en bateau à la fin d'une saison exténuante — expliquent la baisse de régime des transalpins qui auront d'autres occasions de rejoindre le Gotha international.

Le retour de la Céleste

Dans le tour final, les deux premières rencontres du Brésil virent une véritable fête du football offensif. Jamais les Brésiliens n'avaient atteint un tel niveau de perfection. Des victoires de 7 à 1 sur la Suède et de 6 à 1 devant l'Espagne laissent peu de doute sur la fabuleuse habileté de cette extraordinaire sélection. Le public était comblé et le Maracana avait vibré intensément à chaque occasion. Les qualificatifs manquaient pour traduire les magnifiques prestations des Adémir, Zizinho, Jair... Portés par un public survolté, on voyait mal qui pourrait stopper ces Brésiliens merveilleusement efficaces et techniquement tellement supérieurs. Ils développaient un football émanant d'une autre galaxie.

L'Uruguay, de son côté, avait franchi les deux premiers obstacles de ce tour ultime en faisant match nul face à l'Espagne (2 à 2) et avait arraché, in extremis, une victoire de 3 à 2 à la Suède grâce à Miguez, cinq minutes avant la fin.

À ce stade de la compétition, le Brésil avait donc empoché quatre points, l'Uruguay trois, l'Espagne un et la Suède aucun.

Seule la Céleste pouvait venir gâter l'avenir promis aux Cariocas. Et le petit voisin du sud avait aussi quelques arguments à faire valoir. Certes les Uruguayens étaient impressionnés par les derniers résultats de leur prochain adversaire, mais il y avait un match à jouer et... on verrait bien. Les vainqueurs de la première Coupe du monde de 1930 pouvaient encore compter sur des éléments remarquables. Le plus doué d'entre eux se nommait Juan Alberto Schiaffino.

Petit-fils d'immigrants italiens du Nord, il avait très tôt développé une technique étonnante. Son aspect frêle et chétif en faisait un sosie de Mathias Sindelar. Comme lui, il avait un sourire doux et un peu triste. Comme lui, surtout, il devint un artiste, un admirable styliste. La finesse de son jeu et l'élégance de ces gestes le caractérisaient tout autant que la beauté de sa touche de balle et ses changements de vitesse. C'était un joueur d'une correction parfaite et d'un calme absolu.

Après avoir évolué pour le grand club Penarol de Montevideo, il opéra en Italie avec le Milan AC de 1955 à 1959. Il fut naturalisé et porta quatre fois le maillot de la squadra azzurra.

Ainsi donc, ce dernier duel entre deux pays voisins présageait un succès brésilien. Sur une carte géographique, les deux pays s'opposent totalement. Un Brésil immense semble écraser un minuscule Uruguay. Or, sur le terrain, tous croyaient que l'écart serait aussi important. Rappelons que cette rencontre aurait pu n'avoir aucune signification. Ce n'était pas une finale mais le troisième match prévu d'un groupe de quatre pays. Mais en réalité, il aura valeur de finale puisqu'il devenait décisif.

Pour bien des raisons, ce 16 juillet 1950 allait être une journée singulière.

D'abord, 220 000 personnes s'empileront dans les tribunes du Maracana à Rio. Jamais une telle masse humaine ne s'était retrouvée et se retrouvera dans un stade pour une rencontre sportive. Record absolu de tous les temps. Pour les matchs de la sélection brésilienne, l'enceinte avait accueilli 150 000 puis 175 000 spectateurs. Et il y avait encore des places. Alors pour la dernière partie, on avait imprimé 200 000 billets, tous vendus rapidement. De plus, on a évalué à 20 000 le nombre de ceux qui ont rejoint les estrades sans payer. Faites le compte. Inimaginable.

À la mi-temps, c'était 0 à 0. Fébriles, tendus, les Brésiliens n'arrivaient pas à exprimer leur jeu comme lors des dernières rencontres. Était-ce l'enjeu énorme, la peur de perdre? La foule commence à douter. Surtout que Miguez et Schiaffino ont touché le cadre des buts brésiliens pendant la première mi-temps.

Mais dès le retour, à la quarante-septième minute Friaça marque pour les Cariocas et le stade explose. Or, au lieu de les libérer, ce but semble figer les Brésiliens. Faut-il continuer d'attaquer ou défendre? Mais les hommes de l'entraîneur Costa savent mal protéger un résultat. L'essence même de leur jeu, c'est l'attaque. Là, ils hésitent, se replient, deviennent vulnérables.

Les Uruguayens ont bien vu que ce match pouvait basculer et, au milieu de la seconde période, Schiaffino crée l'égalité après avoir accepté un centre de Ghiggia qui déboulait sur l'aile droite: 1 à 1. Ce résultat nul suffisait encore au Brésil. Seule une victoire accorderait le titre à la Céleste. C'est Ghiggia qui la lui donna en perçant encore le flanc gauche de la défense adverse et cette fois marqua lui-même d'un tir imparable.

La foule était pétrifiée et le Brésil foudroyé. Que s'était-il passé? Un incroyable désordre suivit et Jules Rimet, toujours président de la FIFA, son trophée dans les mains, cherchait désespérément les représentants des vainqueurs. Il raconte: «À la sortie du tunnel (qui mène de la pelouse aux vestiaires) il n'y avait plus ni garde d'honneur, ni hymne, ni discours, ni remise officielle. Je me trouvais seul dans la foule, bousculé et ne sachant que faire. J'aperçus finalement le capitaine uruguayen Varela et je lui remis la coupe en lui serrant la main, comme en cachette, sans pouvoir dire un mot.»

La presse locale expliqua cette stupéfiante défaite par des raisons surnaturelles: «Dieu était contre nous» ou «Un destin supérieur nous a empêchés d'être champions».

Un supporteur carioca, Joaos Da Silva, 58 ans, s'écria à la fin du match: «Le Brésil est mort.» Et il tomba raide mort, lui-même.

Varela, le capitaine courage des vainqueurs, analysera ainsi ce match capital: «Nous étions conscients que, techniquement et individuellement, nous ne faisions pas le poids avec nos adversaires. Nous avons opté pour un système à trois défenseurs, formant une sorte de cage de laquelle les attaquants brésiliens ne pouvaient échapper. Si Adémir (qui allait devenir le meilleur buteur de la compétition) me déjouait, Rodrigues Andrade (le neveu de Jose Leandro Andrade, un des héros de la première Coupe du monde de 1930) ou Tejera se trouvait sur sa route. Nous voulions que chaque attaquant brésilien ait toujours deux de nos hommes à battre avant de tirer au but.»

Bref, à cette occasion, la tactique et le jeu collectif allaient triompher d'un football technique et plus axé sur les qualités individuelles.

Tout comme l'Italie, l'Uruguay fêtait donc sa deuxième conquête de la Coupe du monde. Mais c'était à sa deuxième participation seulement. Quant à eux, fierté en berne, les Brésiliens mettront huit ans avant d'évacuer cette terrible désillusion.

D'autre part, le match pour la troisième place s'est soldé par une victoire de 3 à 1 de la Suède sur l'Espagne confirmant ainsi l'excellente santé d'un football émanant pourtant d'un pays de froidure et de neige.

Chapitre 5

1954 Suisse

QUAND LE DESTIN CAFOUILLE

«La plus grande victoire, c'est de sortir
gagnant d'une défaite.»
DORIS LUSSIER

Le spectre de la plus tragique des guerres s'estompait-il
lentement dans la mémoire des peuples en ce début d'été 1954?
En tout cas, trente-huit pays s'étaient inscrits à la cinquième
édition de la Coupe du monde. Plus que jamais auparavant. Et
c'est en Suisse que tous étaient conviés pour la phase finale, du
16 juin au 4 juillet.

Le choix de ce petit pays pouvait surprendre. En réalité, peu
de possibilités se présentaient aux dirigeants de la Fédération
internationale. D'ailleurs, la décision d'attribuer cette compétition à la Suisse avait été prise dès 1946 au moment où le Brésil
avait obtenu le tournoi final de 1950. À ce moment-là, au lendemain du conflit mondial, peu de pays pouvaient réclamer la
tenue d'un tel événement.

Restée neutre pendant les hostilités, la Suisse n'avait pas été
touchée par les bombardements qui avaient dévasté une grande

partie de l'Europe. Cette Coupe serait donc fort différente de la précédente. À la passion et à l'exubérance des Brésiliens, les Helvètes allaient opposer une conception plus réservée du tournoi. Des stades plus modestes, des déplacements réduits, une organisation minutieuse... Une autre planète.

Ce qui ne signifie absolument pas que les Suisses étaient indifférents. Bien au contraire.

L'omniprésente Europe

Comme seize équipes nationales sont admises à la phase finale, il fallait mettre en place les groupes de pays et les calendriers des matchs de qualification en accord avec les associations impliquées. Pendant un an, de mai 1953 à avril 1954, les éliminatoires se sont déroulées selon les groupes suivants:

Groupe 1: Allemagne fédérale, Sarre (région allemande indépendante de 1947 à 1957) et Norvège
Groupe 2: Belgique, Suède et Finlande
Groupe 3: Angleterre, Écosse, pays de Galles et république d'Irlande
Groupe 4: France, Irlande du Nord et Luxembourg
Groupe 5: Autriche et Portugal
Groupe 6: Espagne et Turquie
Groupe 7: Hongrie et Pologne
Groupe 8: Tchécoslovaquie, Bulgarie et Roumanie
Groupe 9: Égypte et Italie
Groupe 10: Yougoslavie, Grèce et Israël
Groupe 11: Mexique, États-Unis et Haïti
Groupe 12: Brésil, Chili et Paraguay
Groupe 13: Corée du Sud, Japon et Chine

La Suisse (pays hôte) et l'Uruguay (champion en titre) étaient qualifiés d'office. Seul le gagnant de chacun des groupes obtiendrait un billet pour la Suisse, sauf pour le groupe 3, qui est formé de quatre pays. C'est le peloton des Britanniques qui bénéficient d'un statut particulier, tradition oblige. Et deux places leurs sont réservées. À cette époque, l'Europe occupait une place prépondérante à la FIFA. Sur le lot des trente-huit candidats, on compte vingt-six pays du vieux continent, quatre d'Amérique du Sud, trois du nord de l'Amérique — le Canada n'était pas encore prêt — trois d'Asie, l'Égypte, seul représentant d'Afrique, et Israël. Il est étonnant de constater l'absence de l'Argentine, qui s'isole de plus en plus, et de l'URSS, qui ne postulera qu'en 1958.

Tout juste avant le début des matchs éliminatoires, la Pologne et la Chine annonceront leur abandon favorisant ainsi la Hongrie, qualifiée sans jouer, et la Corée du Sud qui sortira le Japon en deux matchs.

La raison du plus fort...

Peu de surprises à la suite des rencontres éliminatoires. Parmi les équipes qui se déplaceront en Suisse, plusieurs avaient fortement imprégné de leur sceau l'histoire de la Coupe du monde: l'Italie, l'Uruguay, le Brésil, l'Autriche, la Hongrie et la Tchécoslovaquie.

D'autres avaient déjà une certaine expérience de cette prestigieuse compétition: la Yougoslavie, la France, la Suisse, le Mexique, l'Angleterre, l'Allemagne et la Belgique.

Enfin, la Corée du Sud, la Turquie et l'Écosse venaient pour la première fois tutoyer la gloire.

Toujours à la recherche de la meilleure formule, on avait décidé de modifier encore une fois le règlement de la compétition.

On forma donc quatre groupes de quatre équipes. Rien d'original. C'est ce qu'on avait fait au Brésil.

Mais là où le bât blesse, c'est quand on décide de déterminer huit «têtes de série» qui ne s'affronteraient pas lors du premier tour de cette phase finale. Ainsi, on identifia arbitrairement et même avant la fin des rencontres éliminatoires — ce qui est absolument inacceptable — les pays suivants: Brésil, Uruguay, Italie, Hongrie, Angleterre ou Écosse, Autriche, France et Espagne. Or, dans le groupe 6, après trois matchs entre l'Espagne et la Turquie, on ne put faire de maître. Là, la FIFA commit deux erreurs monumentales. D'abord, on procéda au tirage au sort pour déterminer un gagnant. Et la Turquie élimina alors l'Espagne sur tapis vert, en quelque sorte. Inimaginable. Jamais, au grand jamais, n'aurait-on accepté, en Amérique du Nord, qu'un vainqueur soit choisi par tirage au sort à ce stade de la compétition. C'est le jeu qui doit rendre son verdict.

En plus, on s'avisa de nommer la Turquie, tête de série puisqu'elle venait d'éliminer l'Espagne, elle-même placée parmi les pays «supérieurs». Mais la Turquie n'avait jamais atteint une phase finale de Coupe du monde. C'était carrément ridicule. La Yougoslavie, l'Allemagne de l'Ouest et la Belgique protestèrent avec raison, mais en vain.

Et ce n'est pas tout. Les huit pays privilégiés seront alors répartis deux par poule. Chacune ne jouera que deux fois et uniquement contre les sélections jugées plus faibles. Comme les deux premiers de chaque groupe accéderaient aux quarts de finale, on fixera, en cas d'égalité, un match d'appui. Enfin, on procédera par élimination directe après chaque rencontre jusqu'à la fin.

Ce mode de fonctionnement favorisera les intrigues et poussera certaines équipes à aller à la limite de l'honnêteté. On le verra particulièrement avec l'Allemagne et l'entraîneur Sepp Herberger qui profitera au maximum des faiblesses de ce système.

Inextricable, illogique, cette formule discréditera la Fédération internationale et ne sera jamais plus reprise par la suite.

La Hongrie et... les autres

Si on avait demandé aux «experts», avant le premier match de cette phase finale de 1954, de choisir le vainqueur, neuf sur dix auraient opté pour la Hongrie.

En effet, en consultant les statistiques des dernières années, on ne pouvait imaginer que la coupe Jules Rimet puisse échapper aux Hongrois. On se souvient d'abord que lors de la demi-finale de 1938, en France, les Sarosi, Zsengeller et les autres avaient pris la troisième place gagnant 5 à 1 devant une sélection suédoise pourtant solide. On savait que la Hongrie, à ce moment-là, pouvait former de grands footballeurs. Mais ce qu'on ignorait, c'était que la génération suivante produirait la meilleure sélection de l'histoire de ce pays et une des plus fantastiques formations nationales de tous les temps.

Déjà, en 1952, lors des Jeux olympiques d'Helsinki, les Hongrois avaient conquis la médaille d'or. Jacques de Ryswick raconte: «En Finlande, j'eus la première vision de ce nouveau Wunderteam. Tout de suite, en dépit de la faible opposition turque (7 à 1), je fus conscient d'avoir sous les yeux une très grande équipe, la meilleure sans doute qui eût existé jusqu'alors. Mon impression se confirma en demi-finale, où les Suédois perdirent avec fracas leur couronne olympique. La façon dont ils furent débordés par les Hongrois ne permettait aucun doute. D'emblée, je fus ébloui par cette phalange magyare; par son jeu tout à la fois de séduction et de réalisme, merveilleusement musical et infiniment positif: une remarquable et intelligente synthèse de ce que le football peut offrir de meilleur, dans sa forme et dans son esprit.»

Mais qu'aurait donc écrit de Ryswick à la fin de novembre 53 alors que les Puskas, Kocsis, Hidegkuti... écrasaient l'ogre anglais dans son antre de Wembley?

Oui, s'il est une date charnière dans l'histoire du football, c'est bien celle du 23 novembre 53. Une journée comme celle qui marque une époque.

Pour la toute première fois depuis... toujours, les Anglais étaient battus chez eux par 6 buts à 3. Ho, my Lord, how could this happen? Trois buts de Hidegkuti, deux de Puskas et un de Bozsic. Jour sombre pour l'Angleterre sous le choc. Toujours sûr de son équipe, malgré tout, l'entraîneur Master Winterbottom insistera: «Nous nous sommes laissés surprendre par la position en retrait de Sandor Hidegkuti, mais maintenant nous avons compris et nous le montrerons lors du match retour à Budapest.»

Et là, le 23 mai 54, ce fut encore pis. Les Anglais périrent corps et âmes: Hongrie 7 Angleterre 1. Décidément, on savait jouer au ballon ailleurs que dans le Royaume-Uni.

Ces résultats retentirent dans le monde entier et les Magyars se retrouvaient maintenant au sommet de la nouvelle hiérarchie. En plus, lors de ces victoires époustouflantes, la Hongrie avait contribué à modifier positivement l'aspect tactique du jeu.

Grâce à la priorité accordée à l'attaque, les Hongrois mettaient lentement fin au règne du WM et préparait la venue du 4 - 2 - 4 (quatre défenseurs, deux au milieu et quatre attaquants) que les Brésiliens allaient peaufiner et faire triompher en Suède en 58. C'était la fin du marquage individuel strict et impitoyable du WM issu d'Angleterre et la renaissance du jeu offensif puisque dans le 4-2-4 les joueurs sont moins astreints aux tâches défensives.

Par ce système, la Hongrie n'avait pas une défense étanche mais comme elle marquait des buts à profusion... Le bilan était toujours à son avantage. D'ailleurs, entre 1950 et 1955, les équipiers de Puskas disputeront trente-trois matchs obtenant vingt-huit victoires et quatre nuls. La seule défaite fut celle dont on parlera très bientôt.

Vous pensez bien qu'à l'aube de cette Coupe du monde en Suisse, peu de sélections pouvaient penser repousser la terrifiante Hongrie. C'eût été naïf ou hautement téméraire.

Revenons justement au premier tour de ce tournoi qui débutait alors dans le pays de Guillaume Tell.

Des têtes de série qui tombent

Dans le tout premier engagement du groupe 1, la France perdit pratiquement tout espoir en s'inclinant 1 à 0 devant les Yougoslaves. Ce duel ne passera pas à l'histoire pour la qualité de son jeu mais pour d'autres raisons.

En effet, pour la toute première fois, un match de la Coupe du monde est télévisé en direct et diffusé dans huit pays d'Europe grâce à l'Eurovision.

Après le couronnement d'Élisabeth à Londres en 1953, l'événement majeur fut cette phase finale du tournoi mondial qui fit vendre des milliers de téléviseurs. Huit autres matchs seront diffusés au petit écran et cela marquera le début d'une très longue litanie de rencontres au cours desquelles l'intérêt des masses ne cessera de croître.

On ne pouvait prévoir, à ce moment précis, l'incroyable impact qu'aurait la télévision par la suite. Bientôt c'est par milliards que les amateurs de partout se braqueront devant leur téléviseur lors des grandes manifestations et spécialement pour les matchs de soccer de la Coupe du monde.

Par ailleurs, la sélection brésilienne, qui avait autant d'ambition que l'édition de 1950 mais moins d'impact offensif, triompha du frêle Mexique par 5 à 0 dans son premier match et obtint le résultat nul avec la Yougoslavie. Avec trois points chacun, Brésiliens et Yougoslaves représenteraient donc le groupe 1 au tour suivant, c'est-à-dire en quart de finale.

Malgré une victoire de 3 à 2 sur un Mexique décidément peu inspiré, la France dut se retirer et rêver à des lendemains meilleurs qui ne tarderont pas à poindre.

Le groupe 2, sans aucun doute le plus percutant, incluait la Hongrie, l'Allemagne fédérale, la Turquie et la Corée du Sud.

Lors des deux premiers affrontements, la Hongrie avala tout rond la Corée du Sud 9 à 0, et la RFA battit la Turquie 4 à 1. Vint alors la rencontre Hongrie-Allemagne fédérale qui n'aurait pas dû avoir lieu à ce moment-là. C'est uniquement parce que la Turquie avait été injustement jugée tête de série à la place de l'Allemagne que cette confrontation se déroula lors du premier tour.

Mais le règlement de la compétition comportait des ratés et Sepp Herberger, l'entraîneur allemand déjà en poste depuis 1938, les avait bien notés. En jouant sa deuxième partie contre la puissante Hongrie, il avait compris qu'il pouvait perdre sans rien remettre en cause puisqu'il avait déjà deux points en caisse et, même si la Turquie devait battre la Corée du Sud — ce qui se produisit effectivement (7 à 0) —, ses hommes devraient disputer un match d'appui à la Turquie qui terminerait également avec deux points. Conscient que ce match décisif ne lui poserait pas trop de problèmes, Herberger présenta donc, devant la Hongrie, le 17 juin à Berne, un onze expérimental, qui fut foudroyé 8 buts à 3. Peu importait. Le stratège allemand avait atteint ses objectifs. Il avait d'abord testé certains joueurs et il savait mieux maintenant avec qui poursuivre la compétition. De plus, les Hongrois triomphants avaient la certitude que rien ne pouvait plus les arrêter.

Sauf que, pendant ce simulacre de match, un incident se produisit qui allait bouleverser la suite des événements. Alors qu'on atteignait l'heure de jeu, le demi-centre Liebrich blessa Puskas qui dut quitter le terrain; il ne reviendra que pour la grande finale et sans être totalement remis.

Or Ferenc Puskas était l'animateur de cette formidable sélection hongroise. Avec un pied gauche magique et une remarquable technique, il illuminait le jeu de son équipe. Et il savait marquer: 85 buts en 84 sélections hongroises et 418 réussites en matchs officiels dont 35 en 39 rencontres de Coupe d'Europe.

Doué d'une étonnante intelligence instinctive du jeu collectif, il s'inscrit parmi les tout meilleurs joueurs de l'histoire. Trapu et bedonnant, on peut le comparer à Diego Maradona, autre gaucher génial des temps modernes. Né à Budapest en 1927, Puskas, que les Anglais surnommeront «The Galloping Major» — il était haut gradé dans l'armée hongroise —, fera les beaux jours du Kispest devenu plus tard le Honved de Budapest. Avec ce club, il remportera le championnat de Hongrie en 50, 52, 54 et 55.

Lorsque les chars soviétiques pénétreront dans Budapest à l'automne 56, Puskas est en tournée. Déchiré, il décidera de ne plus rentrer au pays. Il devra subir alors une suspension de dix-huit mois.

À plus de 30 ans, il fera un retour au jeu avec le fabuleux Real Madrid où il connaîtra une prodigieuse fin de carrière, qu'il prolongea jusqu'à près de 40 ans. Il obtiendra la citoyenneté espagnole et évoluera avec la sélection lors de la Coupe du monde de 1962. Sa lenteur au jeu et son insociabilité ont quelque peu terni son image. Cependant il compensait largement par ses nombreux exploits sur le terrain.

Mais en Suisse, en cet été 54, tous les supporters hongrois se demandaient comment ses équipiers se débrouilleraient sans lui, puisque, blessé, il devait rater des matchs cruciaux.

Dans le duel décisif pour la seconde place et tel que prévu, l'Allemagne de Sepp Herberger disposa facilement de la Turquie 7 à 2.

Le groupe 3, pour sa part, révéla des résultats attendus. L'Uruguay et l'Autriche gagnèrent leurs rencontres et se qualifièrent sans trop de difficulté, la Tchécoslovaquie et l'Écosse n'étant pas en mesure de donner la réplique.

Enfin, le groupe 4 était beaucoup plus problématique. On n'y retrouvait pas de sélection vraiment faible ou nettement supérieure. Par une victoire de 2 à 0 sur la Suisse à Lausanne et un match nul de 4 à 4 devant une surprenante Belgique, l'Angleterre acquit le premier rang.

Pour la précieuse deuxième place, on assista à une belle empoignade. L'Italie, riche de deux triomphes lors des finales de 34 et 38, avait maintenant bien du mal à s'imposer malgré la présence de l'attaquant Giampiero Boniperti, qui deviendra président de la prestigieuse équipe de la Juventus de Turin.

Apres une défaite de 1 - 2 face à une sélection suisse survoltée, les Italiens revinrent avec une victoire de 4 à 1 sur la Belgique rejoignant ainsi la Suisse en deuxième place. Il fallut, tout comme pour RFA - Turquie, un match de barrage qui confirma la supériorité helvétique: 4 à 1. Ce résultat éclatant ne souffrait aucun doute. Poussés par un public de plus en plus fervent, les Suisses nourrissaient les plus grands espoirs.

Parmi les huit pays choisis têtes de série, trois n'auront pas échappé au verdict impitoyable de ce premier tour. L'Italie, la France et la Turquie repartiront donc bredouilles.

Le Brésil casse, l'Allemagne fédérale passe

Pour déterminer les adversaires des quarts de finale, on constitua un bloc avec les qualifiés des groupes 1 et 2 et un autre pour les quatre premiers des groupes 3 et 4. Et le tirage au sort proposa les face à face suivants: Brésil - Hongrie; Yougoslavie - Allemagne fédérale; Uruguay - Angleterre; Suisse - Autriche.

La formule de coupe prévalait maintenant. Chaque match était donc décisif. À Berne, au stade Wankdorf, l'affiche Brésil-

Hongrie retenait l'attention. Plusieurs prétendaient que les Cariocas étaient les seuls à pouvoir faire trébucher la grande Hongrie. Mais les Brésiliens pratiquaient un football privé de l'inspiration qui l'avait jadis porté. On était moins libéré et plus conscient de la défensive.

La Hongrie, même sans son leader Puskas, possédait une force de frappe comme on n'en avait jamais vu. Les Magyars étaient capables de tuer un match — c'est-à-dire prendre une telle avance que l'adversaire est pratiquement battu — avec la rapidité de la lumière.

C'est précisément ce qui s'est produit ce jour-là lorsqu'en huit minutes Hidegkuti et Kocsis de la tête — on le surnommait d'ailleurs «tête d'or» — avaient trouvé le fond du but de Castilho. On croyait la cause entendue. Non. Le Brésil se ruait à l'attaque et réduisait l'écart par Djalma Santos sur penalty.

En deuxième mi-temps, l'arbitre anglais M. Ellis rendait une décision douteuse en accordant à la soixantième minute un penalty aux Hongrois sur faute de main dans la surface de réparation brésilienne. Lantos, le défenseur, convertit d'un puissant tir, et c'est 3 à 1.

Mais Julinho, par une frappe fantastique, ramène le Brésil dans ce match qui, toutefois, tourne au vinaigre. Bozsic et Nilton Santos — sans lien de parenté avec Djalma — sont expulsés. Les coups pleuvent. L'ambiance est malsaine. Malgré tout, Julinho s'échappe encore deux fois. Il tire à côté à la première occasion et donne une balle décisive à Didi dont la frappe atteint la barre horizontale.

À la toute fin, Kocsis, encore lui et toujours de la tête, marque et met fin à ce qu'on nommera la bataille de Berne.

Vainqueurs 4 à 2, oui. Mais les Hongrois avaient laissé beaucoup d'énergie dans l'entreprise. Les Brésiliens, par ailleurs, ont encore manqué de sens collectif. Mais comment faire autrement quand on compte sur des individualités aussi douées techniquement?

À Genève, devant la Yougoslavie, l'astucieux entraîneur allemand Herberger, qui a bien évalué son effectif, trouve la bonne carburation. Le collectif avec Fritz Walter en tête tourne de mieux en mieux et les Allemands écartent les Yougoslaves par 2 buts à 0. Rien de facile cependant et le défenseur Kohlmeyer doit deux fois venir sauver des buts sur sa ligne. Finalement, ce gain des Allemands est une surprise. Personne ne les voyait en demi-finale. Herberger, lui, semblait savoir exactement où il allait.

La veille, l'Angleterre et l'Uruguay s'étaient livré un excellent match qui fut également un duel entre le brillant Stanley Matthews et le merveilleux Juan Alberto Schiaffino. Après 90 minutes, la Céleste avait fait mouche 4 fois contre 2 pour les Anglais, qui se retiraient avec les honneurs. Au moins, cette fois, les inventeurs du football avaient atteint le deuxième tour.

Dans le dernier affrontement de ces quarts de finale, à Lausanne, l'Autriche et la Suisse disputèrent une rencontre extraordinaire et insolite où douze buts furent marqués dont sept par l'Autriche. Pourtant, les locaux menaient 3 à 0 après 23 minutes. Incroyable. Mais à la mi-temps c'était 5 à 4 pour les Autrichiens. Une partie inoubliable. Du jamais vu. Et la Suisse quitte «sa» Coupe du monde après avoir étonné un public chaleureux qui s'était comporté admirablement.

L'Autriche rejoignait donc dans le carré final la Hongrie, l'Uruguay et la RFA. L'âme du Wunderteam était-elle en train de renaître au pied des Alpes?

Un match presque parfait

30 juin 1954. Le stade La Pontoise à Lausanne est témoin de la demi-finale Hongrie-Uruguay. Deux grandes sélections font face à leur destin: la Hongrie, toujours favorite avec son artillerie offensive intarissable, et l'Uruguay, deux fois championne du monde en 1930 et 1950 et qui n'a jamais perdu dans cette compétition.

Le moment sera mémorable malgré l'absence de Puskas toujours blessé. Une magistrale prestation des deux formations. Un vétéran journaliste anglais, Charlie Buchan s'exclamera: «C'est un des plus grands matchs que j'aie vus.» Billy Wright, le capitaine de la sélection anglaise ajoutera: «Cette rencontre a presque atteint la perfection.»

À la mi-temps, c'était 1 à 0 pour les Hongrois. But de Czibor à la treizième minute. Dès la reprise, Hidegkuti, d'une formidable tête plongeante, double la mise. Mais dans le dernier quart d'heure, Schiaffino domine le jeu, exécute un véritable récital et alerte deux fois Hohberg qui marque à deux reprises.

Pour la première fois dans le tournoi, les Magyars sont rejoints à la marque. La prolongation s'impose. Au début du surtemps, Schiaffino lance encore Hohberg dont le tir, cette fois, atteint le poteau.

La Céleste épuisée ne s'en remettra pas et deux buts de Kocsis, oui de la tête, vont clore ce débat grandiose. On aurait souhaité que ce fût la finale.

L'Uruguay perd donc son titre et la Hongrie tout entière songe déjà à cette Coupe du monde qu'elle ne peut que conquérir. Tous les observateurs sont unanimes là-dessus. Et pourtant.

À Bâle, dans l'autre demi-finale, l'Allemagne se frotte à l'Autriche. La frontière germanique est toute proche et la bande à Herberger peut compter sur 20 000 partisans dans une foule de 58 000 spectateurs.

Surprise, c'est Walter Zeman gardien numéro 1, mais hors de forme à ce moment-là, qui est dans le but autrichien.

Par contre, Schmied, l'autre portier, avait cédé cinq fois devant les Suisses. Alors... Mais Zeman dispute un match affreux et concède pas moins de six buts aux Allemands qui s'éclatent. L'Autriche ne répondra qu'à une occasion. Le héros de cette fête est Fritz Walter, le valeureux capitaine de cette sélection allemande qui produit maintenant au maximum. Walter est à l'origine des deux premiers buts et réussit lui-même les deux suivants du point de réparation. Les deux derniers sont consécutifs à des coups de pied de coin qu'il effectue personnellement. Collectivement, les Allemands avaient démontré qu'ils étaient beaucoup plus puissants que ce qu'on avait cru. Mais ça, Sepp Herberger, lui, le savait déjà.

L'Autriche se consolera en s'appropriant la troisième place en remportant par 3 à 1 une rencontre que les Uruguayens ont sans doute jugée superflue.

Pas de justice pour la Hongrie

En analysant l'attitude des deux adversaires de cette finale pendant les heures qui ont précédé la confrontation, on pouvait prévoir un peu la suite des événements.

D'un côté, la Hongrie avait fourni des efforts considérables lors des derniers matchs et se présentait amoindrie à cet ultime affrontement. L'attitude des joueurs témoignait aussi de leur grande nervosité et de leur perte de sérénité.

De l'autre, les Allemands, décontractés, confiants. Ils s'étaient bonifiés à chaque rencontre.

Les journalistes étaient maintenant plus sceptiques quant aux chances de la Hongrie. Jacques De Ryswick, du quotidien français *L'Équipe,* exprimait ainsi les nuances de sa pensée: «Sous l'impulsion du grand Kocsis, les Magyars, doués d'une classe supérieure, sont les plus dignes de coiffer la couronne mondiale. Mais devant les favoris au bord de la saturation, les Allemands, qui n'ont rien à perdre, se présenteront avec des forces fraîches animées par le redoutable stratège Fritz Walter.» Son collègue Gabriel Hanot confirmait cette tendance: «Grâce à sa défense organisée et son attaque athlétique, l'Allemagne est loin d'être battue d'avance.» Même Hidegkuti, l'attaquant hongrois admit: «Je crains que la prolongation contre l'Uruguay nous ait tués.» Et là, il y avait une question suspendue à toutes les lèvres. Puskas jouerait-il ce dernier match? Et, si oui, dans quel état?

La blessure infligée par le défenseur allemand Liebrich lors du tout premier affrontement, on se le rappelle, avait depuis tenu Puskas à l'écart. Or, on ne peut se passer impunément d'un tel leader. Et malgré les bons résultats des Hongrois, il avait fallu puiser dans les réserves de chacun.

Soigné, suivi, traité par les plus grands spécialistes, le «major galopant» jouera mais sa cheville tiendrait-elle le coup?

Cette finale, les Hongrois l'entreprendront encore en fanfare. Buts de Puskas et de Czibor dans les huit premières minutes. Foudroyant. Va-t-on revivre l'hécatombe du premier match?

Non. Physiquement et mentalement, Herberger avait préparé sa troupe habilement. Les Allemands s'organisent autour de Fritz Walter et, à la dix-huitième minute, les deux équipes sont nez à nez. Morlock et Rahn ont battu le gardien Grosics.

Habituellement collectifs, les Magyars commencent à jouer trop individuellement. Signe de grande fatigue et de fébrilité. Puskas, hypothéqué, essaie de tout faire et engueule ses partenaires. Le ressort est-il cassé?

Pourtant la tête d'or de Kocsis met sérieusement Turek à l'épreuve. Le portier allemand arrête tout. Et Hidegkuti qui frappe le poteau. En deuxième mi-temps, Kocsis et Puskas, deux fois, seront stoppés. Et encore Czibor.

Puis, à la quatre-vingt-quatrième minute, le destin bascule. Le bourreau des Hongrois, c'est Helmut Rahn qui inscrit son deuxième but du match d'un tir du gauche bien ajusté.

Il reste six minutes. Fritz Walter racontera plus tard ces derniers instants: «Jamais la tâche de capitaine ne fut aussi lourde qu'après le but victorieux de ce diable d'Helmut Rahn. Mes équipiers, au comble de la joie, semblaient oublier que ce n'était pas fini. Je n'ai pas cessé de m'égosiller en leur criant de surveiller leur homme et en me battant moi-même, de toutes mes forces. Quand ce fut fini, il me fallut bien plus que ces six interminables minutes pour réaliser que nous étions champions du monde.»

En réalité, après le but de Rahn, tous les Hongrois se sont lancés éperdument à l'attaque. Puskas marquera un but que l'arbitre annulera pour raison de hors-jeu.

Les Allemands de l'Ouest créent alors la plus grande surprise de l'histoire. Jamais, en effet, une sélection n'aura été considérée comme favorite autant que celle de la Hongrie en 1954.

La pluie qui est tombée sur Berne pendant tout le match, c'est aussi les pleurs de millions de Hongrois et aussi de tous ceux qui avaient aimé ce groupe fabuleux et son beau football.

Mais les Allemands avaient vaincu sur le terrain. Leur apogée, ils l'avaient atteinte au moment opportun. Leur football athlétique basé sur le collectif suscitait maints adeptes. D'ailleurs l'engagement physique et la force mentale resteront toujours les grandes caractéristiques du soccer allemand.

Fritz Walter, l'animateur et, à 33 ans, la grande vedette des nouveaux champions avait une excellente vision du jeu et son influence sur l'équipe poussait au dépassement.

Il a su assumer la notoriété sans devenir un autre. C'était un vrai gentilhomme. On peut penser à Michael Bossy, au hockey, qui possédait les mêmes traits de caractère. Deux athlètes remarquables. Deux hommes simples, limpides.

Ferenc Puskas, quant à lui, admettra, plus tard qu'il est sorti grandi de cette épreuve. «Depuis la finale de 1954, plus rien de grave ne peut m'arriver sur un terrain de football. Avec le Real Madrid, j'ai gagné et perdu la Coupe d'Europe. C'étaient des émotions fortes que je ressentais alors mais sans aucune commune mesure avec la finale de Berne. Depuis lors, je suis devenu un grand philosophe.»

Cette phase finale aura apporté son lot de satisfaction quant à la qualité du jeu offert. Et il n'y aura plus jamais autant de buts marqués dans cette compétition. Une moyenne de 5,38 par rencontre. L'âge d'or du football offensif.

On se demandera encore longtemps comment la Hongrie a pu perdre cette finale. Somme toute, le résultat était tellement surprenant que l'histoire a tout autant retenu la défaite des Hongrois que la victoire des Allemands.

Chapitre 6

1958 Suède

PELÉ, PELÉ, PELÉ

«Comme la musique, le football rapproche
dans les mêmes joies, parfois dans la même communion,
mais certainement toujours dans le même idéal
tous les hommes qui savent l'aimer.»
JEAN ARNAUD, *France football*

Je suis né au soccer en 1958.

À la toute fin d'un séjour d'études à Paris, en juin de cette année-là, j'ai vu à la télévision des matchs de la Coupe du monde dont le tour final se déroulait en Suède.

Devant un petit écran repéré chez certains marchands d'appareils électriques, je regardais par la vitrine de longues séquences de rencontres merveilleuses. J'apprenais les rudiments d'un jeu qui me fascinait déjà. Fils du Québec, j'avais joué au hockey, au baseball, mais surtout au ballon-panier au collège et plus tard au Centre de l'Immaculée-Conception déjà animé par le Père de la Sablonnière.

Le soccer? Connaissais pas. Il y avait bien quelques «extra-terrestres» qui tapaient dans un ballon près de la Vickers, dans l'est de Montréal. Des immigrants qui jouaient au ballon sans se servir de leurs mains. Insensé. Mais en cet été 58, baigné dans une ambiance de foot, le soccer m'a envoûté doucement au début.

En Suède, la France avait réussi un parcours extraordinaire et tout à fait inattendu, et la télévision de l'hexagone s'alimentait voracement d'images parvenues de Scandinavie.

Cette sixième version du tournoi mondial de la FIFA serait différente à bien des égards. D'abord, deux ans auparavant, le père de la Coupe du monde et président de la Fédération, Jules Rimet, s'était éteint à l'âge de 83 ans. Pour la première fois, il ne remettrait pas aux vainqueurs le trophée qui portait maintenant son nom.

D'autre part, cinquante-trois fédérations nationales avaient adhéré à la compétition. Une progression remarquable. Un nouveau record. On ne remettait plus en cause la survie de l'épreuve. La question qui s'imposait concernait plutôt la gestion, toujours plus complexe, d'un événement qui prenait des proportions colossales.

Enfin, ce serait la dernière fois que deux phases finales consécutives se tiendraient sur le même continent. Par la suite, le principe d'alternance entre l'Europe et l'Amérique sera respecté.

La présence des ténors

Lors de chacune des compétitions antérieures, certains grands pays de football avaient fait l'impasse. Cette fois, tous les ténors étaient présents au moins à l'étape des qualifications. L'Argentine, finaliste de 1930 qui refusait chaque fois de participer invoquant des raisons inopportunes, revient enfin et se qualifiera assez facilement dans le groupe 2 sud-américain.

L'Angleterre, tout comme l'Italie en 1949, fut sérieusement handicapée par la perte de plusieurs joueurs clés lors d'une autre catastrophe aérienne quelques mois avant cette Coupe du monde. En février 58, l'avion ramenant l'équipe de Manchester United d'un match de Coupe d'Europe s'écrase près de Munich et huit joueurs sont fauchés dont trois, le défenseur Byrne et les attaquants Taylor et Edwards, indiscutables titulaires du onze national. Bobby Charlton, 20 ans, échappera au drame qui le marquera profondément. Gardé à l'écart en Suède — une décision très contestée —, Bobby s'ouvrira plus tard les portes de la gloire avec l'équipe nationale et Manchester United.

La Hongrie, vainqueur moral de la dernière épreuve en Suisse, avait maintenant du plomb dans l'aile. L'occupation du pays par les troupes soviétiques en 1956 avait, on l'a vu, suscité l'exil de Puskas. D'autres l'ont suivi. Kocsis et Czibor ont rejoint le «major galopant» en Espagne. Et ceux qui étaient restés jouaient sans motivation. Comment pouvaient-ils vraiment représenter un pays qui ne leur appartenait plus? L'URSS avait été admise à la FIFA dès 1946. Incertains de leur capacité réelle sur le terrain, les Soviétiques avaient préféré attendre avant de côtoyer l'élite mondiale. Mais, là, ils y étaient. Avec Lev Yachine dans les buts, ils croyaient à un exploit, même s'ils s'étaient qualifiés difficilement contre la Pologne.

La Suède vivait d'espoir et attendait impatiemment cette compétition. Hôtes du tournoi, les «Nordiques» possédaient une fiche solide ayant terminé dans les quatre premiers en 1938 et 1950. De plus, la fédération nationale avait reconnu le professionnalisme officiellement, ce qui permit de rappeler les grandes vedettes suédoises qui avaient évolué en Italie comme Nils Liedholm (Milan AC), Gunnar Gren (Milan AC, Florence et Gênes) Kurt Hamrin (Florence) et Lennart Skoglund (Inter de Milan), et d'autres encore. Les rêves les plus fous étaient permis.

Tout comme la Suède, pays organisateur, l'Allemagne de l'Ouest, championne en titre, était qualifiée sans passer par les éliminatoires. Mais les Allemands avaient pris un coup de vieux. Fritz Walter, 37 ans, Helmut Rahn, Hans Schaefer animaient toujours l'attaque. Depuis la victoire de Berne, les résultats étaient plutôt inconsistants. Mais avec un sorcier comme Herberger toujours à la tête de la sélection...

Enfin le Brésil était arrivé en Suède avec une jeune équipe sur laquelle on comptait beaucoup. On ne savait pas encore à ce moment-là que le jeune Edson Arantes Do Nascimento, 17 ans, amené malgré un genou amoché, allait être aussi dominant. À Santos, on l'appelait Pelé.

Une première pour le Canada

Lors des qualifications pour la ronde finale les surprises ne manquèrent pas.

Ainsi l'Italie et l'Uruguay gagnants de quatre des cinq premières Coupes du monde disparurent au profit de l'Irlande du Nord et du Paraguay. L'Espagne également fut sortie par l'Écosse si bien que les quatre fédérations britanniques étaient présentes en Suède.

D'autre part, dans la zone CONCACAF (Confédération de football d'Amérique du Nord, d'Amérique centrale et des Caraïbes — on utilisait le nom pour la première fois), six pays s'étaient inscrits dont le Canada, qui faisait ses tout débuts. Une seule place était disponible pour cette région et les Canadiens durent s'engager dans une ronde éliminatoire. Ils battirent deux fois les Américains 5 à 1 à Toronto et 3 à 2 à St. Louis. Par contre, deux défaites contre le Mexique, qui gagna ses quatre matchs, et l'expérience prenait fin. Les deux rencontres face aux Mexicains eurent lieu à Mexico pour des raisons financières.

À Toronto, le Canada avait présenté le onze suivant: Ken Pears; Dave Stothard, Buster Cairns; Jack Steel, Pat Philley, Doug Creig; Gordie Ion, Brian Philley, Art Hughes, Gogie Stewart, Norm McLeod. Ce n'est que pour la finale de 1970 que l'Association canadienne formera une autre sélection qui tentera d'obtenir son billet pour le... Mexique.

C'est encore ce dernier pays qui représentera notre région à la phase finale de 1958. Pour la nième fois.

Dans la région Afrique-Asie, la situation la plus invraisemblable régnait. Une seule place avait été retenue pour cette zone lors de la phase finale. Or neuf pays devaient en découdre pour faire un maître.

Mais l'abandon de la Turquie d'abord, puis de l'Égypte et de l'Indonésie au second tour et enfin du Soudan au tour final amena Israël, sans jouer un seul match, à représenter la région. Sauf que la FIFA avait déjà indiqué, dans ses règlements, qu'aucun pays ne pouvait participer à la phase finale mondiale sans avoir disputé au moins une rencontre.

On choisit donc au hasard, parmi les deuxièmes des groupes éliminatoires de l'influente Europe et c'est le pays de Galles qui fut repêché. Après deux matchs contre Israël, gagnés tous les deux par 2 buts à 0, les Gallois occuperaient donc la place initialement prévue pour la zone Afrique-Asie. Avouons qu'en fait d'aberration... Et ce ne fut pas la dernière fois que la FIFA dut composer avec une conjoncture aussi loufoque. Après avoir dressé le dernier bilan des matchs de qualification, on recensait douze pays européens, trois d'Amérique du Sud et un du nord de l'Amérique. On est encore loin d'une représentation intercontinentale.

La formule de la compétition, quant à elle, fut beaucoup moins controversée que la précédente. Cette fois, la FIFA avait opté pour un système selon lequel on retrouverait dans chacun des quatre groupes de quatre pays un représentant des pays latino-américains (Argentine, Brésil, Paraguay et Mexique); un des membres du groupe britannique (Angleterre, Écosse, Irlande du Nord et pays de Galles); un des pays de l'Est (l'URSS, la Hongrie, la Tchécoslovaquie et la Yougoslavie); et un des quatre de l'Europe occidentale (la France, la Suède, la RFA et l'Autriche).

Un certain équilibre était atteint ainsi dans chacune des poules et les équipes cotées devraient se frotter à des adversaires coriaces dès le départ.

Les deux premières formations de chaque groupe accéderont aux quarts de finale. En cas d'égalité de points pour déterminer la deuxième position après les trois parties du premier tour, un match d'appui sera disputé.

À partir des quarts de finale, les rencontres sont déterminantes, les perdants subissant l'élimination directe. À ce moment-là les opposants sont jumelés à l'avance selon les combinaisons connues: premier du groupe 1 contre deuxième du groupe 2; premier du groupe 3 contre deuxième du groupe 4, etc.

Ce mode de fonctionnement fut jugé satisfaisant et sera maintenu jusqu'en 1974.

Cul-de-sac pour la Hongrie et l'Angleterre

Douze villes avaient été retenues par le comité organisateur pour le premier tour de cette phase finale. La décentralisation marquera cette Coupe du monde et permettra d'acheminer le football vers des petites collectivités comme Uddevala, Boras, Eskilstuna. Le coup d'envoi lance les activités le 8 juin.

Groupe 1: Argentine, Irlande du Nord, RFA, Tchécoslovaquie

De retour parmi les grands pays du football pour la première fois depuis 1930, les Argentins ne purent franchir l'obstacle du premier tour. Plutôt surprenant puisqu'un an auparavant, les «bleu et blanc» avaient remporté facilement le titre latino-américain en triomphant du Brésil 3 à 0 et de l'Uruguay 4 à 0.

Il faut savoir toutefois qu'à la suite de ces succès époustouflants, les riches clubs italiens ont effectué une véritable razzia dans les rangs de la sélection argentine enlevant, entre autres, son trio offensif formé de Maschio, passé à Bologne, Angelillo, à l'Inter de Milan, et surtout Omar Sivori, qui a signé à la Juventus de Turin. Ils ne viendront pas en Suède.

Exsangue, l'équipe d'Argentine dirigée par l'ancienne gloire de la première Coupe du monde Guillermo Stabile ne pourra remporter qu'une victoire sur l'Irlande du Nord.

La république fédérale d'Allemagne, quant à elle, ne perdit aucun match et termina première de ce groupe. Les Allemands avaient cependant bénéficié d'un arbitrage favorable lors de l'affrontement contre la Tchécoslovaquie. L'officiel anglais, Mister Ellis, accorda un but inexistant à Schaefer dont le tir avait été stoppé par Dolejsi devant sa ligne. Ce résultat nul de 2 à 2 repoussa les Tchécoslovaques à la deuxième place malgré une très large victoire sur l'Argentine par 6 buts à 1 dans leur troisième rencontre.

L'Irlande du Nord avec Danny Blanchflower en tête avait battu les Européens de l'Est 1 à 0 lors de la première partie et terminait à égalité avec la Tchécoslovaquie au deuxième rang.

Le match d'appui fut donc disputé à Malmö où les Irlandais ont surpris une sélection pourtant solide amenée par Josef Masopust. Encore une fois l'attaquant McParland, profitant des opportunités, toucha deux fois la cible et les Irlandais atteignaient la deuxième ronde, avec la RFA.

Groupe 2: Écosse, France, Paraguay, Yougoslavie.

Arrivés en Suède avant tout le monde, les Français entreprenaient le tournoi sans grande conviction. En fait, entre le 6 octobre 57 et le 16 avril 58, la sélection tricolore avait disputé six matchs sans la moindre victoire.

Paul Nicolas, le sélectionneur (genre de gérant-général), venait de rappeler Raymond Kopa, le plus grand joueur français avant l'arrivée de Platini. Kopa faisait alors les beaux jours du Real de Madrid, le plus grand club du monde à l'époque. Mais comment pourrait-il s'intégrer à une formation qu'il avait quittée depuis longtemps? De plus, les journalistes français n'étaient pas tendres à l'égard de leur sélection. On pouvait lire dans la presse parisienne avant le tournoi: «L'équipe de France est arrivée la première parce qu'elle repartira sans doute la première.»

Eh bien, pas du tout! Dès son premier match, la France accroche sévèrement le Paraguay qu'elle pulvérise 7 à 3, score qui laisse présager une attaque incisive mais une défense vulnérable. Trois buts pour l'avant-centre Just Fontaine dont les exploits allument encore bien des mémoires. Les «coqs» perdront 3 à 2 devant les Yougoslaves — deux autres réussites de Fontaine — et reviendront avec un succès face aux Écossais 2 à 1 — nouveau but de Fontaine qui en compte six après trois rencontres. Son entente avec Kopa a été instantanée. La France passe donc à l'étape suivante avec la Yougoslavie dont le compteur indique également quatre points. Le Paraguay, qui avait éliminé l'Uruguay un an plus tôt, n'ira pas plus loin.Quand on accorde douze buts en trois matchs...

L'Écosse, avec un match nul et deux défaites, se retrouve lanterne rouge du groupe. Graham Leggat, animateur de l'émission *Soccer Saturday* au réseau TSN, évoluait à l'époque avec cette sélection écossaise. Il garde un souvenir impérissable de cette formidable aventure: «Nous n'étions pas déçus outre mesure d'être éliminés dès le premier tour. Chaque partie réservait des surprises parce que nous ne savions rien de nos adversaires. Les communications étaient réduites encore au minimum et nous n'avions évidemment pas de vidéocassettes pour étudier le style des autres formations. Nous ne pouvions donc être sûrs de rien. Par ailleurs, avec Kopa et Fontaine, la France pouvait compter sur le meilleur duo d'attaque du tournoi. Quant à Pelé, à 17 ans, il portait déjà le numéro 10. Or ce maillot est toujours réservé au meilleur joueur de chaque équipe. Ça dit tout. Je me souviens aussi d'un fantastique public suédois. Les stades étaient petits et sympathiques. C'était un grand tournoi, mais à visage humain.»

Graham Leggat est bien modeste car malgré leur sortie rapide, les Écossais n'ont jamais été déclassés. Au contraire. D'ailleurs après leur match nul avec la Yougoslavie, un journaliste français écrivit: «Les artistes de Belgrade et Zagreb ont été surpassés en deuxième mi-temps par les artisans de Glasgow et d'Édimbourg.» Tout à fait juste. Les Yougoslaves ont toujours été de merveilleux techniciens favorisant le beau jeu. Les Écossais possèdent d'autre part un «cœur» gros comme un ballon et une détermination admirable. Ils sont comme ça et jouent comme ça.

Groupe 3: Pays de Galles, Hongrie, Mexique, Suède.

Manifestement le plus faible des quatre, ce groupe réserva une énorme surprise. Rappelons l'étrange situation qui avait permis de ressusciter les Gallois. Matchs décisifs contre Israël et qualification. Entré dans l'ensemble des seize finalistes par la porte de côté, le pays de Galles réussira à finir deuxième ex-æquo avec la Hongrie et à éliminer par la suite les Magyars lors d'un match supplémentaire. Malheureux Hongrois qui alignaient toujours les Grosics, Bozsic et autres Hidegkuti, mais que les événements politiques récents avaient mis hors jeu. La Suède, avec deux victoires (3 à 0 sur le Mexique et 2 à 1 sur la Hongrie) avait décroché la première position assez facilement. Seul, le pays de Galles l'avait contrainte à un nul de 0 à 0. Contre les Hongrois, Hamrin et Simonsson marquaient, mais ce sont les expérimentés Gren et Liedholm qui dirigeaient la manœuvre. Le Mexique, représentant quasi perpétuel de la zone CONCACAF n'avait fait que passer, encore une fois. Mais les Mexicains faisaient connaître au monde, malgré huit buts concédés, un excellent gardien en Antonio Carbajal. Et son nom s'ajoutera au livre des records pour sa longévité. En effet, il sera le seul joueur dans toute l'histoire à participer à cinq phases finales consécutives, un exploit qui ne sera probablement jamais égalé.

Groupe 4: Angleterre, Autriche, Brésil, URSS.

De loin le groupe le plus explosif. Bien malin celui qui pouvait deviner l'issue de cette lutte. Pourtant, dès le départ, le Brésil exécute l'Autriche par 3 buts à 0. Deux réussites d'Altafini, qu'on appelait aussi Mazzola, en hommage à l'illustre Valentino Mazzola, mort dans la tragédie de Superga en 1949. Mais Altafini fut mis de côté pour faire place à... Pelé lors du troisième match contre l'URSS. Pourtant Altafini-Mazzola était un avant-centre d'une rare efficacité qui inscrivit deux cent seize buts dans le championnat italien où il s'est retrouvé après cette Coupe du monde. Le Milan AC, Naples et la Juventus de Turin ont vu cet attaquant dont la force était étonnante. On le reverra au Chili en 1962, cette fois avec la sélection italienne. Comme en 1934, la fédération naturalisait les joueurs qui avaient une quelconque origine italienne et les embauchait dans les rangs de la squadra azzurra.

L'Autriche, d'autre part, connaîtra un tournoi difficile complétant le premier tour avec un seul point obtenu contre l'Angleterre. Les descendants de Sindelar avaient pris de l'âge et, physiquement, ils n'étaient pas prêts à livrer bataille à ce niveau.

L'Angleterre fit trois matchs nul et fut finalement éliminée lors d'une partie supplémentaire face à l'URSS qui avait aussi

terminée le premier tour avec trois points. À l'époque, la différence de buts n'était pas considérée. Les Soviétiques, qui accéderont aux quarts de finale avec le Brésil, seront satisfaits de
leurs prestations. Ne l'oublions pas, c'était leur toute première
présence et ils n'avaient pas de points de repère. Mais ils firent
connaître en Suède Lev Yachine leur fabuleux gardien, surnommé «l'araignée noire». Toujours affublé d'un maillot,
culotte et bas sombres sans doute pour impressionner ses opposants, Yachine amorçait alors une carrière internationale qui le
mènerait au plus haut sommet de sa profession.

Revenons enfin au Brésil qui, après sa facile victoire sur
l'Autriche, tomba sur un os avec l'Angleterre. Grâce à un dispositif défensif ingénieux, et fait sur mesure pour contrer les
Brésiliens, les Anglais réussirent à contenir les Sud-Américains
à un nul de 0 à 0.

Ce résultat va provoquer une réaction immédiate des
Brésiliens pour qui des rencontres où ils ne marquent pas sont
toujours une sorte d'échec. Avant la rencontre contre l'URSS les
joueurs eux-mêmes demanderont à l'entraîneur Feola d'incor-
porer Garrincha à la formation. Accordé. Puis Pelé, enfin guéri
d'une blessure au genou, pourra lui aussi réintégrer.

Pourquoi avoir sélectionné un si jeune joueur souffrant d'une
blessure dont on ne savait pas si elle guérirait à temps? C'est
que, voyez-vous, cet adolescent — il avait 17 ans — avait déjà
montré un talent inégalé et des statistiques remarquables. Avant
cette Coupe du monde, il avait déjà réussi quatre-vingt-six buts
en quatre-vingt-treize matchs avec son club le Santos FC ou
avec l'équipe nationale dont il avait déjà forcé la porte par son
immense habileté. Sa progression avait été phénoménale. «On le
considérait déjà comme le meilleur joueur jamais produit par le
Brésil», écrira Brian Glanville dans *The History of the World
Cup*.

Donc pendant cette rencontre avec l'URSS les maillots
jaunes ont complètement dominé une sélection soviétique solide
physiquement, mais dépassée par la fantaisie et l'imagination
des Brésiliens. Garrincha, peut-être le plus grand ailier droit de
toute l'histoire, a littéralement étourdi la défense et en particulier

Kouznetzov qui n'était pourtant pas le premier venu. Et Vava a marqué deux fois. Brésil 2 URSS 0.

L'histoire de ce Garrincha est tout à fait singulière. De son vrai nom Manoel Francisco Dos Santos, il est né avec une déformation aux deux jambes et une déviation de la colonne vertébrale. De ses jambes tordues, il fit une arme terrible contre les défenseurs, qu'il rendait fous.

Il répétait inlassablement la même feinte vers l'intérieur pour repartir sèchement vers sa droite et centrer magistralement ou tirer directement au but. Tout petit, il chassa le passereau (moineau) qu'on appelle garrincha en portugais. Ce nom, il le portera longtemps et très haut avec la sélection nationale et avec deux grands clubs brésiliens, Botafogo et Corinthians. On dit qu'il n'a jamais répliqué aux coups dont il était souvent l'objet de la part de défenseurs ridiculisés.

Garrincha est mort le 20 janvier 1983 dans l'oubli et la déchéance totale. Il n'avait pas pu se passer des clameurs de la foule.

Et Dico devint Pelé

Les matchs de quarts de finale ont lieu le 19 juin selon la formule préétablie et expliquée plus haut. Les huit pays encore en lice sont donc jumelés comme suit: RFA - Yougoslavie; Suède - URSS; France - Irlande du Nord; Brésil - pays de Galles.

À Malmo, les Allemands de l'Ouest, toujours guidés par Sepp Herberger, éliminent la Yougoslavie par un seul but de Helmut Rahn. À cette sélection allemande vient de s'ajouter un tout jeune, Uwe Seeler, dont la carrière va se terminer 764 buts plus tard en 1972. Travailleur acharné, il a évolué pour un seul club le SV Hambourg (RFA). On le reverra en Coupe du monde jusqu'en 1970.

À Stockholm, la Suède joue son avenir devant l'URSS. Buts de Hamrin au tout début et de Simonsson vers la fin. Les Suédois bousculent donc les Soviétiques 2 à 0 et comblent un public enthousiaste et de plus en plus confiant dans sa sélection.

97

Les représentants de l'URSS, sont-ils venus pour apprendre comme lors d'une certaine série de matchs de hockey disputés en 1972? Ils s'étaient qualifiés pour le deuxième tour en éliminant l'Angleterre. Ce n'était déjà pas si mal. On les reverra. Souvent.

Pour France-Irlande du Nord, pas de photo-finish. Quatre buts pour les coqs dont deux de Just Fontaine et les Irlandais ont atteint le point de... retour. Le match d'appui livré à la Tchécoslovaquie deux jours avant a fait mal aux équipiers de Blanchflower. Et l'attaque française atteint les quinze buts en quatre matchs. De plus, pour une fois, la défensive tient le coup. Vivement la demi-finale.

La dernière partie entre le Brésil et le pays de Galles fut la plus passionnante. On le sait, les Gallois étaient arrivés à ce stade de la compétition grâce au hasard mais aussi à beaucoup de sueur particulièrement lors du match supplémentaire contre la Hongrie pour déterminer la deuxième place du groupe 3. C'était à Goteborg. Mais là, le pays de Galles devait affronter le Brésil sans son as John Charles blessé. Considéré comme le meilleur joueur gallois de tous les temps, Charles jouait alors avec la Juventus de Turin où, avec Omar Sivori, il formait un tandem offensif redoutable qui aida la Juve à gagner trois championnats d'Italie.

La formidable attaque brésilienne fut longtemps tenue au silence. Garrincha n'arrivait plus à passer sur l'aile droite et Kelsey, le gardien gallois bloquait tout. «Grâce à la gomme à mâcher, dit-il. J'en mets dans mes mains et je frotte. Impeccable.»

C'est finalement Pelé, un peu après l'heure de jeu qui dénouera l'impasse. Son premier but en Coupe du monde poussait le Brésil en demi-finale. Peut-être l'heure des Brésiliens était-elle enfin arrivée.

Pelé a souvent répété que ce but fut le plus important qu'il ait jamais réussi. Sans lui, l'épopée carioca aurait peut-être été stoppée là. Et pourtant, Dico en a marqué des centaines d'autres par la suite. Dico, le diminutif de Edson, c'était le nom familier de Edson Arantes Do Nascimento. Vers l'âge de 9 ans, sans qu'il sache pourquoi, on lui a collé le surnom de Pelé. Il détestait ce sobriquet au point d'engager des bagarres avec ceux qui l'employaient. Mais l'usage fit loi et de plus en plus les copains lançaient les Pelé lors des nombreuses et interminables parties improvisées dans les rues de Bauru, localité de l'État de Sao Paulo où sa famille avait déménagé.

En effet, Dico était né dans la petite ville de Tres Coracoes (trois cœurs) dans la région de Minas Gerais, d'un père, Dondinho, honnête et valeureux joueur de football, et de Dona Celeste, une mère attentive et très présente dans la vie familiale.

Au début de sa carrière, Dondinho avait été blessé sérieusement au genou et, ne pouvant se payer la chirurgie ou craignant ses effets, il ne fut jamais soigné correctement. Si bien que pendant des années, ne connaissant pas d'autres moyens de glaner quelques sous, il revenait à la maison match après match avec un genou aussi gonflé qu'un ballon. Pendant longtemps, Pelé aura une peur bleue des blessures surtout lorsqu'il s'agissait d'un genou. De ses années d'enfance, il garde le souvenir d'un foyer uni mais aux ressources très limitées. En plus de son père et sa mère, sa grand-mère Ambrosina, son oncle Jorge, son frère Jair et sa sœur Maria Lucia complétaient le portrait familial.

Souvent Dona Celeste implorait Dondinho de laisser le football et de trouver un emploi plus sérieux et plus régulier. Mais Dondinho avait un talent certain et il avait même été invité à jouer à l'Athletico Mineiro, un club important de Belo Horizonte. C'est là, lors de son premier match, qu'il fut touché sérieusement au genou. Il dut par la suite se contenter d'évoluer dans des clubs régionaux qui ne versaient qu'une maigre pitance à leurs joueurs. Souvent Dondinho ne pouvait assurer l'essentiel à la maisonnée. Adulte, Pelé écrira: «La pauvreté vous dépouille du respect de soi, de la confiance en soi. La pauvreté, c'est la peur. Pas la peur de la mort mais la peur devant la vie. La peur du lendemain. Une peur terrible.»

Un jour, Pélé avait 13 ans et le Bauru Athletic Club, une formation professionnelle, décida de créer une équipe de jeunes. Naturellement, Pelé, connu comme un fantastique «artilheiro» (buteur) dans toute la région, fut invité et l'entraîneur qui vint diriger ce groupe fut nul autre que le grand Valdemar De Brito, ancienne gloire de la sélection brésilienne lors de la Coupe du monde de 1934. Il adorait travailler avec les jeunes et Pelé lui doit beaucoup. D'abord pour les nombreux conseils transmis pendant les deux années qu'ils passèrent ensemble. Mais aussi parce que c'est lui qui l'a ensuite présenté au Santos FC avec lequel Pelé jouera dix-huit ans avant de rejoindre le Cosmos de New York de la ligue nord-américaine.

De Santos, les portes de la sélection brésilienne se sont ouvertes très rapidement devant Pelé qui progressait à un rythme incroyable. Puis, ce fut la Suède.

Tous ces souvenirs, Pelé devaient forcément les oublier en ce 24 juin 1958. Toute son attention était retenue par ce match de demi-finale que lui et les siens livreraient tout à l'heure aux Français. Deux équipes éminemment offensives qui annonçaient un spectacle grandiose. On ne se trompait pas.

Mais, cette fois, la France n'a pas pu exprimer vraiment sa formidable force de frappe. Les Brésiliens ont monopolisé le ballon la plupart du temps. De plus, à la trente-quatrième minute, le capitaine et défenseur central des bleu - blanc - rouge, Robert Jonquet, est sérieusement touché à la jambe. Fêlure du péroné. Il quitte le jeu pour revenir après la pause — on ne pouvait toujours pas remplacer un joueur blessé. Il ne jouera plus qu'un rôle de figurant ne pouvant pratiquement plus se déplacer. Pendant son absence, à la trente-neuvième minute, Didi donne l'avance au Brésil. C'est alors 2 à 1. Vava, dès la deuxième minute et Fontaine quelques minutes plus tard avaient mis les deux formations à égalité. Ce but de Just Fontaine était le premier concédé par les Brésiliens depuis le début de la compétition.

Jouant à toutes fins utiles à dix, les Français vivront un véritable calvaire lors de la deuxième mi-temps et concèderont trois buts au jeune Pelé en l'espace de 23 minutes. Piantoni, l'homme au pied gauche mitrailleur inscrira un dernier but à la toute fin: 5 à 2. La note est lourde pour les Français qui, même à onze, n'auraient pu battre le Brésil éclatant de ce jour-là. Au moins, l'écart n'aurait sans doute pas été aussi important.

Et Pelé devint après ce match la figure de proue du football brésilien. Dico l'enfant de Bauru devient Pelé l'adulte et le héros de Stockholm.

Dans l'autre demi-finale, à Goteborg, la Suède combattait la RFA. Cette rencontre fut en effet dure, impitoyable, parfois brutale. Les Suédois sortiront vainqueurs d'un duel acharné durant lequel l'arbitre hongrois, M. Zsolt, a joué un rôle beaucoup trop déterminant. Il expulse le défenseur allemand Juskowiak qui a voulu se faire justice après un tacle violent de Hamrin. Mais, plus tard, M. Zsolt ignore un autre coup assassin de Parling sur Fritz Walter qui méritait tout autant le renvoi. Il n'en fit rien et, cette fois, c'est à neuf que les Allemands vont terminer cette rencontre, Walter n'étant plus en mesure d'occuper sa place efficacement. Dans les dix dernières minutes, Gren et Hamrin donneront la victoire à la Suède par 3 buts à 1, Schaefer (RFA) et Skoglund (Suède) ayant déjà compté en première période.

Ce triomphe laissera un goût amer aux observateurs qui se demanderont si l'officiel hongrois n'a pas voulu, inconsciemment, venger l'échec des siens devant l'Allemagne en 1954.

Le Brésil... enfin

La grande finale mettra donc aux prises, le 29 juin 1958, la Suède et le Brésil. Deux pays aux antipodes dans bien des sens. Deux styles. Deux cultures. Mais d'abord, la veille, la France s'était approprié la troisième place en battant solidement les Allemands 6 à 3. Ces derniers étaient terrassés après leur élimination devant la Suède.

Les Français, au contraire, avaient retrouvé leurs sensations et ce fut encore une véritable fête offensive pour Just Fontaine qui battra pas moins de quatre fois le gardien allemand. Jamais on n'attendait les Français à ce niveau. Eux-mêmes n'y croyaient pas trop au début.

Just Fontaine atteindra donc la marque des treize buts, un record absolu, un sommet qui ne sera même jamais menacé jusqu'à maintenant.

Malchanceux tout de même, Just Fontaine verra sa carrière écourtée puisque, après deux fractures du tibia-péroné en dix mois, il se retirera à 28 ans. Son palmarès s'était déjà enrichi de deux titres de meilleur buteur du championnat de France en 1958 (trente-quatre buts) et en 1960 (vingt-huit buts). Avec la sélection nationale, il inscrira vingt-sept buts en vingt matchs.

Mais le plus étrange dans son cas, c'est qu'à l'arrivée de l'équipe de France en Suède Fontaine n'était que substitut. Ce n'est qu'à la suite d'une blessure à Bliard, autre attaquant, que Just fut titularisé. Grâce à Kopa, le passeur, à Fontaine, le finisseur, et à un groupe talentueux, la France à écrit en Suède une des plus belles pages de son histoire sportive.

Et maintenant, place à cette finale de Stockholm, au stade Rasunda gavé de 55 000 supporters locaux devenus soudainement inconditionnels de leur onze national. L'entraîneur anglais de la formation suédoise, George Raynor, avait prédit que si les Brésiliens concédaient un but en début de match, ils paniqueraient tout au long de la partie.

Or, justement, Nils Liedholm l'attaquant suédois qui deviendra un très grand entraîneur en Italie, marque à la quatrième minute. Mais les Brésiliens ne s'affolent pas; ils restent sereins, confiants en leurs moyens. Tactiquement, le 4 - 2 - 4 posait de sérieux problèmes aux formations classiques qui évoluaient toujours avec trois défenseurs. L'avantage numérique du Brésil en attaque était alors souvent déterminant. Il faudra mettre quelques années avant de trouver la parade à ce système de jeu. Pendant le tournoi de Suède, les Cariocas profiteront amplement de cet avantage stratégique.

Ce n'était pas uniquement au plan tactique que les Sud-Américains domineront cette finale, mais également par leur vitesse. Les Suédois, au contraire, très lents seront rapidement débordés et Vava battra deux fois le gardien Svensson avant la mi-temps. Puis, Pelé deux fois et Zagalo ajouteront à la marque. Simonsson réussira également à compter vers la fin pour atténuer un peu les affres de la défaite (5 à 2).

Je me souviens particulièrement d'un des buts du jeune Pelé. Une action d'une grande pureté; un but d'anthologie, comme le veut l'expression. À 12 mètres en face du but suédois, Pelé accepte un centre venu de la gauche. Par un contrôle orienté de la poitrine, il bat un premier défenseur puis, instantanément, lobe un deuxième opposant et reprend de volée pour battre Svensson magistralement. Tout cela avec un calme déconcertant. Or c'est un adolescent qui réussit cet exploit au milieu de défenseurs aguerris. J'ai vu et revu cette séquence depuis et avec quel plaisir! Donc, le Brésil la tient enfin cette Coupe du monde qui lui avait échappé depuis si longtemps.

Oubliée, la finale malheureuse de 1950. Les réjouissances vont se poursuivre là-bas au pays, de Belem et Recife, à Porto Alegre, et des régions intérieures à la côte atlantique. Aujourd'hui, les Brésiliens sont les premiers sur la lune.

Cette joie, ce bonheur, le Brésil va le partager avec tous ceux qui aiment le beau football, qui apprécient la magie de ces jeunes Cariocas dont on va maintenant entendre parler pendant plusieurs années. Parmi eux, Pelé, 17 ans, répétons-le, qui venait d'inscrire cinq buts dans les deux derniers matchs, les plus importants. Gigantesque.

Dès ce moment, Pelé a fait rêver la planète qui semblait tourner autour d'un axe passant par Santos au Brésil. Soudainement, Dieu était noir. Et pendant des années, pour tous les damnés de la terre, les laissés pour compte, cet homme a représenté par son incroyable talent une véritable revanche sur un quotidien impitoyable.

Le Black Power, c'était lui bien avant les sprinters américains du 4 x 100 mètres des Jeux olympiques de Mexico en 1968. Tout ça semble probablement exagéré. Et pourtant, on n'a pas idée de l'impact qu'a eu ce superbe athlète.

En Algérie, en 1970, un vieil homme assis tout près de moi dans le stade d'Oran m'avoua avec une émotion non retenue: «J'ai vu Pelé, moi, monsieur, ici dans ce stade*, il y a six ans.»

---

* J'ai appris plus tard que dans ce stade d'Oran qui pouvait accueillir raisonnablement 22 000 spectateurs, ce jour-là, 40 000 personnes s'étaient bousculées et étaient toutes restées debout pendant des heures pour voir l'artiste et pouvoir dire un jour «J'y étais». Partout où passait Pelé avec la sélection du Brésil ou le Santos Football Club, on revivait des situations similaires. Dans tous les coins du globe.

Et visiblement cet instant avait été magique pour lui. Comme une grande bouffée de bonheur, qu'il ne voudra plus oublier.

Démesure? Je n'ai pas à en juger. Dans un contexte nord-américain on peut difficilement imaginer le rayonnement qu'a eu Pelé. Il était au sommet d'une pyramide monumentale dont la base recouvre toutes les parties du globe.

On n'a pas idée.

Gretzky, Lemieux, c'est l'Amérique du Nord.

Pelé, c'était toute la planète à une époque où les médias n'avaient pas les moyens d'aujourd'hui.

C'est un simple constat.

Chapitre 7

1962 Chili

LE CHILI DU BOUT DU MONDE

«Que dire à cet ami qui m'explique longuement,
avec raison peut-être que le sport est fasciste?
Que peuvent ces mots contre le souvenir de la silhouette
de Garrincha, la beauté des dribbles, la splendeur des tirs.»
OLIVIER KAEPPELIN, poète français

«Nous devons avoir la Coupe du monde parce que nous n'avons rien d'autre.» Ainsi s'exprimait le président de la Fédération chilienne de football, Carlos Dittborn, en plaidant la cause de son pays pour obtenir l'organisation de la septième phase finale.

Le Chili, en effet, était un pays aux moyens économiques limités. Situé au bout du monde (Chili, en indien, signifie: «Là où se termine la terre»), plusieurs Européens croyaient qu'il y avait là un risque inutile à courir.

Mais cet homme admirable, ce travailleur acharné, Carlos Dittborn, abattra toutes les barrières et vaincra suffisamment de réticences pour obtenir finalement l'aval de la Fédération internationale dès 1956.

Les deux dernières phases finales s'étaient déroulées en Europe et la FIFA souhaitait instaurer l'alternance entre l'Europe et l'Amérique.

Or, de ce dernier continent justement, on n'avait reçu que deux candidatures. En plus du Chili, l'Argentine s'était également manifestée. Mais les dirigeants mondiaux avaient jugé que la situation politique à Buenos Aires était trop instable.

Alors les Chiliens se mirent à l'œuvre et feront humainement tout ce qui est possible pour que l'événement soit grandiose. Et ils réussiront. Pourtant, à la fin de mai 1960, deux ans avant le lancement du tournoi, le pays fut fortement secoué par des tremblements de terre, des raz de marée et des éruptions volcaniques qui ont duré pas moins de six jours. Bilan: cinq mille morts et deux millions de sans-abri.

Malgré cette calamité, le comité organisateur a poursuivi l'effort entrepris et les échéanciers prévus furent respectés. Peut-être dans une telle conjoncture a-t-on besoin davantage de méga-projets pour oublier. C'est en tout cas ce que les politiques croient.

Il faut bien comprendre aussi que, pour les Chiliens, la Coupe du monde était le moyen idéal pour sortir de l'anonymat et prouver à tout le monde leur dynamisme et leur grande capacité d'accueil.

Alors on modernise le stade de Santiago entouré des sommets enneigés des Andes. (Ce lieu deviendra tristement connu lors du coup d'État de Pinochet en 1973.) On rénove également le stade Sausalito à Vina del Mar tout au bord du Pacifique près de Valparaiso. Une troisième enceinte est érigée de toutes pièces à Arica, à l'extrême nord du pays, à la frontière du Pérou dans une région désertique. Tous les matériaux devront être acheminés là-bas par avion.

Enfin le quatrième lieu de compétition est établi à Rancagua, petite ville minière à 80 km au sud de Santiago. On fera quelques retouches au stade de 25 000 places qui accueillera le groupe 4.

On est loin des douze sites de compétition exploités en Suède. Peu importe. Les quatre stades chiliens suffiront.

Or malgré tous ces efforts du comité organisateur, des travailleurs et des bénévoles, certains journalistes italiens décriront le Chili comme un pays arriéré et plutôt misérable. Ces interventions plus que maladroites vont susciter bien naturellement un tollé, mais vont surtout complètement gâter l'ambiance de certains matchs dont celui opposant justement le Chili et l'Italie lors du premier tour.

Les héros sont fatigués

Chaque Coupe du monde a sa propre personnalité. Celle du Chili se singularise par l'échec de plusieurs grandes vedettes dont on attendait alors la consécration.

Parmi les «cracks» de cette époque, Lev Yachine, le célèbre gardien de l'URSS occupe une place toute particulière parce qu'il fut... la plus grande déception du tournoi. Pourtant, à son arrivée au Chili, Yachine était reconnu comme le meilleur portier du monde.

«L'araignée noire», affublé de bras démesurément longs et de mains sûres, intimidait tous ses adversaires par son efficacité déjà légendaire. Mais ici, on le rendra responsable de tous les insuccès de la sélection soviétique. Lev (en russe, «lion») Yachine avait glané les exploits tout au long de sa carrière avec son seul club, le Dynamo de Moscou. Jusqu'à l'âge de 16 ans, il gardait aussi les buts au hockey pour le Dynamo. C'est alors qu'il opta pour le ballon rond. Tous les grands stades du monde ont vu la silhouette de ce gardien de 1,85 m et 85 kg. Son palmarès est riche: championnats d'URSS en 45, 49, 54, 55, 57 et 59; vainqueur de la Coupe d'Europe des nations en 1960 et finaliste de cette même compétition en 1964; soixante-quinze sélections avec l'équipe de l'URSS. Enfin, il fut élu Ballon d'or de l'hebdomadaire *France football* en 1963, récompense remise au meilleur joueur européen de l'année et choisi par une trentaine de journalistes d'autant de pays.

Yachine était impérial dans ses 16 mètres d'où il relançait l'attaque rapidement. Il avait tout sacrifié à la sûreté des gestes et du placement. Comment, avec toutes ces qualités et ces statistiques, est-il passé à côté de cette Coupe du monde? Mystère.

Il ne fut pas le seul à rater ce rendez-vous avec la gloire. Ferenc Puskas, ex-grande étoile de la Hongrie de 54, n'a pas apporté non plus la contribution qu'on attendait. Omar Sivori, un des tout meilleurs de l'époque, fut également assez décevant dans le match Italie-RFA. Cet Argentin d'origine, Italien d'adoption, fut également Ballon d'or européen en 1961.

D'autres idoles avaient loupé le tournoi chilien mais, cette fois, à cause de blessures.

Pelé, qui était devenu le meneur de jeu incontesté des Cariocas, disputa le premier match contre le Mexique. Il fut tout simplement brillant réussissant un centre parfait trouvant la tête de Zagalo pour le premier but et marquant lui-même le second après avoir dribblé quatre défenseurs et battu Carbajal d'un tir foudroyant. Brésil 2 Mexique 0.

Toutefois, dès le début de la deuxième rencontre, lors d'un tir au but violent qui percuta le poteau, il sentit une vive douleur. Toujours sans possibilité de substitution, il resta au jeu mais dans l'impossibilité de courir, il ne put aider la sélection. Diagnostic: déchirure à l'aine. On ne le revit plus du tournoi, qu'il suivra des tribunes.

Pour Di Stefano, l'histoire est beaucoup plus tragique. Alfredo Di Stefano est reconnu comme le joueur le plus complet de tous les temps. Certains le placent même au niveau de Pelé. Bien qu'inévitables, ces comparaisons sont, en fait, impossibles et injustes. Trop de facteurs doivent être considérés. Pelé - Di Stefano, Maurice Richard - Gordie Howe, Gretzky - Lemieux. Ces parallèles engendrent d'interminables palabres aux dénouements plus que subjectifs.

Di Stefano avait été blessé et, selon lui, c'était l'entraîneur de la sélection espagnole, un certain Helenio Herrera qui était le responsable de son malheur. «C'est Herrera et sa préparation physique démente qui m'ont tué», affirma-t-il plus tard. Il faut dire qu'entre ces deux hommes aux égos hypertrophiés ce n'était pas la lune de miel.

Mais sur un terrain, jamais un footballeur n'avait développé un tel volume de jeu. Il était partout, au four et au moulin, attaquant et défendant avec un égal talent. Il pouvait tenir tous les rôles. Il a conduit l'incomparable Real de Madrid à cinq victoires consécutives en Coupe d'Europe des clubs champions de 1956 à 1960 ce qui lui permit d'être choisi lui aussi Ballon d'or en 1957 et 1959. Avec le Real toujours, il enfila pas moins de neuf championnats d'Espagne de 1954 à 1965.

Né en Argentine en 1926, il reçut la citoyenneté espagnole en 56. Malchanceux comme ce n'est pas possible, malgré sa longue carrière, il ne put jamais participer au tournoi final d'un mondial.

Dans une entrevue qu'il accordait au magazine *Québec soccer* en mai 1990, Di Stefano expliqua cette incroyable saga: «L'histoire de ma vie est marquée par ce drame. J'ai commencé ma carrière en 1944 mais il n'y eut pas de Coupe du monde avant 1950 à cause de la guerre. En 1949, je suis parti jouer en Colombie où les salaires étaient meilleurs. Mais la Fédération colombienne s'est alors séparée de la FIFA. Comme 200 autres joueurs, je fus suspendu. J'ai pu revenir au jeu en octobre 54 seulement, quelques mois après la finale de Suisse. En 58, je pouvais évoluer pour l'Espagne mais nous avons raté la qualification. En 62, j'ai subi cette blessure au nerf sciatique et, après, il se faisait tard pour moi et de toute façon, on avait adopté un règlement stipulant maintenant qu'on ne pouvait plus jouer que pour un seul pays. Comme j'avais représenté l'Argentine et l'Espagne j'étais donc exclu, tout comme Sivori d'ailleurs.»

Les désolants succès de la défensive

La deuxième grande caractéristique de ce Mundial chilien fut la nette tendance vers le jeu défensif. On se rappelle que le système de jeu en 4 - 2 - 4 déployé par les Brésiliens en 58 leur avait donné un net avantage sur les trois défenseurs généralement en poste à l'époque.

Or, il fallait bien trouver une façon pour stopper les buteurs-attaquants. Helenio Herrera*, entraîneur en Espagne (Athletico Madrid, Séville, La Corogne et Barcelone) et en Italie (Inter de Milan, AS Roma et Rimini), réagit rapidement. Il fut reconnu comme le grand prêtre du «catenaccio» (cadenas), le système défensif le plus diabolique qu'on puisse imaginer.

Le catenaccio, c'est quatre défenseurs pour faire face aux quatre attaquants éventuels, plus un cinquième qui se tient derrière les autres et est exempt de tout marquage individuel. Et voilà la naissance du «libero», ce défenseur central libre qu'on utilise toujours aujourd'hui.

En son temps, Herrera était l'entraîneur le plus convoité. Argentin d'origine espagnole, il s'installa en France à 18 ans jouant pour les clubs Red Star et Roubaix, entre autres. Puis il partit pratiquer sa profession d'entraîneur en Espagne, le pays de ses ancêtres.

Herrera était un astucieux meneur d'hommes. Mais le terme n'est pas assez fort. Il exerçait une telle autorité sur ses joueurs qu'ils étaient plus ou moins subjugués et capables d'accomplir de véritables exploits.

En 1961, il fut débauché du FC Barcelone par l'Inter de Milan qui lui versa la somme fabuleuse de 100 000 $ de prime à la signature, à laquelle il fallait ajouter un salaire et des primes en cas de victoire.

À un journaliste qui lui demandait s'il était l'entraîneur le mieux rémunéré du monde il répondit: «Oui, je le pense. Et c'est tout à fait normal puisque je draine automatiquement succès et recettes. Et les autres entraîneurs qui m'envient feraient bien de réfléchir avant de m'attaquer car je sais bien que, quand ils négocient leur propre contrat, ils s'empressent de montrer mes fiches de paye à leur patron.»

H.H., puisqu'on l'identifia ainsi longtemps, arrivait à créer un climat de tension permanent qui ne laissait place à aucun

---

* Il fit sa renommée surtout à l'Inter de Milan, club avec lequel il gagna trois championnats d'Italie, la Coupe des champions et la Coupe intercontinentale en 64 et 65.

relâchement. Il pressait un joueur tel un citron qu'il rejetait quand il était moins efficace. Cet homme était-il un monstre? En tout cas, c'est le genre de dirigeant qu'on ne voit plus beaucoup aujourd'hui. Heureusement, les méthodes ont changé. Néanmoins, son influence sur le jeu défensif s'est vite fait sentir et déjà lors de cette Coupe du monde de 62.

Pas surprenant que ses idées se soient propagées rapidement parce que défendre est plus facile qu'attaquer, démolir plus aisé que construire. Plusieurs entraîneurs de tout acabit ont vite compris qu'en développant le catenaccio on pouvait résister à des formations bien supérieures et souvent même les battre en marquant un seul but à l'occasion d'une contre-attaque incisive.

Un rude automne tombe alors sur le football. Adieu les artistes. Bonjour les plombiers!

La Suède et la France régressent

Ce septième mondial marque encore un sommet pour le nombre de pays inscrits. Cinquante-six pays se disputeront les quatorze places qui donnent accès à la phase ultime. Le Brésil, champion, et le Chili, pays organisateur, sont admis d'office et complètent le groupe des seize finalistes.

De juillet 60 jusqu'en décembre 61, la longue étape des qualifications s'est poursuivie sur tous les continents, sauf en Océanie, et, comme toujours, certains résultats ne manquèrent pas d'étonner.

En 58, la Suède s'était classée deuxième et la France troisième. On s'en souvient. Cette fois les deux devront oublier le Chili à la suite des échecs en matchs supplémentaires devant la Suisse et la Bulgarie. Pourtant, à la différence de buts, Suédois et Français passaient aisément. Mais on ne reconnaissait ce critère que lors de la phase finale. C'est à Berlin ouest que la Suisse battit la Suède 2 à 1 et à Milan que la France est tombée devant la Bulgarie. Ces rencontres se déroulaient sur terrain neutre pour ne favoriser aucun des concurrents.

Et puis, la RFA, la Hongrie, l'URSS, l'Angleterre, l'Italie, la Tchécoslovaquie (après une autre joute supplémentaire gagnée

111

4 à 2 à Bruxelles, devant l'Écosse), l'Espagne et la Yougoslavie, les vieux habitués, en somme, réussissent l'examen des qualifications.

Les Espagnols et les Yougoslaves durent affronter et vaincre respectivement le meilleur pays d'Afrique — le Maroc — et d'Asie — la Corée du Sud. L'Afrique et l'Asie n'auront pas de représentants au Chili.

Dans la zone de l'Amérique du Sud, en plus du Brésil et du Chili, l'Argentine, l'Uruguay et la Colombie s'ouvrent la voie vers le Mundial.

Enfin, le Mexique, toujours trop puissant pour ses adversaires du nord de l'Amérique disposera aussi du Paraguay (Amérique du Sud) avant de gagner son séjour au Chili.

Au total, dix pays européens et six d'Amérique latine s'affronteront.

Une bombe à retardement

Le 30 mai 1962, le Chili passe à l'heure du football mondial. Quatre rencontres ont lieu ce jour-là dans les quatre stades prévus.

On a tout mis en œuvre pour que les groupes soient le plus équitablement partagés. Les «puissants» ne devaient pas s'opposer au départ. Alors, on identifia les quatre sélections qui paraissaient les plus fortes d'Amérique: le Brésil, l'Argentine, l'Uruguay et le Chili. Ce dernier, bien sûr, comme pays hôte beaucoup plus que pour ses exploits antérieurs.

On en retrouvera donc un dans chaque poule. On procéda ainsi pour l'Europe où l'Angleterre, l'Espagne, l'Italie et l'URSS font figure de sélections favorites. Puis, la RFA, la Hongrie, la Tchécoslovaquie et la Yougoslavie sont jugées comme «Européens-inférieurs». Restent, théoriquement, les quatre formations les plus faibles: la Bulgarie, la Colombie, le Mexique et la Suisse.

Le tirage au sort qui s'est tenu à Santiago le 18 janvier 62 révéla les groupes suivants:

Groupe 1: à Arica: Colombie, URSS, Uruguay et Yougoslavie;
Groupe 2: à Santiago: Chili, Italie, RFA et Suisse;
Groupe 3: à Vina del Mar: Brésil, Espagne, Mexique et
            Tchécoslovaquie;
Groupe 4: à Rancagua: Angleterre, Argentine, Bulgarie et
            Hongrie.

Le tournoi fut lancé officiellement lors du match Chili-Suisse à Santiago où 65 000 spectateurs se préparaient à acclamer leur sélection nationale.

Au tout début de cette rencontre inaugurale, la foule a gardé une minute de silence à la mémoire de Carlos Dittborn. Oui, celui qui avait été l'âme de ce Mundial était mort subitement deux mois avant le coup d'envoi. On lui devait beaucoup.

Ce premier choc, le Chili le remporta assez facilement par 3 buts à 1 contre un onze Suisse qu'on ne verra que très peu pendant cette compétition. Trois matchs et trois défaites. La deuxième rencontre du Chili face à l'Italie allait devenir un véritable cauchemar.

On avait assisté depuis quelques jours à une escalade de violence verbale amorcée d'abord par un texte du renommé journaliste italien Antonio Ghirelli. Ghirelli résume ainsi sa pensée: «Le Chili est un petit pays, pauvre et fier. Mais il n'y a que 700 chambres d'hôtel dans la capitale. Le téléphone ne fonctionne pas, un télégramme coûte une fortune...»

Et les remarques d'un autre correspondant, italien aussi, jettent encore plus d'huile sur le feu: «Il faut voir la malnutrition, la prostitution, l'analphabétisme... Quant au sous-développement, le Chili est à placer sur le même pied que certains pays d'Asie et d'Afrique.»

Il y avait là, comme toujours, certaines vérités mais aussi quelques exagérations et surtout une énorme maladresse. Si on ajoute la question des oriundis, on atteint une tension insoutenable. Les Chiliens acceptaient mal qu'on puisse intégrer dans la formation italienne des athlètes renommés comme le Brésilien José Altafino et les Argentins Omar Sivori et Humberto Maschio, eussent-ils de lointaines origines péninsulaires. Non, tout ça était trop facile.

Enfin, les deux adversaires du jour étaient latins donc plutôt prompts à réagir. On pouvait s'attendre à quelques déraillements des esprits. D'autant plus que les médias locaux avaient profité au maximum des bévues «italiennes» pour stimuler leurs troupes.

Le public était chauffé à blanc et le chaudron qu'était devenu le stade de Santiago risquait de sauter à tout instant. Imaginez alors l'accueil que reçut le onze italien à son arrivée sur le terrain. L'atmosphère était totalement viciée. Dès le début de l'affrontement, les coups ne tardèrent pas à pleuvoir. Les bousculades et les insultes suivirent. Dans les premières quinze minutes, l'arbitre expulsa deux Italiens, Ferrini et David, mais refusa de sévir contre Sanchez qui, d'un gauche, venait de fracturer le nez de Maschio. Journée honteuse pour le football.

L'officiel anglais Ken Aston dirigea ce duel. À un moment précis où des spectateurs avaient envahi le terrain, il songea sérieusement à arrêter carrément la confrontation: «Ce match était pourri avant même de commencer, précisa-t-il plus tard. Si je ne l'ai pas suspendu, c'est uniquement parce que j'ai craint pour la sécurité des joueurs. Il valait mieux poursuivre.»

Malgré leur désavantage numérique de deux hommes, les azzurri tinrent le coup jusqu'à la soixante-quatorzième minute. Ramirez marqua alors suivi d'un autre but par Toro et les Sud-Américains se sauvaient avec la victoire.

Par ce gain, le Chili avait encaissé quatre points et s'assurait de passer aux quarts de finale. L'essentiel était réalisé.

Pour l'Italie, les portes du tour suivant s'étaient refermées. Un triomphe de 3 à 0 sur la Suisse dans sa dernière joute lui permettra de panser un peu les plaies vives ouvertes à l'occasion de cette expédition mouvementée en terre chilienne. Pourtant, les joueurs n'étaient pas responsables de toute cette pagaille qui avait précédé le match contre le Chili. Ils avaient subi une terrible pression.

Mais leur échec s'expliquait aussi par le style qu'ils employèrent alors. Comme entraîneur de l'Inter de Milan, Helenio Herrera avait indirectement influencé le jeu de la sélection italienne qui avait adopté son système défensif. Pourtant de

merveilleux athlètes illuminaient cette formation. Sivori, Altafini, Rivera, le jeune prodige dont on reparlera longtemps, pouvaient construire un football fantastique.

Vittorio Pozzo, le vieux technicien, entraîneur de la grande
époque de la squadra avait déjà déclaré que le marquage
individuel, le jeu défensif n'étaient pas dans la nature, dans la
culture des joueurs italiens. Le bilan de la Coupe du monde 62
lui donnait raison.

À Arica, les activités du groupe 1 laissèrent place à peu de
surprises si ce n'est la troisième place de l'Uruguay. La Céleste
avait gagné les deux coupes disputées en Amérique du Sud en
1930 et 1950. Mais, manifestement, elle n'avait plus les moyens
de faire rêver ses supporteurs. Une courte victoire de 2 à 1 sur
la fragile Colombie au départ n'avait pas fait illusion. D'ailleurs,
les deux formations sud-américaines ne franchiront pas le
premier tour.

L'URSS, la grande favorite de cette poule avait bien entrepris la compétition en mystifiant la Yougoslavie 2 à 0. Les
Soviétiques, qui n'en étaient qu'à leur deuxième mondial, pro-
gressaient remarquablement. Ils avaient en effet gagné la première Coupe d'Europe des nations en 1960 disposant en finale
de ces mêmes Yougoslaves.

Le duel d'Arica fut un re-match de la finale de Paris et ce
n'est que dans les trente dernières minutes qu'Ivanov et Pone-
delnik assurèrent le coup pour l'URSS. Cette victoire est d'autant plus méritoire qu'elle se réalisa dans des conditions difficiles. Dès le début, le Yougoslave Mujic fractura la jambe du
défenseur Doubinski qui en restera marqué très longtemps.

Dégoûtés, les dirigeants de l'équipe de Yougoslavie eux-
mêmes ont renvoyé immédiatement Mujic au pays. C'est à dix
que les Soviétiques gagnèrent cette partie. Et Yachine fit un
grand match. Il sauva son camp entre autres devant Galic et
Sekularac. Par la suite, on ne sait pourquoi, ses prestations ne
furent pas à la hauteur de sa très grande réputation.

Les Yougoslaves remportèrent aisément — 3 à 1 face à
l'Uruguay et 5 à 0 contre la Colombie — leurs deux derniers
matchs pour terminer deuxièmes derrière les Soviétiques et se
qualifier avec eux.

Dans le groupe 3 de Vina del Mar, la lutte devait se faire à trois. Mais la sélection espagnole fut sans aucun doute la grande déception de cette Coupe du monde. Arrivée avec une pléthore de vedettes, Di Stefano (Ballon d'or 57 et 59) Suarez (Ballon d'or 60), Gento, Puskas, rien pensait-on ne pouvait couler cette armada. C'est vrai que Di Stefano, blessé, n'a pu jouer. Mais, quand même. Helenio Herrera, l'entraîneur, n'avait-il pas lui-même menotté ses propres hommes avec sa philosophie du jeu défensif? Exit l'Espagne avec deux maigres buts marqués et trois concédés.

Le Brésil ne commit qu'un demi-faux pas en annulant 0-0 avec la Tchécoslovaquie. Cependant, Pelé, blessé à l'aine, quitta le match (sans être remplacé évidemment). Son substitut dans les autres parties, Amarildo, fit bien et réussit les deux buts cariocas devant l'Espagne 2 à 1. Les Brésiliens terminaient premiers avec cinq points, deux de plus que les Tchécoslovaques. On ne savait pas encore que ces deux formations se retrouveraient pour la grande finale. Le Mexique, avec Carbajal toujours dans les buts, devancera l'Espagne en troisième place. Un véritable exploit.

Le groupe 4 de Rancagua vit l'Angleterre et l'Argentine finir à égalité en deuxième place. Cette fois, il n'y avait pas de match d'appui. La différence de buts était déterminante et l'Angleterre se qualifiait grâce à sa victoire de 3 à 1 sur l'Argentine justement. La Hongrie, avec le brillant attaquant Florian Albert, disposa de l'Angleterre 2 à 1 avant de ridiculiser la Bulgarie 6 à 1. Avec le nul de 0-0 devant l'Argentine, les Magyars empochaient la première place et pouvaient préparer sereinement le tour suivant.

L'insaisissable petit oiseau

Les deux matchs phares des quarts de finale impliquaient le Chili et l'URSS à Arica, d'une part, et le Brésil et l'Angleterre à Vina del Mar, d'autre part. Non que les deux autres rencontres, Yougoslavie-RFA et Tchécoslovaquie-Hongrie, n'aient pas d'importance. Mais le Brésil et le Chili présentent un intérêt particulier. Les Brésiliens étaient les grands favoris et les Chiliens, qui avaient déjà étonné, pouvaient pousser plus loin la joie de leurs partisans. Toutefois la sélection locale devrait maintenant affronter la grande Union des républiques socialistes soviétiques. C'était un peu comme le combat de la chèvre de M. Seguin.

Eh bien cette fois, la chèvre bouffa le loup!

La chance des Chiliens vint de la contre-performance de Yachine. Battus par des tirs de 25 mètres (Sanchez) et de 35 mètres (Rojas), les Soviétiques ne purent que répondre une fois par Igor Tschislenko.

L'agence très officielle Tass jugea sans ménagement le match de Lev Yachine: «Avoir laissé marquer un but comme celui de Rojas est impardonnable. Déjà, il avait été faible contre l'Uruguay et davantage encore face à la Colombie. Nous n'arrivons pas à croire que pour nos joueurs la Coupe du monde soit déjà du passé.»

Malgré les déboires de Yachine, il y eut un instant privilégié vers la fin de cette rencontre. Un moment qui décrit bien le grand talent de ce super gardien. Il ne restait que quelques minutes, le Chili menait 2 à 1. Tous les Soviétiques assiègent le but adverse.

Soudain, un long dégagement et l'attaquant chilien Landa se retrouve complètement seul dans la zone soviétique. Seul avec Yachine qui, lui, est sorti très loin de son but. Landa démarre brutalement balle au pied. Commence alors une incroyable séquence. Pour le gardien, la situation est normalement désespérée. Mais Yachine regarde intensément Landa et le fixe tout en balançant ses bras interminables et en faisant un pas en avant puis en arrière. Le moment est extraordinaire.

On sent que Landa est comme le lapin paralysé par le boa. Il ralentit, hésite, cafouille, se fige. Alors Yachine plonge dans ses pieds et lui soutire le ballon. Fasciné, résigné, l'attaquant n'esquisse même pas un geste.

C'est comme si ces secondes étaient restées suspendues au-dessus du temps.

Si l'URSS a raté ce Mundial, Yachine n'était pas le seul responsable. La sélection soviétique jouait sans vedette et sans créativité. La seule grande étoile c'était lui. On le retrouvera d'ailleurs lors des deux phases finales suivantes en 66 et en 70. Mais c'est vrai qu'il avait failli à un moment crucial.

Le Brésil, quant à lui, se mesurait à l'Angleterre à Vina del Mar. La perte de Pelé avait, pour ainsi dire, donné des ailes à Garrincha qui disputa une rencontre fabuleuse. Le petit oiseau était insaisissable, virevoltant et déjouant à volonté les défenseurs anglais surtout un certain Wilson qui devait en être étourdi.

Garrincha inscrivit le premier but sur une tête à la suite d'un coup de pied de coin tiré par Zagalo. Sur ce jeu, le Brésilien de 1 m 70 avait battu le grand Norman qui, lui, faisait 1 m 88.

Puis, l'Anglais Hitchens égalisa à la trente-huitième minute. Pendant la seconde période, Garrincha prit vraiment les choses en main. Il servit un centre brossé que le gardien Springett ne put retenir. Vava n'eut qu'à pousser le ballon derrière lui. Et quelques minutes plus tard, d'un superbe tir travaillé dont la courbe a trompé Springett, il marque encore 3 à 1. Ce jour-là, Garrincha a mis l'Angleterre à genoux.

Le petit ailier droit du Brésil était devenu beaucoup plus complet qu'en 58. À son registre déjà éblouissant, il avait ajouté un excellent jeu de tête et un foudroyant tir du gauche.

Les Anglais ont quitté le Chili conscients qu'ils ne pouvaient faire beaucoup mieux. Ils n'attendront plus très longtemps avant de respirer les parfums de la gloire.

À Santiago, la Yougoslavie et la RFA se livrèrent un superbe match. Les Allemands jouèrent le catenaccio et prenaient un minimum de chances. Les Yougoslaves, au contraire, évoluèrent en 4 - 2 - 4 et finalement la prudence extrême provoquera la chute des Germaniques. Le petit attaquant Radakovic trouvera la faille quatre minutes avant la fin.

Enfin la Yougoslavie écartait la RFA qui lui avait donné tant de mal lors des deux dernières Coupes du monde. C'est la finesse, la technique, l'imagination des Européens de l'Est qui ont eu raison de la puissance physique des Allemands.

Le dernier duel de ce second tour, à Rancagua, vit la Tchécoslovaquie disposer de la Hongrie par 1 but à 0 également, Scherer ayant touché la cible dès la treizième minute. Par la suite, Schroiff, le gardien, a été phénoménal et c'est à lui que les Tchécoslovaques doivent cette victoire.

Chili, le rêve brisé

Les deux demi-finales opposent les Sud-Américains, le Chili et le Brésil, et les deux Européens, la Tchécoslovaquie et la Yougoslavie, assurant ainsi une grande finale entre les deux continents rivaux.

Au stade Nacional de Santiago, plus de 76 000 fervents, déjà ravis de voir leur sélection atteindre cette étape du tournoi, scandent sans relâche: CHI-LE, CHI-LE, CHI-LE...

On y croyait à ce succès, malgré la valeur incontestable de l'adversaire. La sélection chilienne avait conquis tout un peuple d'abord en se qualifiant pour le second tour et ensuite en éliminant l'URSS. Ce n'était pas rien.

Tout était donc possible. L'heure du Chili était peut-être venue. Pourtant dès le début du match, Manoel Francisco Dos Santos, dit Garrincha, reprit là où il avait laissé face à l'Angleterre. Dès la neuvième minute, d'un gauche puissant de 20 mètres, il bat Escutti, le gardien chilien. Et à la demi-heure de jeu, il signe un deuxième but de la tête sur un corner de Zagalo, encore.

On a alors l'impression que tout est consommé. Décidément ce Garrincha est une tornade. Mais les Chiliens, admirables, s'accrochent et réduisent la marque à 2 à 1 avant la mi-temps.

À la reprise cependant, Vava converti de la tête un coup de coin tombant de... Garrincha et c'est 3 à 1. Là, c'est bien fini?

Non. Rojas, Toro, et les deux Sanchez se démènent et forcent l'admiration. Ils sont récompensés. Main de Zozimo dans la surface brésilienne. Penalty réussi par Leonel Sanchez: 3 à 2.

Toutefois, à la soixante-dix-septième minute, Zagalo déborde la défense chilienne à gauche et centre pour Vava qui suit bien et marque encore de la tête.

119

Les derniers instants sont moches. Frustré, perdu, Rojas frappe du pied Garrincha qui, pour une fois, réplique. Il est expulsé de même que Landa, l'avant-centre de l'équipe locale: 4 à 2. Sur le coup, c'est dur à accepter mais ils savent bien, les Chiliens, qu'ils sont allés au bout de leurs espoirs les plus fous. Ils termineront ce tournoi en beauté en triomphant d'une excellente formation yougoslave dans le match pour la troisième place. De très loin le meilleur résultat de toute l'histoire de ce pays. Ce n'est qu'à la quatre-vingt-dixième et dernière minute de cette rencontre que Rojas aura fait la différence. Chili 1 Yougoslavie 0.

La demi-finale «européenne» à Vina del Mar n'aura attiré qu'une maigre foule de 5000 spectateurs. Le match a lieu en même temps que celui de Santiago. Alors... Les Tchécoslovaques étaient les négligés. Mais survivants aux nombreux assauts des Yougoslaves en première période, ils prirent confiance et à la quarante-neuvième minute un but de Kadraba leur donne l'avance. Jerkovic, l'attaquant slave — qui termina meilleur buteur de cette Coupe du monde —, égale la marque vingt minutes après. Et c'est encore Schroiff, le superbe gardien tchécoslovaque qui multiplie les arrêts et finalement Scherer comptera deux fois, dont une sur penalty: 3 à 1, et la Tchécoslovaquie rejoint le Brésil en finale.

Le Brésil, bis

Le parcours du Brésil pendant ce Mundial — le nom varie à chaque occasion selon la langue du pays d'accueil — ne surprenait personne. Il faut admettre que les dirigeants avaient tout mis en œuvre pour répéter l'exploit de 1958. On n'avait rien négligé, du plus logique au plus irrationnel. Ainsi, on avait modifié le dispositif sur le terrain et le 4-2-4 de Suède était devenu un 4-3-3 puisque Zagalo avait reculé d'un cran. On faisait preuve d'une plus grande prudence.

Mais pour mettre tous les dieux de son côté, on avait aussi opté pour des mesures qui tenaient de la plus haute superstition. Pour se rendre au Chili, on avait utilisé le même avion qu'en 58, avec le même pilote. Le lieu de séjour ressemblait au maximum à celui qu'on avait occupé en Suède. Enfin, les joueurs étaient pratiquement les mêmes. Certains jeunes avaient été sacrifiés qui auraient pu avoir leur place comme Coutinho, Pépé et Mengalvio qui opéraient au Santos Football Club avec Pelé. Mais le Brésil se préparait à jouer une troisième finale sur les quatre dernières et aucun nuage ne semblait obscurcir son avenir.

Comme la plupart des rencontres de ce tournoi, cette finale ne fut pas d'un niveau particulièrement élevé.

L'avant-match, en tout cas, fut très animé. Rappelons-nous que Garrincha et Landa avaient été chassés de la demi-finale et leur présence au match suivant serait décidée par le comité de discipline de la Coupe du monde. À l'époque, la suspension n'était pas automatique et on procédait au cas par cas. Le président du Brésil lui-même intervint, dit-on, en faveur de sa vedette d'ailier droit.

Le verdict tomba: Garrincha était simplement averti mais Landa, lui, suspendu. On ne saura jamais si cette affaire l'avait à ce point perturbé, mais le Brésilien ne disputa pas un bon match.

Et comme en 58, les Cariocas concédèrent le premier but. Josef Masopust — qui allait recevoir le Ballon d'or à la fin de cette année 62 — donna l'avantage aux Tchécoslovaques. Mais comme en 58, les Brésiliens réagirent immédiatement par Amarildo, le substitut de Pelé, qui profita d'une erreur de placement de Schroiff, le gardien adverse. Puis, dans la dernière demi-heure, Zito, à la suite d'un autre brillant effort d'Amarildo, et Vava, qui reprit une haute balle échappée au pauvre Schroiff, firent passer le compte à 3 à 1.

Le portier tchécoslovaque avait fait des miracles dans les deux matchs précédents. Cette fois, il était passé à côté du sujet.

Le Brésil gardait donc cette Coupe du monde conquise en Suède et rejoignait avec deux victoires l'Uruguay (1930 et 1950) et l'Italie (1934 et 1938).

Fait étonnant, les Brésiliens ont gagné cette épreuve avec les onze mêmes joueurs, à part Pelé, évidemment. Gilmar dans le but puis Djelma Santos, Nelson Santos, Zito, Mauro, Zozimo, Garrincha, Didi, Vava, Amarildo et Zagalo.

Plusieurs en étaient à leur dernière grande compétition et la prochaine Coupe du monde nécessiterait de profonds changements.

Vittorio Pozzo, l'ex-entraîneur de l'Italie en 34 et 38, avait assisté à ce tournoi. Il eut, à la fin, des remarques cinglantes mais tellement opportunes: «C'est la moins bonne des Coupes du monde»; « Les Anglais sont bons chez eux, l'hiver. Dès qu'ils sortent de leur île, ils perdent leurs moyens. Et comme ils ne savent parler que l'anglais, ils ne peuvent jouer que le football anglais»; «Je n'ai jamais cru en la Hongrie ni en l'Allemagne pas plus qu'en l'Italie. Ces deux dernières formations jouaient la défensive»; «Soyons tout à fait honnête. Cette peur de perdre est la raison majeure de la mauvaise tournure prise actuellement par le football.»

Cette conclusion résume assez bien l'ensemble des activités concernant le jeu et les équipes. Mais il serait injuste de clore ce chapitre sans mentionner que les Chiliens ont réussi un grand coup pour un si petit pays: 896 363 spectateurs ont assisté aux trente-deux rencontres pour une moyenne de 28 011 personnes par match. Mais à Santiago cette moyenne passa à 50 000 spectateurs. Le contrat était respecté.

Chapitre 8

1966 Angleterre

RETOUR AUX SOURCES

«On est collectif par la nature même du jeu.
On ne doit pas le devenir par obligation.»
BOBBY CHARLTON

Personne ne demanda d'explications ni ne posa de questions lorsqu'on apprit le nom du pays qui organiserait le tour final du mondial de 1966. Si, en 1962, des inquiétudes s'étaient manifestées quant aux possibilités réelles du Chili d'accueillir un événement aussi gigantesque, cette fois, l'unanimité se fit rapidement et l'enthousiasme gagna l'ensemble des membres de la FIFA. L'Angleterre, le berceau du soccer, mettrait en scène la huitième World Cup — puisqu'il faudra, dès lors, l'appeler par son nom.

L'alternance voulait que ce fût une fédération européenne qui reçût la compétition et si l'une d'elle était en mesure de faire un immense succès populaire de cette opération c'était bien la Fédération anglaise de football (The Football Association — familièrement la FA). Avec sa longue tradition — elle venait de célébrer son centenaire en 1963 —, ses stades faits sur mesure pour le soccer et ses fans survoltés, divisés comme supporteurs des grands clubs mais soudés derrière la sélection nationale, la Football Association offrait à tous une sorte d'assurance-succès.

La longue période pendant laquelle l'Angleterre avait tenu tête à la Fédération internationale, de 1930 à 1950, était oubliée et maintenant personne ne lui en voulait plus pour cette attitude hautaine.

C'est vrai que les Britanniques, qui avaient longtemps cru que seul le soccer du royaume était valable, n'avaient absolument rien prouvé au niveau mondial. Même que l'histoire s'était chargée de leur donner, comme on l'a vu, de solides leçons. Ce qui a eu pour effet de rendre les Anglais plus modestes et plus sympathiques.

Curieusement aussi, cette World Cup a vu les autres pays de la Grande-Bretagne rater les qualifications. L'Écosse, l'Irlande du Nord, le pays de Galles seront expédiés lors des éliminatoires européennes. La république indépendante d'Irlande aussi.

Tous les projecteurs seront donc braqués sur l'Angleterre, ce qui ne signifie pas que le consensus «british» se soit fait derrière la sélection anglaise. Les guerres de religion et les nationalismes ne meurent pas au gré des compétitions même s'il s'agit de football.

D'autre part, dans le pays du fair-play, ce tournoi allait laisser un goût amer de violence. Le jeu brutal, l'indulgence incompréhensible des arbitres, surtout à l'égard des formations européennes pratiquant un jeu plus robuste, allaient favoriser l'Angleterre et l'Allemagne, les deux finalistes. La tolérance des officiels avait-elle été télécommandée par les autorités de la FIFA pour favoriser l'Europe?

Poser la question, c'est déjà y répondre un peu. Sir Stanley Rous, qui siégeait à la tête de la Fédération internationale était anglais. Or, il aurait lui-même choisi les arbitres et leur aurait conseillé de favoriser le jeu «viril» européen.

Ce qu'on sait, en tout cas, c'est que Joao Havelange, actuel président de la FIFA, alors à la direction de la Fédération brésilienne, était furieux après l'élimination de son pays: «Pelé a joué sa dernière Coupe du monde. La conduite brutale des équipes adverses fait qu'il est impossible qu'il continue à jouer dans ces matchs de la plus haute compétition. Il me semble que tout dans cette Coupe a été organisé pour avantager l'Angleterre.»

Fin de la citation.

Pelé lui-même affirmera un peu plus tard qu'il était toujours aussi dégoûté de ce qui s'était passé en 1966 en Angleterre. Après le match contre le Portugal perdu 3 à 1 pendant lequel il fut blessé sérieusement, le numéro un mondial jurait qu'il ne participerait plus à une Coupe du monde. On verra que le temps arrangera les choses et qu'en 1970, pour la joie de tous, il sera encore au milieu des siens.

Mais revoyons les événements dans l'ordre.

Soixante-huit pays avaient fait parvenir leur bulletin d'inscription pour ce huitième mondial. Toutefois, très rapidement, ce nombre passera à cinquante-trois parce que les quinze pays Africains qui s'étaient manifestés se sont retirés en bloc. Boycott? Si on veut. Chose certaine leur mutinerie était parfaitement justifiée. La FIFA avait, en effet, refusé de leur accorder une place lors de la phase finale. Une place pour le continent africain.

Les dirigeants mondiaux insistèrent pour ne concéder qu'un poste pour l'ensemble Afrique - Asie - Océanie.

Il aurait fallu compétitionner entre Africains puis le meilleur devait encore se confronter au meilleur Asiatique puis au plus fort d'Océanie. C'était effectivement inacceptable. Et la World Cup se déroula sans les Africains. Dès 1970, la FIFA corrigera cette injustice.

Restaient donc cinquante-trois pays pour quatorze finalistes en plus de l'Angleterre et du Brésil qui passaient directement au tour final comme pays hôte et comme pays champion en titre. On avait toujours, à l'époque, un ultime tournoi à seize nations.

La Tchécoslovaquie humiliée

L'épreuve des qualifications qui s'était déroulée entre mai 64 et décembre 65 n'avait pas provoqué de grands remous sauf pour l'élimination déconcertante de la Tchécoslovaquie dans le groupe 4 européen. C'est le Portugal qui a dominé ce peloton et qui effectuera un parcours éclatant en Angleterre. De la finale de 62 à Santiago du Chili à la mise à l'écart en 66, les Tchécoslovaques auront connu les extrêmes en deux Coupes du monde successives. Les quatre ans qui s'écoulent entre chaque tournoi suffisent pour déstabiliser nombre de sélections. Seuls les grands pays de football peuvent résister à l'usure du temps.

Il faut aussi parler de la France qui a réalisé une excellente série en gagnant cinq des six matchs du groupe 3 (Europe) et particulièrement celui du 9 octobre 65 à Paris devant la Yougoslavie — 1 à 0, but de Philippe Gondet à sa première rencontre internationale — qui avait souvent été le bourreau de la France lors des éliminatoires antérieures.

En Amérique du Sud, l'Uruguay et l'Argentine n'ont eu aucun mal à remporter leur poule respective. Le Chili, en revanche, a dû cravacher pour disposer de l'Équateur lors d'un match d'appui.

Le Mexique, encore une fois, portait le drapeau de la région nord de l'Amérique. Le Canada, jugeant sans doute que son heure n'était pas venue, ne s'était pas présenté.

Enfin, pour représenter le reste du monde, la Corée du Nord, qui surprendra tous les observateurs.

Alf Ramsey, l'épicier

L'Angleterre, la France, le Mexique et l'Uruguay formaient le groupe 1 et la reine Élisabeth II procéda à l'ouverture officielle de la ronde finale le 11 juillet au stade Wembley de Londres à l'occasion du match Angleterre - Uruguay.

La pauvre majesté dut s'ennuyer «royalement». Cette rencontre fut d'un monotone consommé. L'Uruguay avait érigé un véritable mur défensif et les Anglais, obnubilés par l'idée d'une défaite devant un adversaire chevronné, prirent un minimum de risques. Les journaux du lendemain reflétaient l'opinion générale. *Daily Mirror*: «Le rideau se lève, les espoirs s'envolent.» *Daily Mail*: «Colère, frustration. Pas de buts.» L'entraîneur, Alf

Ramsey, ex-défenseur de la sélection anglaise lors de la finale de 1950 au Brésil, n'était pas du tout ébranlé par ce résultat moyen. Il reste persuadé que l'Angleterre va gagner la Coupe Jules Rimet. Ce score nul satisfaisait quand même les deux organisations. Un premier match de Coupe du monde est toujours difficile à négocier et l'important est surtout de ne pas perdre.

D'ailleurs l'Uruguay et l'Angleterre atteindront le tour suivant.

La France, elle, ratera totalement ce rendez-vous mondial réussissant, si l'on peut dire, un pénible match nul de 1 à 1 contre un adversaire pourtant largement à sa portée, le Mexique. Suivront deux défaites contre l'Angleterre et l'Uruguay, et les tricolores termineront au tout dernier rang. Une formation sans système de jeu et sans âme. Les Kopa, Fontaine, Piantoni... de 1958 ont été remplacés par de bons éléments comme Herbin, Budzinski, Corbin... Mais, à ce niveau, il faut des joueurs d'exception pour espérer gravir quelques échelons.

Le Mexique fera mieux avec deux matchs nuls pour finir en troisième place. Contre l'Uruguay, les Mexicains fêteront la fin de carrière internationale de leur as gardien Antonio Carbajal.

La Céleste avait joué à l'économie dans ce premier tour et on ne reconnaissait plus ce merveilleux football uruguayen qui avait triomphé dans les années 30 et 50. Il faisait pitié à voir, ce onze replié en défense. On y reviendra, mais à chaque fois que les Sud-Américains ont voulu jouer ainsi contre nature, ils ont raté le bateau. L'Uruguay n'ira pas très loin dans ce tournoi. Si lors de la rencontre Mexique-Uruguay les Mexicains y avaient cru davantage, ils auraient pu créer le désarroi dans cette défense vacillante par moments.

L'Angleterre complétait donc cette première ronde en tête de ce groupe et, match après match, Ramsey et les siens établissaient leur jeu et se construisaient une confiance.

Les dirigeants de la fédération anglaise n'avaient pas lésiné sur les moyens pour bien préparer «leur» Coupe du monde. Déjà en 1964, la sélection avait effectué une tournée en Amérique du Sud qui avait permis à Ramsey de faire les ajustements indispensables.

Ainsi, après une sévère défaite de 5 à 1 devant le Brésil, l'entraîneur avait resserré la vis quant à l'aspect tactique. Ramsey établira lentement son système en 4 - 3 - 3 évoluant souvent vers un 4 - 4 - 2. Il sera peut-être le premier à utiliser des faux ailiers, c'est-à-dire des milieux de terrain qui occasionnellement occupaient les ailes.

Ce périple sud-américain aura aussi permis à Gordon Banks de prendre la place de gardien titulaire de la sélection. Tony Waiters avait été testé à cette occasion et Ramsey avait alors opté pour Banks qui allait devenir le plus grand gardien anglais, en tout cas jusqu'à Shilton.

Tony Waiters, alors portier de Blackpool, viendra s'établir par la suite à Vancouver et c'est lui qui dirigera le Canada à sa seule participation à une phase finale de Coupe du monde en 1986 au Mexique.

Ramsey aura donc eu beaucoup de temps et une grande autonomie pour amener sa formation au sommet en juillet 66. Les succès glanés par le onze anglais pendant le tournoi final, il les doit, en grande partie, à son entraîneur.

Issu des milieux les plus populaires de Londres — il était fils de gitans et désirait devenir épicier — Ramsey était surnommé «Le Général» lorsqu'il jouait avec les Tottenham Hotspurs. Déjà, on lui reconnaissait des qualités indiscutables de leader.

Simple, calme et intense, il avait établi au fil des ans une grande complicité avec ses hommes à qui il n'avait jamais cessé de répéter qu'ils gagneraient cette coupe.

Qui est donc Beckenbauer?

Le hasard avait rassemblé l'Allemagne fédérale, l'Argentine, l'Espagne et la Suisse dans le groupe 2.

Et le 12 juillet, à Sheffield, l'Allemagne de l'Ouest, dirigée maintenant par Helmut Schoen, engloutissait la Suisse par cinq buts à rien et se positionnait instantanément parmi les favoris. Il y eut le résultat mais aussi la manière. Les Germains adoptaient un jeu carrément offensif et terriblement efficace.

Un but de Held, deux de Haller et deux autres d'un certain Franz Beckenbauer, 20 ans, qui avait éclairé ce match de toute sa classe.

Jean-Philippe Rethacker, journaliste et analyste de football au quotidien *L'Équipe,* écrivait le lendemain de cette partie: «Ce Beckenbauer était considéré jusqu'à présent comme un joueur de niveau international mais en Allemagne seulement où il fait les beaux jours du grand club de Munich, le Bayern. Sa réputation a maintenant franchi les frontières. Contre la Suisse, ce jeune homme, beau comme un dieu, puissant et souple, rapide dans les interventions et prompt au démarrage possède une technique d'attaquant exceptionnelle: le dribble, le tir et surtout le calme au moment décisif.»

Ainsi commençait la carrière mondiale de celui qui deviendra bientôt le plus grand joueur allemand de l'histoire. Son élégance, la fluidité de ses enchaînements gestuels étaient remarquables. Déjà, Beckenbauer annonçait une carrière qui le placerait bientôt parmi ces athlètes «fuoriclasse» (supérieurs), comme disent les Italiens.

Finalement, dans ce groupe 2 toujours, la RFA poursuivra sur sa lancée et ne concédera qu'un match nul à l'Argentine 0 à 0, avant de battre l'Espagne 2 à 1. Les Argentins aussi disposeront des Espagnols qui passeront encore à côté de ce mondial malgré la présence de superjoueurs comme Suarez, Gento, Del Sol...

Avec deux points en trois matchs — une courte victoire de 2 à 1 sur la Suisse —, l'Espagne terminera troisième et sera exclue du tour suivant. La Suisse, pourtant une habituée de ces sommets mondiaux, encaissera neuf buts et en marquera un seul. Zéro point et la dernière place du groupe.

Grand favori, le Brésil est anéanti

Grand favori du groupe 3 et de la compétition, le Brésil avait entrepris le tournoi avec une victoire de 2 à 0 sur la Bulgarie. La Hongrie et le Portugal complétaient cette poule.

Deux buts réussis sur coup franc; le premier par le toujours superbe Pelé et le second, en deuxième mi-temps, par le vieillissant Garrincha.

Cette rencontre révéla toutefois les moyens antisportifs que certains avaient décidé d'employer pour stopper le roi Pelé. Le défenseur bulgare Dobromir Jetchev s'est chargé de lui, le marquant sans aucun scrupule et distribuant généreusement les coups à chaque occasion. Mais, inlassablement, Pelé poursuivait sa tâche de pourvoyeur de bons ballons pour ses attaquants. Plusieurs se demandaient comment, dans ces conditions, il pouvait garder son calme. Pour le dieu noir, cette Coupe du monde allait être un vrai calvaire.

Il termina donc la rencontre avec un genou amoché si bien que les dirigeants de la «seleccao» décidèrent de ne pas faire appel à lui pour le second match devant la Hongrie. On voulait le garder pour les duels plus sérieux. Cette décision n'est pas sans rappeler celle que l'entraîneur brésilien Pimenta avait prise en France lors de la finale de 1938. Il avait opté pour laisser au repos ses deux meilleurs éléments, Leonidas et Tim, lors de la demi-finale pour les «conserver» pour le match ultime. Or, le Brésil fut éliminé par l'Italie fouettée par le choix inopportun du malheureux Pimenta.

La situation était un peu la même ici. On croyait les Cariocas capables de doubler la Hongrie sans trop de problèmes.

Le match fut grandiose. Joué sur un rythme extrêmement rapide, le choc fut superbe, spectaculaire et sans violence. Enfin. Contre toute attente, c'est le Hongrois Florian Albert, laissé libre, qui dirigeait magistralement la manœuvre pour les Magyars, dribblant au bon moment et exécutant des passes précises.

Dès la deuxième minute, Bene plaçait la Hongrie en avant. Mais Tostao, le jeune remplaçant de Pelé, on le reverra éclatant en 70, égalait la marque avant le quart d'heure. C'était illusion. Les Hongrois continuaient leur domination et Farkas puis Meszoly sur penalty éloignaient tout espoir brésilien: 3 à 1.

C'était la première défaite des Sud-Américains en phase finale d'un mondial depuis 1954. Dommage que Pelé n'ait pas participé à ce très beau duel qui est à l'honneur des deux formations.

Mais pour le classement final dans ce groupe 3 rien n'était encore joué puisque les Hongrois avaient perdu leur première partie contre un formidable onze portugais mené par un fabuleux Eusebio.

La sélection portugaise en était à sa toute première participation à une phase finale de Coupe du monde et n'allait pas rater son entrée. Autre victoire facile de 3 à 0 sur les Bulgares et les équipiers d'Eusebio avaient presque le premier rang en poche. Restait quand même ce dernier affrontement contre le Brésil le 19 juillet à Liverpool. Et nouvelle désillusion pour les Sud-Américains sérieusement étrillés 3 à 1, malgré le retour de Pelé.

Le Portugal menait déjà par 2 buts à 0 lorsque le défenseur Morais s'en prit deux fois de suite au genou de l'as Brésilien le faisant chuter deux fois lourdement. Pelé ne termina la rencontre que sur une jambe. Morais avait complété le «travail» amorcé par Jetchev lors du premier match. Et comme le Bulgare, Morais ne fut pas expulsé. Décidément, les arbitres flottaient dans la discrétion. On raconte que même Eusebio, désolé de l'incident, aurait failli gifler son équipier pour ses deux tacles assassins consécutifs. Pourtant les Portugais n'avaient pas besoin de ça. Rapide, incisif et d'une habileté prodigieuse, Eusebio avait placé le Brésil dans les câbles en marquant deux buts en plus de celui de Simoes. Rildo répliquant pour les Cariocas.

Affolés après la défaite face à la Hongrie, les dirigeants brésiliens avaient de nouveau paniqué modifiant presque toute la formation. Et la plus belle sélection du monde n'arrivait plus à recréer son merveilleux football.

Malheureux, Pelé, en deux Coupes du monde, n'aura participé en somme qu'à deux rencontres en possession de tous ses moyens.

Attention. Le Brésil était bel et bien battu par plus fort que lui. En Angleterre, les Portugais avaient joué comme sur un nuage et Eusebio, avec son tir fantastique et ses accélérations foudroyantes, taillait sa place pour la postérité.

Né au Mozambique — ancienne colonie portugaise — le 5 janvier 1943, il fut engagé par le plus grand club du pays, le

Benfica de Lisbonne, tout juste avant d'avoir 17 ans. Il y accomplit une carrière somptueuse amassant les honneurs individuels (Ballon d'or 65, Soulier d'or 68 et 73 remis au meilleur buteur de toute l'Europe) mais aussi collectifs dont une victoire en Coupe d'Europe des champions en 62, finaliste en 63 et 65 sans compter les onze championnats du Portugal.

En cet été 66, on le compara souvent à Pelé. L'Europe avait besoin d'avoir sa propre idole. Mais les analogies ne tenaient pas. Pelé était un meneur de jeu, un créateur, un élégant technicien et un buteur redoutable. Eusebio c'était le bulldozer dont la puissance de tir et la vitesse exécutaient les défenses. Le premier était un joyau finement ciselé. Le second un diamant brut. Et puis le Portugais n'a joué que dans un mondial mais n'a jamais bénéficié de la qualité des joueurs qui avaient toujours entouré le roi Pelé.

«Le canonnier de Londres» ou «La perle noire», Eusebio est toujours le plus grand joueur portugais de l'histoire. Il a terminé sa carrière comme plusieurs autres grands Européens — Beckenbauer, Cruyff, Best... — dans la Ligue nord-américaine de soccer à Boston en 1975, à Toronto en 1976 et à Las Vegas en 1977. Il complétera cette Coupe du monde de 66 en tête des buteurs avec neuf réalisations trois de plus que l'Allemand Haller.

À la suite de cette défaite contre le Portugal, le Brésil était donc éliminé et les supporters cariocas attendaient leurs héros déchus avec une brique et un fanal. Comme les Italiens, les Brésiliens acceptaient mal l'élimination dès le premier tour. En demi-finale, à la limite, on aurait peut-être pu comprendre. Mais là, c'était l'humiliation totale.

Le Portugal raflait donc la première position de ce groupe 3 suivi de la Hongrie qui, en battant une Bulgarie vraiment dépassée par l'événement (3 à 1), se qualifiait aussi pour les quarts de finale.

Devant la Corée du Nord, l'Italie rit jaune

Le groupe 4 fut le plus déconcertant. Le Chili, la Corée du Nord, l'Italie et l'URSS s'y faisaient la lutte.

Le jour du tirage au sort, les Transalpins se réjouissaient de se retrouver dans un groupe où leur chance de qualification était excellente. Sauf l'URSS, les deux autres adversaires paraissaient vraiment accessibles. Le Chili avait bien pris la troisième place en 62 mais le Mundial s'était tenu là-bas et, évidemment, ça changeait tout. De plus, les Italiens avaient une revanche à prendre sur le Chili. Le terrible match de Santiago, quatre ans plus tôt, était toujours présent dans les mémoires. Quant à la Corée du Nord, c'était difficile de la prendre au sérieux.

Or le 13 juillet, à Sunderland, l'Italie disposait du Chili par 2 à 0 grâce à Sandro Mazzola — fils de Valentino la super-vedette du club Torino disparu lors de la tragédie aérienne de Superga — à 10 minutes du début et à Paolo Barison à 10 minutes de la fin. L'échec de 62 était vengé mais la suite du tournoi fut cauchemardesque pour les azzurri. Défaite de 2 à 1 devant l'URSS de Lev Yachine, le gardien soviétique qui renaissait à la Coupe du monde après son passage à vide au Chili en 62.

Mais ce 19 juillet à Middlesbrough, c'est le ciel qui s'est écroulé sur toute l'Italie. La Corée du Nord va créer ce jour-là la plus grande surprise de l'histoire de la Coupe du monde. Les petits Coréens élimineront la prestigieuse Italie 1 à 0 sur un but de Pak Do Ik qui prit instantanément une dimension mondiale.

Pourtant dans les rangs de la squadra apparaissaient les noms du gardien Albertosi, de Facchetti le défenseur et des attaquants Mazzola et Rivera. Pas rien.

La seule arme des Coréens était la vitesse et ils l'exploitaient pleinement contre une défensive italienne un peu lente.

La sélection bleu azur était donc sortie de la World Cup par une formation que personne ne connaissait. Même les noms des joueurs étaient difficiles à retenir, voire simplement à lire.

Tous les Italiens reçurent cette défaite comme une gifle personnelle et les joueurs craignaient le retour au pays. Ils avaient demandé aux dirigeants de la Fédération nationale de revenir par bateau pensant éviter les insultes qui ne manqueraient pas de pleuvoir. Finalement, ils rentrèrent par avion à Gênes, furent lapidés de... tomates et traités de «bidoni» (dégonflés).

L'URSS, qui battit ses trois opposants, s'empara donc de la première place et se qualifia pour le second tour (quart de finale) avec l'incroyable Corée du Nord qui s'était d'abord rassurée en obtenant un match nul face au Chili. Le pays andin fermera la marche de ce groupe 4.

Les Latino-Américains giflés

Le match Angleterre (premier du groupe 1) et Argentine (deuxième du groupe 2) ne fut que chaos. Nous étions dans les quarts de finale, ce qui signifie que chaque joute était décisive, sans lendemain. L'enjeu était donc considérable. Mais comment, malgré cette tension, les choses ont-elles pu dégénérer à ce point? Certains prétendent que les Anglais étaient responsables et particulièrement le petit Nobby Stiles — sorte de Dale Hunter (des Capitals de Washington de la Ligue nationale de hockey) du ballon rond —, qui semblait avoir pour mission de «démolir», d'intimider les meilleurs adversaires. D'ailleurs, lors du face à face de la première ronde avec la France, Stiles avait agressé le milieu de terrain français Jackie Simon. Il aurait dû être expulsé d'autant plus qu'il avait déjà blessé Robert Herbin dans cette même rencontre. Il n'en fut rien.

Et dans ce duel Angleterre-Argentine, l'arbitre, Herr Rudolf Kreitlein (RFA), semblait ne voir que les fautes des Sud-Américains qui pratiquaient également un jeu négatif et dur. Mais ils n'étaient pas seuls. L'ambiance s'empoisonnait de plus en plus et l'attitude de l'arbitre, qui doit en tout temps calmer les joueurs, atteignait le résultat contraire puisqu'il courait partout essayant de s'imposer maladroitement.

Au milieu du jeu argentin trônait le géant Antonio Rattin qui ne manquait pas de contester toute décision de l'arbitre contre ses équipiers. Rattin était capitaine.

Or les sanctions et avertissements tombaient dru sur les siens. À la trente-neuvième minute, il reçut un carton jaune pour une faute commise à l'endroit de Bobby Charlton, le chéri des foules. Plus tard, il vint de nouveau retrouver l'homme en noir et, le tirant par le bras, demanda de nouveau des explications sur de nouvelles décisions qu'il jugeait inacceptables. Se sentant sans doute menacé, le petit M. Kreitlein sortit son carton rouge. Rattin refusa de quitter le jeu. L'officiel insistait. Rattin restait impassible. Le match fut stoppé près de 10 minutes. C'est sûr, le capitaine des bleu et blanc était frustré. Mais justement, il devait donner l'exemple et obtempérer. Finalement, lentement, en longeant pendant de longues minutes la ligne de touche il se dirigea vers les vestiaires en regardant constamment M. Kreitlein.

Le match reprit et, à dix, les Argentins se défendirent courageusement. Mais à la soixante-dix-septième minute, sur un centre de Peters, Geoff Hurst, à son premier match, marqua de la tête un but magnifique typiquement britannique. Ce fut tout. Au coup de sifflet final, les Sud-Américains s'en sont pris à l'arbitre et les policiers venus en renfort ont eu toutes les peines du monde à rétablir l'ordre.

Cette partie eut des répercussions immédiates. Une violente polémique s'engagea entre les Sud-Américains et les Européens, les Latinos invoquant l'injustice. Pelé n'avait-il pas été blessé sans que ses agresseurs soient sanctionnés? Et maintenant, l'Argentine était éliminée à la suite de décisions bizarres d'un arbitre dépassé.

L'entraîneur anglais Ramsey déclara à la télévision le lendemain que les Argentins avaient agi comme des «animaux». Difficile d'être plus stupide surtout pour un dirigeant d'équipe nationale.

Dans un autre affrontement Amérique-Europe à Sheffield, l'Allemagne fédérale contre l'Uruguay, l'atmosphère fut aussi malsaine. Et cette fois, c'était l'arbitre anglais Finney qui était dans ses petits souliers. Encore là, deux Uruguayens furent bannis du match mais aucun Allemand. Pourtant les coups vinrent des deux côtés.

La Céleste entreprit la partie adroitement et les bleu ciel auraient pu prendre l'avance rapidement. Au contraire, un but chanceux de Haller plaça les Allemands en avant. Les Uruguayens reprirent l'attaque résolument et, à la suite d'un corner, Pedro Rocha plaça une tête qui se dirigeait vers le fond du but de Tilkowski, battu. Mais, in extremis, le défenseur Schnellinger détourna... de la main.

Le penalty s'imposait irréfutablement. Mais, à la surprise générale, M. Finney fit signe de poursuivre le jeu. C'était trop. Les Sud-Américains s'énervent. Troche et Silva seront chassés du match et à onze contre neuf, les Allemands, avec Beckenbauer, Seeler et une deuxième fois Haller marqueront pour l'emporter 4 à 0.

À la suite de tous ces événements, les dirigeants des fédérations de l'Amérique du Sud, dont aucune n'atteindrait les demi-finales — ce qui ne s'était pas produit depuis 1934 en Italie —, crièrent au scandale et parlèrent d'un complot ourdi pour favoriser les Européens et plus particulièrement l'Angleterre et l'Allemagne.

Il est certain toutefois que dans des situations chaudes les joueurs Sud-Américains ont tendance à perdre les pédales et à dépasser souvent des limites acceptables.

Heureusement les deux autres quarts de finale se déroulèrent tout à fait correctement. Les Hongrois tombèrent devant l'URSS 2 à 1. Le soviétique Voronin prit le merveilleux Florian Albert en marquage individuel et étouffa ainsi en grande partie l'offensive magyare. Tchislenko marqua pour l'URSS à la cinquième minute à la suite d'une grossière erreur du gardien Gelei à qui le ballon échappa dans son but. Porkujan doublait la mise au début de la deuxième mi-temps avant que Bene ramène la Hongrie à 2 à 1 tout juste avant l'heure de jeu. À la fin du match, Yachine repoussa un tir violent de Sipos pour sauver son camp.

À Liverpool, la rencontre Portugal-Corée du Nord fut prodigieuse. On ne pouvait y croire puisqu'après 24 minutes les Coréens avaient trompé trois fois le gardien Costa Pereira. Invraisemblable. Mais Eusebio, le magnifique, prit les choses en main et inscrivit quatre buts en moins de 30 minutes pour remettre les horloges à l'heure. Et Jose Augusto en ajouta un autre: 5 à 3.

Le Portugal avait eu chaud et ces merveilleux Coréens du Nord quittaient le terrain non sans avoir apporté une touche de fraîcheur, de fair-play et de générosité malgré une grande naïveté qu'il faut mettre au compte de l'inexpérience. À 3 à 0, il fallait fermer le jeu au maximum. Mais ils étaient complètement euphoriques.

Bobby Charlton, le darling de l'Angleterre

L'équipier parfait, c'était lui, le travailleur acharné, c'était lui, la régularité du métronome, c'était lui, le registre technique complet, c'était encore lui. Lui, c'était Bobby Charlton (Ballon d'or 1966), un rescapé du terrible accident d'avion dans lequel presque toute l'équipe du Manchester United avait trouvé la mort en février 58, près de Munich.

Charlton était le nouveau Di Stefano, complet, efficace et consciencieux. Inlassable fournisseur de bons ballons pour ses attaquants et soutien constant pour ses défenseurs. Si l'Angleterre a décroché cette Coupe du monde c'est à lui, en grande partie, qu'elle le doit. Il fut particulièrement brillant lors de la demi-finale contre le Portugal. D'ailleurs, à la fin de la rencontre, Eusebio lui-même avouera: «Ce Bobby Charlton, c'est lui qui a gagné le match.» Quelques rares mèches rebelles toujours flottantes, c'était l'homme clé d'Alf Ramsey qui disait de lui: «Il est au centre du tourbillon; c'est lui qui le déclenche, qui le dirige.»

À Wembley, 90 000 personnes, dont la grande majorité debout, bien tassées, ont été témoins de cette magnifique partie. Onze fautes seulement furent comptabilisées dont huit par les Anglais mais aucun tacle vicieux. Aucun geste d'antijeu. À la fin, les adversaires d'un instant se sont félicités mutuellement et ont quitté le terrain comme des copains. Merveilleuse réponse aux désordres qui ont trop souvent marqué cette World Cup.

Bobby Charlton avait frappé deux fois. À la trentième minute, il saisit le retour d'un tir de Hunt que le gardien Costa

Pereira ne put contrôler. Et vers la fin du match, il touche encore la cible d'un beau tir du pied droit sur une courte passe de Peters. Charlton, Bobby de son prénom, puisque son frérot Jackie jouait aussi en équipe nationale, disputa ce jour-là son plus grand match avec le onze anglais. Les journaux du lendemain en témoignaient: «Bobby Charlton encore le meilleur d'une étonnante Angleterre», «Bobby Charlton et une Angleterre métamorphosée».

À la quatre-vingt-deuxième minute, Eusebio, sur penalty, a redonné quelques frêles espoirs aux siens. Ce fut tout. Tactiquement, les Portugais ont joué le jeu des Anglais en balançant trop souvent de longs ballons dans la surface adverse où les défenseurs britanniques se régalaient. Ils ont l'habitude de ces longues passes hautes. C'est le style pratiqué dans le championnat anglais. Peut-être les équipiers d'Eusebio ont-ils manqué de patience. Et puis, il y eut le match dans le match entre Nobby Stiles, la petite peste, et Eusebio. Cette fois, Stiles, fils d'un entrepreneur de pompes funèbres, marqua correctement Eusebio qui fut plus ou moins étouffé par le milieu défensif de Ramsey.

Dans l'autre demi-finale, l'Allemagne de l'Ouest vint à bout d'une solide formation soviétique lors d'un match où l'URSS a offert une résistance opiniâtre dans un contexte qui lui était nettement défavorable. Qu'on en juge: dès la huitième minute, Sabo se blesse à la cheville et doit rester au jeu, faute de pouvoir utiliser un remplaçant. Il n'interviendra pratiquement plus.

Puis, à quelques minutes de la mi-temps, l'arbitre italien Concetto Lo Bello expulse Tchislenko qui a répliqué à un coup de Held. À neuf, les Soviétiques se battirent jusqu'au bout ne perdant finalement que 2 à 1. En plus de sa puissance physique légendaire, la sélection allemande avait ajouté, par la présence du jeune prodige Beckenbauer au milieu du jeu, une capacité créatrice nouvelle. Après le but de Helmut Haller juste avant la pause, c'est lui, Franz Beckenbauer, qui inscrira le second. À la toute fin, Porkujan sauva l'honneur de l'URSS après une erreur du gardien Tilkowski qui avait du mal à bien saisir les balles aériennes.

Dans une rencontre qui, par séquences, prit l'allure d'une bataille rangée, l'illustre Lev Yachine, portier du Dynamo de Moscou, a encore réussi des parades remarquables pour retarder l'échéance et ses interventions opportunes ont pu donner à ce match une certaine classe. Même si la marque finale fut de 2 à 1 dans les deux cas, ces deux demi-finales furent vraiment très différentes. L'Angleterre et l'Allemagne fédérale s'affronteraient donc pour l'obtention du trophée Jules Rimet le samedi 30 juillet dans le temple du football, le prestigieux stade Wembley.

La fête à Wembley

Cette rencontre finale de la World Cup 66 ne fut peut-être pas la plus belle, mais elle donna lieu à tellement d'intensité et de retournements de situation qu'elle doit compter parmi les plus exaltantes. Pour la première fois depuis 1934, il fallut jouer les prolongations, ce qui est un indicateur de l'acuité de la lutte. Ramsey continuait de répéter partout que l'Angleterre garderait cette Coupe du monde à l'intérieur des frontières.

Pourtant, le match débuta mal pour lui. Une erreur monumentale du défenseur Wilson amena le premier but dès la douzième minute. Il remit dans l'axe de la tête un centre de l'Allemand Held. Haller, bien placé, capitalisa instantanément en reprenant ce ballon cadeau du droit: 1 à 0 RFA. Six minutes plus tard, l'arbitre, M. Dienst, un Suisse, appelle un coup franc en faveur de l'Angleterre sur une faute d'Overath sur Moore. Ce dernier joue le ballon très rapidement et trouve la tête de Hurst déjà en mouvement derrière le mur défensif. Légère déviation de l'attaquant anglais et but, Tilkowski étant resté figé sur sa ligne: 1 à 1. La reine, cette fois est bien éveillée et heureuse.

Les hommes de Ramsey faisaient preuve de beaucoup de détermination et, sans dominer l'adversaire, plaçaient de jolis jabs. Au milieu du jeu, Beckenbauer et Bobby Charlton ne se quittaient pas beaucoup et se neutralisaient presque continuellement. Cette décision de Helmut Schoen qui demanda à sa jeune vedette de se consacrer à la couverture de Bobby Charlton ne fut

139

pas la meilleure. En effet, Beckenbauer avait prouvé qu'il pouvait contribuer largement à l'effort offensif des siens malgré son jeune âge. Le réserver à des manœuvres purement défensives, c'était aussi priver l'équipe de son habileté à l'attaque.

Ce n'est qu'à la soixante-dix-huitième minute que les Anglais brisèrent l'égalité. Sur un coup de coin de Ball, qui joua un match fantastique, Hurst contrôle le ballon au 22 mètres et frappe. Le ballon est dévié par un défenseur, mais Peters suit bien et marque: 2 à 1 Angleterre.

La reine sourit.

On croit la victoire acquise. Les Allemands poussent, poussent. Ils sont tous dans les 25 mètres anglais et permettent des contre-attaques rapides, mais les Charlton, Stiles, Hurst n'en profitent pas; surtout à cause des maladresses de Hunt qui lors d'un trois contre un effectua une mauvaise passe. Ça va coûter cher. À 30 secondes du sifflet final, M. Dienst accorde un coup franc à l'Allemagne fédérale à environ 25 mètres du but de Gordon Banks. Emmerich s'élance et expédie un plomb vers le filet. Le ballon est bloqué une première fois par un défenseur. Held reprend, il est dévié de nouveau juste devant la cage. Weber se jette sur ce ballon et compte, Banks n'ayant pu revenir à temps.

Prolongation.

Ramsey, pendant la courte pause exhorte ses hommes: «Regardez! Les Allemands sont cuits. Ils sont totalement épuisés.»

À la cent unième minute, Allen Ball, trouvant de l'énergie on ne sait où, descend sur l'aile droite et centre. Hurst, incroyablement seul dans les 16 mètres, tourne et frappe. La balle heurte la transversale et retombe verticalement sur la ligne de but. But? Pas but? M. Dienst hésite et décide de consulter son juge de touche. Oui, but.

Rarement une séquence aura-t-elle suscité autant de controverse. Des années plus tard, on en parlait encore avec autant de passion. Comme pour exorciser le doute, Hurst, seul encore, marquera à la cent vingtième minute d'un tir foudroyant du gauche. Tilkowski est pétrifié.

Là, la reine rit de toutes ses dents. L'Angleterre est championne du monde. Hurst, qui remplaçait Jimmy Greaves, un incontestable titulaire mais blessé, fut d'un à-propos rare. Un peu comme Paolo Rossi en 1982. Au bon endroit, au bon moment.

Geoff Hurst est depuis resté le seul à avoir réussi un tour du chapeau lors d'un match final d'un mondial.

Londres s'est éclatée pendant cette nuit du triomphe. Depuis la libération en 1945, on n'avait rien vu de tel. Les Anglais ont oublié leur flegme traditionnel se laissant aller à danser en occupant largement les grandes artères de la capitale où étaient venus les rejoindre des fans de tous les coins du pays.

Chapitre 9

1970 Mexique

LES ANNÉES LUMIÈRE

«L'émotion sportive égale l'émotion dramatique.
Le geste du champion vaut la meilleure tragédie.»
ORSON WELLES

La marche de l'histoire ne s'arrête jamais. Mais viennent des
étapes qui jalonnent singulièrement le parcours du temps.

La Coupe du monde de 1970 est de celles-là.

D'abord parce que cette finale fut la plus prolifique des
trente-six dernières années. Mais c'est aussi, c'est surtout parce
que Mexico 70 fut la plus belle de toutes les phases finales.

J'étais, cette fois, en Algérie au moment du tournoi et j'ai
donc pu voir à la télévision plusieurs rencontres dont celles
impliquant le Brésil, l'Allemagne et l'Italie, qui sont restées des
points culminants de mes images souvenirs de foot.

Avant toute chose, ce fut la Coupe du monde du Brésil.
Merveilleux Brésil qui a tant apporté au soccer par la qualité
exceptionnelle de ses joueurs et la remarquable efficacité d'un
collectif tendu constamment vers l'offensive. Il faut savoir que

le «futebol», au Brésil, c'est un phénomène de société qui dépasse notre entendement. Il vaut la peine de s'y arrêter.

Un article publié dans un magazine spécialisé et signé par le sociologue brésilien Roberto Da Matta fournit certaines explications qui permettent de mieux comprendre la place qu'occupe ce jeu dans le quotidien de tout un peuple.

- Le futebol pratiqué au Brésil n'est pas seulement un sport mais surtout un «jogo» (jeu) au service d'un ensemble de valeurs et de relations sociales.
- Il est en quelque sorte inclus dans le grand jogo de la vie réelle disputée par toute la population dans sa quête constante d'un changement de destin qui est de sortir du cercle de la pauvreté et de la défaite.
- Le futebol requiert tactique, force, détermination, habileté technique mais il dépend aussi et beaucoup plus que dans les sociétés nord-américaines et européennes de forces incontrôlables, du sort et du destin. D'où l'utilisation d'êtres et de moyens surnaturels pour influer sur ce destin.
- Enfin, le futebol est particulièrement apprécié des Brésiliens comme la seule «structure» sociale qui rend la justice contrairement aux autres domaines où tout se joue par influence. Personne ne pourra jouer pour la sélection nationale parce qu'il est, par exemple, le neveu d'un ministre. Si on y arrive, c'est grâce, avant tout, à son talent individuel.

Et Da Natta explique: «En somme, au Brésil, le futebol est un objet social complexe. Simple divertissement en Amérique "fun to watch, but not serious", il est, là-bas, un instrument de construction de l'identité nationale. Intégré à la vie de tous les jours, adulé par le peuple, révélateur des caractéristiques des Brésiliens — improvisation, invention individuelle des joueurs —, il n'est pas étonnant que le futebol provoque des réactions extrêmes. On parle de dépressions, voire de suicides au lendemain des grands échecs.»

Ainsi en juin 1950, devant 220 000 spectateurs au stade Maracana à Rio, le Brésil perdit le match final de la Coupe du monde. Une tragédie nationale dépassant largement le cadre sportif.

Et le sociologue brésilien poursuit: «Ce coup du destin a engendré chez nombre de Brésiliens une terrible désillusion sur tous les plans et pour tous les projets d'avenir. Cette défaite devant l'Uruguay a été considérée comme une métaphore qui illustre les défaites de la société brésilienne dans son ensemble toujours soumise aux forces impersonnelles du destin.»

Ici, nous avons probablement atteint ce paroxysme de l'émotion lors de la suspension de Maurice Richard par Clarence Campbell, président de la Ligue nationale de hockey en 1957. Le sport avait alors envahi la vie et tout un peuple s'était senti bafoué politiquement et socialement.

Et puis, il existe une autre raison pour les Brésiliens de très mal accepter les défaites. Ils sont convaincus qu'ils sont les meilleurs, qu'ils jouent mieux que tous les autres. Comment alors peuvent-ils perdre sinon à cause du destin?

C'est vrai qu'ils jouent au ballon comme personne d'autre. On pourrait faire un sondage mondial et demander quelle est la plus belle équipe nationale et quels sont les joueurs qui possèdent le plus de talent. La très grande majorité opterait pour la sélection du Brésil et les footballeurs de ce pays.

On sent chez eux un plaisir absolu à contrôler le ballon, à le caresser, à lui parler comme s'il était en vie, à se le passer pour ajouter encore au bonheur de jouer ensemble.

Di Stefano n'était pas brésilien. D'origine argentine, pays voisin, il cultivait les mêmes mœurs footballistiques que les Brésiliens. Or, il s'était fait construire une petite statuette, dans son jardin à Madrid au moment où il jouait avec le grand Real. Sur le socle où apparaissait un ballon, Di Stefano avait fait inscrire: «Gracias, vieja!» (Merci, ma vieille), en hommage à cette balle qui lui avait procuré tant de joie. Tout à fait dans la veine brésilienne. Nous savons que Pelé aussi parlait au ballon, pendant un match ou au poteau des buts qui venait de le frustrer. Une autre façon de conjurer le mauvais sort. Et pour combattre les influences maléfiques si présentes dans la pensée individuelle et collective, la sélection brésilienne de la Coupe du monde de 1970 avait mis toutes les chances de son côté. Pelé et les siens avaient gagné deux des trois derniers tournois et entendaient bien réussir au Mexique le premier triplé de l'histoire.

Oui, cet immense pays latino-américain d'Amérique du Nord avait été choisi pour accueillir la neuvième finale de la Coupe du monde. La FIFA avait accouché de cette décision dans la douleur. Plusieurs s'opposaient au Mexique pour des raisons de chaleur intense mais surtout à cause du problème de l'altitude de certains lieux de compétition. Mais les Jeux olympiques de 1968 disputés là-bas avaient prouvé que tout pouvait se dérouler sans difficultés. L'Argentine avait manifesté aussi quelques velléités d'organiser la compétition. Mais l'attitude des Argentins à l'égard de la FIFA et particulièrement de chacun des tournois mondiaux avait toujours été équivoque et même carrément négative. Les événements consécutifs au match Angleterre-Argentine de la World Cup de 66 n'avaient rien arrangé. De plus, la situation économique de l'Argentine était plutôt préoccupante.

C'était donc au Mexique que ça se passerait, foi de Sir Stanley Rous, président de la FIFA, qui mit le poing sur la table pour faire taire les contestations qui s'étaient élevées contre ce choix.

Il faut bien admettre que certaines critiques étaient fondées. En effet, le comité organisateur, pour satisfaire aux exigences des télévisions européennes qui souhaitaient diffuser aux heures de pointe, avait accepté que les matchs commencent à midi, heure mexicaine, moment où la chaleur atteint évidemment son zénith. Par exemple, l'Angleterre dut jouer à Guadalajara contre le Brésil alors que le thermomètre atteignait les 39 °C. Dans ce contexte climatique, plusieurs pays étaient particulièrement désavantagés.

Quant à la façon de composer avec la question d'altitude, le tournoi olympique de football de 1968 avait fourni d'excellents indices. Tous savaient qu'il fallait une période d'acclimatation en altitude d'environ deux semaines pour éviter les effets inhérents à ces conditions spéciales.

Le Canada, deuxième essai, trois tours à faire

Soixante et onze pays participeront aux rencontres qualificatives de ce Mundial mexicain. La progression se poursuit toujours; c'est dix-huit de plus qu'en 66.

Sur les seize places en finale, neuf sont réservées à l'Europe — incluant l'Angleterre, championne et admise directement —, trois à l'Amérique du Sud, deux à l'Amérique du Nord, Amérique centrale et Caraïbes, dont le Mexique qualifié comme pays organisateur; enfin une chacune à l'Afrique et à l'Asie.

Ces deux derniers continents étaient pour ainsi dire officiellement reconnus mondialement avec un droit de représentation chacun. Les pressions des pays africains qui avaient boycotté la World Cup avaient porté fruit. Cette détermination avait donné lieu à une réelle démocratisation et mondialisation de la ronde finale de la Coupe du monde. On verra à l'avenir de plus en plus de pays d'Afrique du Nord, d'Amérique et d'Asie. Comme les Nord-Coréens de 1966, ils feront de plus en plus leur marque.

Le Canada tentait sa chance pour la deuxième fois. On se rappellera que, lors des éliminatoires pour le mondial de 58, les Canadiens furent écartés assez rapidement par le Mexique malgré des gains de 5 à 1 et 3 à 2 aux dépens des Américains.

Depuis, le Canada ne s'était plus présenté à la ligne de départ. Le soccer canadien n'était pas très cossu et on préférait s'abstenir plutôt que de dépenser pour la préparation d'une sélection qu'on savait, par ailleurs, assez limitée.

Mais cette fois, comme le Mexique était qualifié d'office, il y avait une réelle possibilité et le départ fut excellent. Lors du premier tour de la zone CONCACAF les résultats furent très encourageants. Victoires de 4 à 0 sur les Bermudes à Toronto et de 4 à 2 devant les USA au même endroit. Malheureusement, lors des matchs retour, nous avons laissé échapper un point précieux à Hamilton, 0 - 0 contre les Bermudes, match qui fut suivi d'une défaite de 1 à 0 face aux USA à Atlanta. Impasse.

Pour ces quatre rencontres, le Canada présenta les joueurs suivants. Gardiens: Greco, Harper; défenseurs: Berry, Lecce,

Sam Lenarduzzi, DiLuca; milieux: Kerr, Harvey; attaquants: McPate, N. Papadakis, Vigh, Zanatta, Patterson, Hansen; entraîneur: Peter Dinsdale.

Les Américains ne poursuivront pas très longtemps l'aventure non plus puisqu'ils furent sortis par Haïti au second tour. Finalement, en troisième ronde, le Salvador battra les Haïtiens après un match déterminant à Mexico, terrain neutre.

Si le règlement de la différence de buts pour déterminer des positions avait été en vigueur comme maintenant, c'est Haïti qui aurait poursuivi jusqu'au Mexique. En effet, après les deux premiers affrontements, Haïti dominait avec une différence de + 2. Le match d'appui qu'il fallait jouer à cette époque lui fut fatal.

Les qualifications européennes suscitèrent encore quelques stupéfactions. Le Portugal, troisième en Angleterre, fut sérieusement giflé par des défaites devant la Grèce, la Suisse (à Lisbonne) et la Roumanie, qui obtient sa passe pour le pays des Aztèques. La Hongrie, qui venait de remporter la médaille d'or des Jeux olympiques de 68 au Mexique justement, sera exclue des seize finalistes ayant perdu 4 à 1 devant la Tchécoslovaquie à Marseille lors d'un match décisif.

La Yougoslavie et l'Espagne, des habituées, seront débordées par la modeste Belgique. Par ailleurs, les puissances traditionnelles revenaient de nouveau comme la RFA, l'Italie et l'URSS. Plus étonnant, les succès de la Bulgarie, la Suède et la Belgique.

En Amérique du Sud, le Pérou a surpris l'Argentine dans le groupe 1. Les Argentins termineront même derniers derrière la Bolivie. Un échec cinglant. Le Brésil, qui a dû se qualifier, cette fois, a passé l'examen avec grande distinction gagnant les six matchs, en comptant vingt-trois buts et n'en concédant que deux. Dans le dernier groupe, entre l'Uruguay, le Chili et l'Équateur, il n'y eut pas de doute. La Céleste se dégageait sans trop de mal.

Enfin, l'Afrique désignera le Maroc après trois tours chaudement disputés, et la zone Asie-Océanie sera représentée par Israël. Ces deux derniers pays faisaient leur entrée dans ce qu'on pourrait appeler aussi le championnat du monde des nations.

La formule inchangée

Le mode de fonctionnement était absolument le même que lors des dernières épreuves. Les deux premiers de chaque poule accédaient aux quarts de finale. À partir de là, toutes les parties étaient décisives, une équipe étant éliminée à chaque match.

Les quatre groupes avaient été constitués en protégeant au maximum les formations qui devaient l'être soit pour des raisons de résultats antérieurs, comme l'Angleterre, mais aussi par gros bon sens, comme le Mexique, pays hôte. On eut donc droit à quatre groupes plutôt équilibrés.

Le Mexique étonne

Groupe 1: Belgique, Salvador, Mexique et URSS.

Les matchs d'ouverture se suivent et se ressemblent. Le 31 mai 1970, au magnifique stade Azteca de Mexico, devant 110 000 spectateurs, le Mexique et l'URSS — comme l'Angleterre et l'Uruguay en 66 — se sont partagé les honneurs d'une rencontre sans but, plutôt monocorde. La première mi-temps fut toute mexicaine et la seconde dominée par les Soviétiques. Déçus de ne pas avoir encaissé les deux points de la victoire, les Mexicains se consolaient en pensant au petit point grappillé qui pourrait compter beaucoup dans quelques jours.

Tous les matchs de ce groupe se déroulèrent au stade Azteca, sûrement un des plus beaux du monde. Où que vous soyez assis, la vue est parfaite.

La deuxième partie mettait en scène la Belgique et le Salvador, modestes ambassadeurs de l'Europe et de l'Amérique Centrale. Un stade rempli au tiers de sa capacité, un autre match terne malgré une victoire de 3 à 0 des Belges. À vaincre sans péril... N'oublions pas que le Salvador avait atteint la phase finale uniquement parce que le Mexique, provenant aussi de la zone CONCACAF, était qualifié comme pays organisateur. Autrement, il n'y aurait eu qu'une place pour cette région et, de toute façon, le Mexique l'aurait sans doute occupée comme lors des finales précédentes.

149

Vint ensuite le match URSS-Belgique et les Soviétiques ont tôt fait de resituer les valeurs. URSS 4 Belgique 1. Deux buts d'Anatoli Bychovets, l'avant-centre qui deviendra l'entraîneur de la sélection de la CEI (Communauté des États indépendants), ex-URSS, en 1992, lors du Championnat d'Europe des nations.

Quand même, les Belges n'étaient pas aussi faibles que le laisse croire le résultat. Van Himst et Van Moer ont eu une occasion unique à la quatorzième minute, mais n'ont pu concrétiser. Le match s'est peut-être joué là.

Le plein encore à l'Azteca pour le deuxième affrontement de la sélection locale contre le Salvador qui sera littéralement étouffé par 4 à 0. Calderon, qui avait remplacé le légendaire gardien Carbajal, n'avait concédé aucun but en deux matchs.

Le Salvador fit mieux contre l'URSS ne perdant que 2 à 0. Bychovets marqua les deux buts.

Finalement, dans le dernier duel de ce groupe, le Mexique et la Belgique se livrèrent à fond pour gagner ce match qui donnait droit à la qualification pour le second tour. Et c'est grâce à un penalty extrêmement généreux transformé par Pena à la quinzième minute que les Mexicains se sauvèrent avec une courte victoire de 1 à 0. Avait-on voulu encore donner un petit coup de pouce à la sélection hôte? Malgré leur meilleure prestation du tournoi, les Belges n'iront pas plus loin. Plusieurs affirmaient que ce n'était que justice parce qu'ils s'étaient très mal préparés et ne méritaient aucunement de franchir le cap du premier tour.

L'Italie passe sans attaque

Groupe 2: Israël, Italie, Suède, Uruguay.

Six buts en six matchs. Triste groupe que celui-là.

L'Italie terminera première en marquant un seul but en trois parties. Rien pour pavoiser. Domenghini a marqué contre la Suède et encore, ce fut lors d'une grossière erreur du jeune portier Hellstroem à qui le tir de l'Italien échappa. Ronnie Hellstroem connaîtra par la suite une glorieuse carrière avec l'équipe suédoise (soixante-trois sélections) et le club Kaiser-slautern (RFA).

La squadra azzurra s'appuyait toujours sur une tactique éminemment défensive construite autour d'un marquage individuel strict. Pourtant Luigi «Gigi» Riva, l'ailier gauche du Cagliari, club avec lequel il venait de remporter le championnat d'Italie, avait annoncé ses ambitions en arrivant au Mexique: «Je suis venu ici pour battre le record du meilleur buteur que détient toujours Just Fontaine» (treize buts en 1958). Il complétera le tournoi avec trois. Loin du compte.

L'échec de 1966 en Angleterre — élimination des Italiens au premier tour dont la défaite inimaginable de 1 à 0 contre la Corée du Nord — semble avoir paralysé les dirigeants et les joueurs de la péninsule. On évolue avec la peur au ventre, une peur bleue, c'est le cas de le dire, de perdre et de subir l'opprobre de retour au pays.

L'entraîneur Ferruccio Valcarreggi prône une prudence extrême. Il prendra une décision fortement contestée de n'uti-liser Gianni Rivera que très sporadiquement lors de certains matchs. Or Rivera, du Milan AC, était un brillant milieu de terrain talentueux et créateur.

Mais depuis le début des années 60, même avant, l'Italie avait adopté un style défensif inspiré des principes de Helenio Herrera. Pourtant, avec Sandro Mazzola, Gigi Riva et Gianni Rivera, l'Italie avait largement les moyens de faire le spectacle et d'obtenir des résultats. Mais là, les azzurri sont en quart de finale et c'est sans doute tout ce qui compte.

L'Uruguay se faufilera en deuxième place et donc aux quarts de finale grâce surtout à une victoire de 2 à 0 sur Israël, qui réussira un bon parcours ne perdant qu'un match et annulant deux fois.

La Suède, quant à elle, sera éliminée de justesse à la différence de buts seulement.

Le bonheur de jouer

Groupe 3: Angleterre, Brésil, Roumanie, Tchécoslovaquie.

Le Brésil et l'Angleterre dans le même peloton, c'était un peu dommage puisqu'une des deux formations risquait d'éliminer l'autre dès le premier tour. Or il s'agit bien ici des deux derniers champions du monde, le Brésil en 62 et l'Angleterre en 66. Leur match de groupe devait se disputer le 7 juin à Guadalajara.

À ce moment-là, les deux sélections avaient déjà remporté leur premier duel: l'Angleterre avait battu la Roumanie 1 à 0 sur un but de Hurst à la soixante-cinquième minute qui reprenait là où il avait laissé à Wembley en 66. Victoire méritée malgré le petit écart à la marque.

Les Anglais étaient terriblement nerveux avant ce premier affrontement. Le match initial d'une phase finale est toujours terrifiant. Si, en plus, vous êtes les champions défendants...

Alan Ball, un des héros de 66 et toujours présent au Mexique avouera: «Nous étions tous effrayés avant cette rencontre. Jamais je n'avais vu une telle peur de rater notre coup. Mais maintenant, c'est du passé et nous sommes soulagés. Nous pouvons maintenant battre ces Brésiliens.»

Les Brésiliens, justement, venaient de se mettre solidement en confiance en secouant la Tchécoslovaquie par 4 buts à 1. Cette déroute anéantira ces Européens de l'Est et ils perdront leurs deux derniers matchs.

Petras avait ouvert le score pour les Tchécoslovaques dès la onzième minute. La riposte vint de Rivelino. Un tir d'une puissance inouïe sur un coup franc aux 17 mètres. Puis Pelé et Jairzinho deux fois — il remplaçait Garrincha sur le flanc droit de l'attaque — assurèrent le gain.

Pendant cette partie, Pelé effectua un jeu totalement inattendu dont on parlera longtemps. Juste avant la mi-temps, il est dans le rond central côté brésilien. Personne ne lui dispute la possession du ballon. Il aperçoit Viktor, le gardien adverse qui est sorti loin de son but. Jouant d'instinct comme lui avait souvent conseillé Dondinho, son père, il frappe instantanément vers le but délaissé. Au départ de l'action, personne ne comprend ce geste insensé. Mais on saisit vite la situation. C'est un lob de 55 mètres qui se dirige vers le but que Viktor tente maintenant désespérément de réintégrer. Trop tard, il ne rejoindra jamais ce ballon qui passe... à un mètre à l'extérieur du poteau droit. Non, il n'y eut pas but. Mais quelle action folle au départ et géniale à l'arrivée. Et quelle impertinence. Seul Pelé pouvait tenter un coup pareil. Pendant le reste de la compétition Viktor ne s'est éloigné de sa cage que très, très prudemment.

Mais, c'est le duel Brésil-Angleterre qui était attendu. Il s'agissait du sommet de ce premier tour, tous groupes confondus. Tous les yeux étaient tournés vers le stade Jalisco de Guadalajara. Il y faisait une chaleur écrasante mais le match fut grandiose.

Contrairement à la tradition britannique, les Anglais pratiquèrent un football «continental» c'est-à-dire un soccer de contrôle du ballon, de courtes passes et de construction du jeu par les joueurs du milieu de terrain, particulièrement Alan Ball et le grand Bobby Charlton. En fait, ils jouèrent le style brésilien mais avec moins d'habileté technique. Ce n'est qu'après une heure de jeu pratiquement égal que le Brésil va dénouer l'impasse.

Tostao reçoit une passe de Paolo Cesar à 25 mètres des buts anglais, s'engage dans la surface de réparation, déjoue trois adversaires, Ball, Labone et Moore, pivote sur lui-même complètement et centre pour Pelé. Deux défenseurs foncent immédiatement sur lui. Il contrôle et remet instantanément à Jairzinho décalé à droite. Tir croisé et but typiquement brésilien. Le score ne bougea plus même si, de part et d'autre, on continua d'attaquer.

Dès la dixième minute, Gordon Banks, le plus grand gardien anglais de l'histoire, avait réussi un arrêt prodigieux. Sur un centre de Jairzinho, Pelé reprit de la tête un ballon qui se dirigeait irrémédiablement dans le coin gauche. Au prix d'une détente incroyable, Banks toucha in extremis ce ballon pour le détourner en corner. Pelé était sidéré. Il avait déjà crié «but». Cet arrêt fit plus pour auréoler la carrière de Banks que la conquête de la Coupe du monde elle-même en 1966. Malchanceux, victime d'une intoxication alimentaire, Gordon Banks dut céder son poste à Bonetti, le gardien suppléant, pour le match de quart de finale que la RFA remporta 3 à 2.

Portier à Leicester City et à Stoke City en Angleterre, Banks vint terminer sa carrière avec les Strikers de Fort Lauderdale de la Ligue nord-américaine de soccer en 1977. Il avait alors 40 ans. Élu footballeur anglais en 1972, il compte soixante-treize sélections en équipe nationale.

Cet échec de 1 à 0 de l'Angleterre devant le Brésil n'affecta pas outre mesure les hommes d'Alf Ramsey, qui était toujours à la barre. Dans le dernier match du groupe, ils n'avaient besoin que d'un point pour finir deuxièmes puisque, la veille, le Brésil avait vaincu la Roumanie qui ne montrait que deux points.

Ils firent mieux et battirent les Tchécoslovaques 1 à 0 — but de Clarke sur penalty — s'assurant ainsi du deuxième rang et de la qualification pour les quarts de finale.

Contre la Roumanie, le Brésil, déjà qualifié, l'avait emporté 3 à 2 laissant voir une défensive poreuse devant Dumitrache et Dembrovski. Mais Pelé, deux fois, et Jairzinho, toujours lui, montrèrent par ailleurs l'incroyable impact de leur attaque. Malgré cette défaite, les Roumains termineront troisièmes devant les décevants Tchécoslovaques.

Gerd Muller, «le bombardier»

Groupe 4: Bulgarie, Maroc, Pérou, RFA.

Si le groupe 2 fut particulièrement avare de buts, celui-ci en produisit pas moins de vingt-quatre dont sept par le même joueur, l'avant-centre allemand Gerd Muller surnommé «le bombardier» pour des raisons évidentes. Muller terminera de loin meilleur buteur de cette Coupe du monde avec dix filets. Dans toute sa carrière internationale, il marquera soixante-huit buts avec la sélection nationale en soixante-deux rencontres pour un taux de réussite vraiment exceptionnel. Petit (1,74 m), trapu (74 kg), il comptait de toutes les manières et très souvent de la tête malgré sa petite taille. Son sens du but, sa vitesse, sa puissance, son placement en faisaient un réalisateur redoutable. Il fut meilleur buteur européen en 70 et 72, deuxième en 73 et troisième en 74. En Allemagne fédérale, il fut aussi meilleur compteur en 67, 69, 70, 72, 73, et 75. On comprenait mal comment les défenseurs adverses, en général plus costauds, n'arrivaient pas à bâillonner ce «petit gabarit».

«Je sens le but d'instinct comme le chasseur sent le gibier, aimait-il répéter. J'arrive à me situer très vite par rapport au but, au ballon, à mes adversaires et à mes coéquipiers.»

Avec Pelé — dans une classe à part — et Beckenbauer, Gerd Muller émergea de ce mondial comme une des grandes vedettes. À León, dans le premier match de la RFA contre le Maroc, il marqua le but gagnant dans un gain de 2 à 1. Jarir, pour le Maroc, avait ouvert la marque et les Allemands eurent quelques frayeurs avant que Seeler crée l'égalité à la cinquante-sixième minute.

Face à la Bulgarie, Muller atteint la cible trois fois. Victoire de 5 à 2. Devant le Pérou, il récidiva avec un autre tour du chapeau et la RFA infligeait à l'excellente sélection d'Amérique du Sud sa seule défaite: 3 à 1. Bien sûr Muller comptait sur un collectif qui savait le mettre en excellente position. Sa complémentarité avec Uwe Seeler, le vétéran buteur, n'était pas évidente au départ. Lentement, Seeler acceptera de jouer un peu derrière Muller pour le servir dans les meilleures conditions.

Il y avait aussi dans l'effectif allemand le merveilleux Franz Beckenbauer qui dirigeait la manœuvre derrière et relançait habilement les attaques. Et le gardien Sepp Maier qui entreprenait une fabuleuse carrière avec la sélection nationale et le grand club Bayern de Munich. Et Berti Vogts et Wolfgang Overath...

Avec ces trois victoires, la RFA accédait au tour suivant dans un fauteuil. Le Pérou s'accapara le deuxième rang et passa également aux quarts de finale. Mais là, c'était inattendu parce qu'on ne connaissait pas trop cette formation. Lors des éliminatoires, les Péruviens avaient écarté la Bolivie et surtout la puissante Argentine, mais on ne les attendait pas à une pareille fête mexicaine.

Sans complexe, ils battront la Bulgarie 3 à 2 et le Maroc 3 à 0. Toute l'attaque du Pérou tournait autour de Teofilo Cubillas, un fantastique buteur. Il fut probablement la grande révélation de ce mondial. Formidable technicien, marqueur remarquable et constructeur génial, il est associé à ce football péruvien généreux et ouvert. Cubillas viendra aussi terminer sa glorieuse carrière dans la Ligue nord-américaine de soccer à Fort Lauderdale où il évoluera de 1979 à 1984.

Mais on ne peut dissocier les succès du Pérou de la présence du Brésilien Didi à la tête de la sélection andine. L'ancien compagnon de Pelé lors des Coupes du monde de 58 et 62 s'est révélé un excellent entraîneur refusant de céder à la mode du jeu défensif trop souvent à l'honneur.

La Bulgarie et le Maroc — à sa première participation — récoltèrent chacun un point à l'occasion du match nul disputé entre eux.

Muller, Tostao, Riva...

Toujours selon le principe établi auparavant — premier du groupe 1 contre deuxième du groupe 2, deuxième du groupe 2 contre premier du groupe 1, etc. —, les quarts de finale se présentaient ainsi:

À Toluca:	Mexique - Italie
À Mexico:	Uruguay - URSS
À León:	RFA - Angleterre
À Guadalajara:	Brésil - Pérou

Le stade Azteca de Mexico avait été prévu pour la sélection qui finirait première du groupe 1. Le Mexique avait espéré occuper cette place pour jouer le tour suivant dans son stade fétiche. Malheureusement, en terminant en deuxième position, la sélection mexicaine dut se déplacer à Toluca pour affronter l'Italie.

Et ce jour-là, les Italiens avaient enfin décidé de laisser leur timidité offensive au vestiaire.

La rentrée de Rivera, en seconde période, changea complètement l'allure de cette partie. Gonzalez avait donné l'avance au Mexique dès la treizième minute et, en même temps, la foule inconditionnelle se laissa bercer de douces aspirations. Elle devait bientôt déchanter. Un tir de Domenghini, un quart d'heure plus tard fut dévié dans le but mexicain et, à la mi-temps, on était à égalité 1 à 1.

Et enfin vint Gianni Rivera. Le prodige du calcio, milieu offensif du Milan AC, venait d'être élu Ballon d'or européen pour l'année 69 et on s'étonnait du fait que, depuis le début du tournoi, il n'était que remplaçant des azzurri. On reprochait à Rivera son jeu trop individuel et sa répugnance à participer à l'effort défensif. Pourtant, durant cette deuxième mi-temps, c'est lui qui relança la squadra. Il marqua un but et en prépara deux autres pour un Gigi Riva retrouvé. Italie 4 Mexique 1.

Depuis le premier match de l'Italie, l'entraîneur Ferruccio Valcarreggi avait opté pour Sandro Mazzola de l'Inter de Milan pour jouer le rôle de meneur de jeu. C'était un autre admirable technicien. Parce qu'ils évoluaient dans le même registre, qu'ils n'étaient pas, soi-disant, complémentaires, Valcarreggi avait refusé de le faire jouer avec Rivera.

En 1984 pourtant, au championnat d'Europe des nations, Michel Hidalgo, entraîneur de l'équipe de France, emploiera deux milieux offensifs, Platini et Giresse, et avec quel bonheur. Mais, à l'évidence, pour le très prudent Valcarreggi, en 1970, une telle décision était trop risquée.

On peut imaginer qu'avec Rivera et Riva ensemble sur le terrain les Italiens auraient peut-être pu faire beaucoup mieux devant le Brésil en finale.

Par ailleurs, dans un stade Azteca bien peu garni, l'Uruguay et l'URSS se livrèrent une rencontre décevante. La Céleste qui avait raflé la Coupe du monde en 1930 et en 1950 ne présentait plus la même image. Au beau jeu technique caractéristique des Sud-Américains avait succédé un football dur, robuste et défensif. La première demie appartenait aux Soviétiques qui étaient souvent bousculés. L'arbitre n'intervenait pas et les Uruguayens en profitaient. En deuxième mi-temps, les Sud-Américains sortirent un peu de leur coquille et de leur territoire mais, peine perdue, c'était toujours 0 à 0 après le temps réglementaire.

Et alors que les prolongations atteignaient leur terme et qu'on allait procéder au tirage au sort pour désigner le gagnant et demi-finaliste, l'attaquant de l'Uruguay, Esparrago, rentré en cours de match, réussit un but fort controversé mais validé par l'arbitre. Malgré cette piètre prestation, la Céleste accédait au carré final.

Pour RFA-Angleterre, à León, ce fut autre chose. Un véritable combat des géants, la revanche de la finale de Wembley quatre ans plus tôt.

Comme pour donner plus de piquant à l'événement, était-ce bien nécessaire, une déclaration inopportune d'Alf Ramsey — il était toujours à la tête de la sélection de Sa Majesté — allait encore ajouter à la mobilisation générale des Germains: «Pourquoi l'Allemagne nous battrait-elle maintenant puisqu'elle ne l'a pas fait sur un terrain en 69 ans ni pendant les guerres que se sont livrées nos deux pays?»

Difficile de donner plus d'armes à son ennemi.

Les Allemands entendaient bien revoir les échelons d'une hiérarchie établie en Angleterre en 66 mais dont ils n'avaient jamais reconnu la valeur. Le duel se disputa encore dans un véritable sauna. Il faisait une chaleur saharienne. Malgré cela, le match fut superbe et se déroula dans le meilleur esprit. Une très grande partie tout à l'honneur des deux équipes qui se donnèrent totalement.

Et c'est probablement sur le banc de touche que la rencontre s'est jouée. L'Angleterre mena 1 à 0 après trente et une minutes. But de Mullery. Elle doubla son capital dès la reprise par Peters.

Les interventions des deux entraîneurs furent alors déterminantes. Helmut Schoen, le patron allemand sortit Libuda et fit rentrer Grabowski. Dès son apparition, ce dernier fit des malheurs sur l'aile droite où le défenseur latéral gauche anglais Cooper semblait vidé, déshydraté. Un peu plus tard, Ramsey, péchant par excès de confiance remplaça Bobby Charlton par Colin Bell. C'est là que Schoen a surclassé son vis-à-vis. Beckenbauer à la soixante-huitième minute a marqué sur un tir croisé au sol. Bonetti, le remplaçant de Gordon Banks malade, se coucha trop tard et le ballon lui passa sous le corps. On peut raisonnablement penser que Banks aurait fait l'arrêt. Finalement, son absence aura fait très mal à l'Angleterre.

Puis, quatorze minutes avant la fin, Uwe Seeler s'élève plus haut que Mullery et réussit à toucher suffisamment au ballon de la tête pour lober un Bonetti impuissant. Et c'est 2 à 2.

La prolongation est mortelle aux Britanniques. Cooper est encore une fois débordé par Jurgen Grabowski qui centre au deuxième poteau. Lohr, de la tête, remet instantanément devant le but pour Gerd Muller toujours à l'affût qui effectue une volée et surprend le pauvre Bonetti étrangement immobile sur sa ligne. L'Allemagne fédérale remporte (3 à 2) un match exténuant et surtout conjure le sort qui l'avait toujours hantée devant la sélection anglaise.

Les deux formations étaient complètement exténuées. Les protagonistes n'avaient plus une once d'énergie et les Allemands, qui poursuivaient en demi-finale, étaient sérieusement hypothéqués par ce duel inhumain.

Le dernier quart de finale entre Sud-Américains — Brésil contre Pérou — à Guadalajara a tenu toutes ses promesses. Le onze péruvien avec Cubillas et Chumpitaz, entre autres, avait prouvé lors du premier tour la valeur de son football nettement offensif et sa capacité à générer des buts. Cependant, devant le Brésil, la naïveté et la grande nervosité de ses défenseurs, sans doute perturbés par l'ampleur de l'événement et la réputation de l'adversaire, coûteront très cher aux hommes du valeureux Didi.

Après 15 minutes, Rivelino de son gauche surpuissant et Tostao avaient donné l'avance aux jaune et bleu et tout semblait facile. Mais avant la mi-temps, Gallardo redonnait un certain espoir aux Péruviens. Peu après la reprise, Tostao replaçait l'écart à deux buts. Encore une fois, à la soixante-dixième minute, Cubillas prouva la grande volonté du Pérou qui ne baissait pas les bras: 3 à 2 Brésil. Finalement, Jairzinho, même malade, mit fin à l'affaire à la soixante-quinzième minute. En l'emportant 4 à 2 sans trop forcer son talent, le Brésil se plaçait en position de grand favori pour la demi-finale.

Vers une finale italo-brésilienne

Les Brésiliens voulaient cette Coupe du monde pour plusieurs raisons. D'abord, le premier pays à gagner trois fois pourrait garder en permanence le précieux trophée. Mais aussi et surtout parce que la carrière de Pelé atteignait son couchant. Il avait 29 ans. Ce sera son quatrième et dernier mondial. Et il avait tellement apporté à cette sélection que nul ne savait ce que serait l'après-Pelé. Et Tostao, victime d'une grave blessure à l'œil, jouait malgré tout depuis plusieurs mois mais on savait qu'il devrait arrêter prématurément. Ils prirent donc les moyens pour arriver à leur fin en se préparant sérieusement. Mais pour exorciser le mauvais sort, ils firent plus.

Au début de ce chapitre, on a parlé de l'importance que les Brésiliens accordaient à la fatalité, au destin. Ils étaient superstitieux. Les joueurs, mais aussi les dirigeants. La veille du premier match de sa sélection, le 3 juin, le président de la Fédération brésilienne de football, Joao Havelange, avait quitté le Mexique pour regagner le Brésil. Bizarre? Oui et non. «J'étais absent en Suède et au Chili et nous fûmes champions. J'étais présent en Angleterre et nos joueurs se firent éliminer.» Pas question, donc, de rester au Mexique. Il faut bien mettre toutes les chances de son côté.

Pelé non plus n'était pas épargné par le phénomène. Pas plus que les joueurs de hockey qui, par exemple, se font ou ne se font pas la barbe au gré des victoires ou des défaites. On pourrait faire toute une étude sur la superstition en milieu sportif.

Dans le cas de Pelé, il faut raconter une anecdote des plus révélatrices. À la suite d'une série d'excellents matchs avec le Football Club de Santos, Pelé, comme cela arrive souvent, avait remis son maillot à un supporteur fou de joie.

Toutefois, pendant les rencontres suivantes, son jeu fut moins brillant. Convaincu alors qu'il lui fallait récupérer le maillot «miraculeux» pour retrouver son lustre, il demanda qu'on le lui apportât. Après une semaine de sérieuses recherches on lui remit finalement l'objet tant convoité. Pelé retrouva instantanément sa touche magique.

Ce qu'il ne sut pas à l'époque, c'est qu'en réalité on n'avait pas recouvré le fameux chandail. On lui avait même remis celui avec lequel il avait évolué pendant sa léthargie.

Comme quoi ça se passe vraiment entre les oreilles.

En tout cas, l'absence de Joao Havelange aux matchs du onze brésilien avait, semble-t-il (!), porté fruit puisqu'il avait atteint la demi-finale et était largement favori pour vaincre l'Uruguay.

On se souvenait encore du douloureux échec de la finale de 1950 devant 220 000 fervents spectateurs au stade Maracana contre, justement, les Uruguayens. Les dirigeants brésiliens avaient dit aux joueurs: «À la limite, on pourrait accepter que vous perdiez la finale. Mais jamais le peuple n'accepterait une autre défaite devant la Céleste.»

Le message était clair. Il fallait absolument venger l'affront de Rio de Janeiro.

Les bleu ciel espéraient, au contraire, que leurs adversaires souffriraient encore du complexe du Maracana. Il n'en fut rien. Le Brésil l'emporta 3 à 1, mais ce ne fut pas facile. Les Uruguayens, comme lors du deuxième tour, jouèrent rudement multipliant les coups défendus devant un arbitre complaisant, M. Mendibil, un Espagnol.

Intimidé au début, Pelé et les siens jouent mal et concèdent même un but à la dix-neuvième minute. Ils mettront presqu'une demi-heure à s'en remettre. Et Clodoaldo, jeune coéquipier de Pelé au Santos, crée l'égalité juste avant la pause. En seconde période, Jairzinho, toujours et toujours, et Rivelino mettront les leurs à l'abri: 3 à 1 et, enfin, la finale de 1950 est exorcisée.

Encore une fois pendant ce match, Pelé accomplit un jeu insolite. À un moment donné, une passe lui est adressée dans l'axe (juste devant le but) à environ 20 mètres. Mazurkiewicz, le grand gardien uruguayen, convaincu que Pelé va capter ce ballon pour le déjouer sort loin de son but. Surprenant le public autant que ses adversaires, le génial attaquant feint d'accepter la passe mais à la dernière seconde laisse le ballon poursuivre sa course et va le reprendre derrière le gardien complètement abasourdi et sorti du jeu. Malheureusement, Pelé croise trop son tir et rate le but mais la foule est éblouie. On a l'impression qu'aucun autre joueur aurait réagi de cette façon. Le geste était sublime et restera un modèle pour illustrer l'importance du jeu sans ballon.

Un duel mémorable

Je me rappelle la demi-finale Italie-RFA comme si c'était tout récent. Jamais je n'avais vu à la télévision un match d'une telle intensité et aussi fertile en renversements de toutes sortes.

C'était 1 à 1 après le temps réglementaire. Or on vit cinq buts en prolongation. Fantastique.

Les puristes ont répété que ce fut une partie farcie d'erreurs surtout pendant la période de surtemps. Pour moi, je me souviens de cet affrontement par les émotions extrêmes qu'il m'a procurées. Un seul but en première mi-temps celui de Boninsegna pour l'Italie.

Valcarreggi, l'entraîneur des bleus profita encore de la pause pour remplacer Sandro Mazzola par Gianni Rivera. Mais les Italiens reculent, se replient, laissent l'initiative aux Allemands, assurés qu'ils peuvent protéger leur mince priorité. Ils y arrivent presque. Ce n'est que dans les «arrêts de jeu» (temps dépassant les 90 minutes réglementaires mais auquel l'arbitre, seul juge, doit ajouter le temps «perdu» lors des blessures, discussions...) que le blond défenseur allemand Schnellinger forcera, grâce à un but on ne peut plus opportun, la tenue d'une période supplémentaire.

Et là, alternativement, les deux formations vont tour à tour prendre les devants. Muller d'abord et c'est 2 à 1 Allemagne. Burgnich atteint la cible pour l'Italie et c'est 2 à 2. Puis Riva marque et les bleus passent devant. Mais Gerd Muller égalise encore.

Enfin, à la cent dixième minute, Rivera, remplaçant de grand luxe donne la victoire à la squadra. Un match totalement fou. Inoubliable. Cinq buts en 16 minutes. Le point tournant de ce duel historique se situe à la fin du temps réglementaire. Lors d'une envolée typique du grand Beckenbauer, gracieuse et puissante en même temps, il est fauché tout juste à l'extérieur de la surface de réparation adverse. Il se relève péniblement. Dislocation de la clavicule. «Kaiser Franz» devra jouer le reste du match et la prolongation avec le bras droit retenu au corps par du ruban gommé. Schoen avait déjà fait les deux changements nouvellement permis et Beckenbauer ne terminera la partie qu'à 20 % de ses énormes possibilités.

L'Italie, qui continuait d'attaquer seulement quand le contexte l'exigeait, a profité pleinement de cet incident. Et, encore une fois, la rentrée de Rivera aura magnifiquement servi les azzurri surtout pendant la prolongation. La squadra rejoignait donc le Brésil en finale.

Pelé ne mourra jamais

Le match final fut à sens unique. En tout cas, en seconde mi-temps, les Brésiliens semblaient seuls tellement ils dominaient. Cent dix mille spectateurs avaient envahi le stade Azteca et goûtaient le spectacle pleinement. Depuis l'élimination de leur équipe nationale, les Mexicains avaient pris partie pour leurs «cousins» du Sud et étaient comblés par le génie des bleu et or. Le roi Pelé écrasa ce match de toute sa classe. À la dix-huitième minute, sur un centre de Rivelino, il s'élève et frappe puissamment de la tête pour battre Albertosi, le gardien de la squadra. Sans trop desserrer leur étreinte défensive, les Italiens se devaient maintenant d'attaquer, de prendre des risques. Mais c'est une erreur de Clodoaldo qui leur ouvrit la porte dans laquelle Boninsegna s'engagea pour battre une défense toujours un peu fébrile. C'était 1 à 1.

Lors d'un voyage à Rome deux ans plus tard, Pelé se rappelait ce moment précis et révéla que l'attitude des Italiens l'étonna au plus haut point: «Nous étions vulnérables et perturbés après le but de Boninsegna. Mais au lieu de nous assiéger, les Italiens reculèrent de nouveau se contenter de jouer la contre-attaque. Cette décision nous facilita les choses.»

Les Cariocas reprirent alors l'initiative et purent développer leur jeu malgré les fautes nombreuses des défenseurs de la squadra et particulièrement Bertini. Et en vingt minutes, les Brésiliens marqueront trois fois. D'abord par Gerson, d'un tir foudroyant du gauche, et par Jairzinho — qui devint le premier à marquer un but dans chacun des matchs d'une phase finale — sur une passe de la tête de Pelé. Enfin Carlos Alberto, placé sur orbite par Pelé, expédia dans le but d'Albertosi une frappe terrible en pleine foulée. Les Brésiliens enlevaient le match et le titre mondial par 4 buts à 1.

C'était le triomphe du football offensif, du football spectacle sur un jeu fermé et sans ambition. Rivera, toujours remplaçant, n'était rentré qu'en fin de match. Valcarreggi a dû répondre de ses décisions devant le tribunal des «tifosi» (supporteurs) à son retour au pays.

La joie des Brésiliens et des Mexicains explosait partout. Mexico et Rio se confondaient.

C'était la troisième Coupe du monde du Brésil — qui gardera le trophée Jules Rimet pour toujours — mais c'était aussi la troisième de Pelé. Le plus grand joueur de l'histoire, le seul à avoir remporté trois fois le titre le plus convoité avait montré son immense talent. Tous les ballons qu'il avait touchés avaient illuminé le jeu. Et toute son équipe avait réussi un tournoi remarquable.

Pendant cette compétition, les Sud-Américains avaient montré qu'ils étaient les impressionnistes de l'art footballistique. Ils procédaient par petites touches et leur jeu était tout en douceur et en technique. Les autres, les Européens surtout, construisaient par larges traits, passes plus longues et comptaient avant tout sur leur engagement physique et leur «science» tactique. Depuis 1958, le Brésil, prenant la relève de la Hongrie, avait apporté au monde du football une conception du jeu basée sur le plaisir de jouer et de marquer des buts. Ce furent des années lumière puisque par la suite la moyenne de buts par match ne retrouvera pas le niveau de 1970.

Le Brésil non plus ne revivra plus de telles joies. Pelé poursuivra avec le FC Santos avant de signer avec le Cosmos de New York de la Ligue nord-américaine de soccer où il se retirera définitivement en 1977. Mais qui oubliera un tel athlète?

Quelques notes sur Pelé

- 1281 buts en 1363 matchs (environ le double de son plus proche concurrent).
- 1 fois 8 buts (le 21/11/64; Santos contre Botafogo: 11 à 0).
- 5 fois 5 buts.
- 31 fois 4 buts.
- 89 fois 3 buts.
- 186 fois 2 buts.

À 17 ans, avant sa première Coupe du monde, il avait marqué quatre-vingt-six buts en quatre-vingt-treize rencontres avec le Football Club de Santos.

- Il a visité, en jouant, quatre-vingt-huit pays, rencontré dix rois, cinq empereurs, soixante-dix présidents et quarante autres chefs d'État parmi lesquels deux papes.
- Au Nigeria, pendant la guerre du Biafra, il y eut pendant deux jours une suspension des hostilités pour permettre aux combattants des deux camps de le voir jouer.
- En Colombie, Pelé fut exclu du jeu pour avoir discuté une décision. La foule envahit le terrain et la police intervint pour protéger cet arbitre. Il fut remplacé par un juge de touche et Pelé se vit contraint de revenir au jeu pour éviter le pire. Événement unique dans la longue histoire du football.
- En 1978 son nom était cité dans plus de quatre-vingt-dix chansons de différents pays.

Chapitre 10

1974 République fédérale d'Allemagne

LA RFA DE BECKENBAUER, LA HOLLANDE DE CRUYFF

«Je jouais à l'Étoile rouge de Belgrade. Je me rappelle
des moments d'entente parfaite et absolue pendant le jeu,
des moments où je croyais à la transmission de pensées,
aux liens secrets qui nous unissaient.»
DUSAN SAVIC, ex-international yougoslave

C'est l'Allemagne fédérale qui mit en scène cette dixième
Coupe du monde. La décision avait été prise dès 1964 et elle
s'inscrivait dans la logique des choses.

En effet, en plus d'être une des grandes puissances européennes avec ses 61 millions d'habitants, la RFA avait, durant
les phases finales du mondial, empilé des statistiques impressionnantes: championne en 1954; finaliste en 1966 et demi-
finaliste en 1934, 1958 et 1970; et une fiche globale de vingt et
un gains, cinq matchs nuls et huit défaites lors de trente-quatre
rencontres. Ces résultats plaçaient les Allemands juste derrière
les Brésiliens en deuxième place du classement général des pays
avant le tour final de 1974.

167

Toutes les raisons étaient donc réunies pour que ce tournoi soit une grande fête du football.

Rassurés par la victoire des leurs lors du championnat d'Europe des nations de 1972, les Allemands de l'Ouest pouvaient rêver à une seconde conquête de la coupe qui avait maintenant changé de nom. Le trophée Jules Rimet avait été remis en permanence au Brésil après son troisième triomphe en 70. Dorénavant, on parlera de la Coupe du monde de la FIFA.

Et pour la deuxième fois consécutive, la compétition se déroulait dans la ville, le pays qui avait accueilli les Jeux olympiques précédents. En 1968, le Mexique, deux ans avant le dernier mondial, avait reçu les Jeux qui avaient alors été précédés de manifestations étudiantes durement réprimées par les autorités. Cette colère découlait des graves problèmes sociaux du pays.

En Allemagne fédérale, la violence allait frapper encore plus sèchement. De jeunes athlètes étaient sauvagement abattus au village olympique de Munich en 72. Point n'est besoin alors de s'attarder à toutes les mesures de sécurité qui seront prises, cet été 74, pour éviter les écueils disséminés à ce moment-là dans une mer d'agitation sociale et de contestation politique.

Football total, changement radical

La Coupe du monde de 70 avait été marquée par les Brésiliens. Ils la dominèrent complètement beaucoup plus par leur exceptionnelle habileté technique que par leur système de jeu dont on avait assez peu parlé par la suite. Certaines formations avaient alors évolué en 4-3-3, d'autres en 4-2-4. Mais ce qu'on avait retenu, avant tout, c'était les grandes vedettes cariocas: Pelé, Tostao, Jairzinho, Rivelino, Gerson...

1974 allait apporter un changement certain dans la conception du jeu. Il importe de s'y arrêter parce que cette innovation est encore populaire de nos jours.

Le «football total», c'est son nom, va profondément imprégner cette Coupe du monde. Il originait de Hollande où le grand club Ajax d'Amsterdam le pratiquait depuis 1965 avec l'entraîneur Rinus Michels et, plus tard, de 71 à 73, avec un autre technicien, le Roumain Stefan Kovacs.

«Tout le monde attaque, tout le monde défend.» C'est ainsi qu'on a défini un peu simplement cette nouvelle philosophie du jeu. Bien qu'elle ne soit pas fausse, cette description est loin d'être complète et peut même donner l'impression du plus grand désordre.

En réalité, le football total coupait avec la tradition par les aspects collectif et physique du soccer. On sortait d'une longue phase où les joueurs étaient spécialisés: ailiers de débordement strictement consacrés à l'attaque, défenseurs exclusivement défensifs...

Rinus Michels dirigeait l'Ajax avec une main de fer, un peu comme Mike Keenan, entraîneur des Rangers de New York de la Ligue nationale de hockey, à la manière des sergents-majors dans une armée. Mais c'est au plan tactique que Michels a apporté une contribution révolutionnaire: «Je cherchais à produire un football où les dix joueurs de champ exerceraient une pression constante vers l'avant même quand nous n'avions pas le ballon. Si nous l'avions perdu, tous pousseraient vers l'avant pour tenter de le reprendre le plus haut possible, le plus vite possible.»

Il parlait de «football de harcèlement». Les journalistes, de «football total». Michels n'était pas d'accord avec ce terme trop médiatique à son goût et qui ne définissait pas vraiment sa pensée. Pour lui c'était le football authentique. Il l'appelait «Pressing football», ce qui correspondait parfaitement à la réalité. Mais tout le monde s'est mis à parler du football total.

Pour réussir à appliquer sa théorie, Rinus Michels avait besoin de joueurs de très haut niveau technique, supérieurs en intelligence du jeu et, physiquement, de véritables athlètes de fond.

Et ça, il y voyait lors des entraînements où ses exigences atteignaient souvent les limites acceptables de l'endurance. Stefan Kovacs, l'entraîneur qui avait succédé à Michels avec l'Ajax poursuivit dans la même veine. Pour lui aussi, le football total était la solution: «Ce qui compte maintenant, ce ne sont plus les systèmes de jeu du type 4-3-3 ou 4-2-4. Ce qui est important, c'est l'attitude de l'équipe en telle ou telle circonstance. Elle peut à certains moments avoir huit défenseurs et, à d'autres, six attaquants. L'état d'esprit véhiculé par le football total, c'est une volonté de chacun de se mettre au travail sans tricher; c'est la répartition de l'effort entre tous les joueurs de façon qu'il n'y ait pas, sur le terrain, des spectateurs et des travailleurs. C'est la figure du football moderne».

Grâce à cette solidarité indéfectible issue du football hollandais, la responsabilité de tous était en jeu autant en phase offensive que défensive.

C'est avec ces atouts et le talent extraordinaire de Johan Cruyff surtout mais aussi de Neeskens, Krol, Rijsbergen, Rep et les autres que Rinus Michels — revenu à la direction de la sélection des Pays-Bas (Hollande) juste avant cette phase finale de 1974 — allait pouvoir tester jusqu'où il pouvait «monter» en pratiquant son football de harcèlement ou football absolu, puisqu'il exigeait presque la perfection.

Mais revenons tout d'abord à nos ballons, ceux qui roulèrent partout dans le monde alors que quatre-vingt-dix pays tentèrent d'obtenir une place en Allemagne fédérale.

Le Canada avec ses tripes

Treize pays de la région CONCACAF s'étaient donné rendez-vous pour tenter d'obtenir la seule place qui leur était réservée comme membres de la Confédération de football de l'Amérique du Nord, d'Amérique centrale et des Caraïbes. Le Canada y était dans un premier tour avec le Mexique et les États-Unis, un groupe qu'il fallait dominer pour pousser l'aventure plus loin.

Mais les moyens étaient tellement limités... Lorsque Frank Pike fut nommé entraîneur des rouges en 1971, il eut peu de temps pour sélectionner et préparer sa formation. La sélection canadienne n'avait pas disputé de rencontre internationale depuis 1968 lors des dernières qualifications pour la Coupe du monde de 1970. Il fallait donc revenir à la case départ.

Malgré ces graves lacunes, les Canadiens amorceront encore positivement cette compétition en battant les États-Unis à Terre-Neuve le 20 août 1972. Quatre jours plus tard, toutefois, le Mexique disposait du Canada 1 à 0 à Toronto. Et là, tout devenait plus difficile. Un match nul à Baltimore (2 à 2) contre la sélection américaine et une autre défaite au Mexique (2 à 1) et le Canada était définitivement écarté de l'Allemagne de l'Ouest.

Les joueurs canadiens qui avaient participé à cette brève ronde de qualification étaient les suivants. Gardien: Howard; défenseurs: Sam Lenarduzzi, Grant, Twamley, Ellet; milieux: Douglas, Lecce, Young, MacKay, Robinson; attaquants: Johnson, Parsons, Schiraldi; entraîneur: Frank Pike.

Mais dès la fin de l'été et à l'automne de 73, une série de matchs internationaux seront enfin organisés pour permettre aux jeunes Canadiens de se familiariser, de se bonifier, en affrontant d'excellentes équipes nationales. Entre autres, à Toronto le 1er août de cette année-là, le Canada fit face à la Pologne qui avait décroché la médaille d'or aux Jeux olympiques de 72. On s'attendait à un véritable cataclysme puisque les Polonais comptaient sur un effectif très relevé avec les Deyna, Gadocha, Gorgon... qui avaient assuré le succès olympique.

Rappelons aussi que les sélections nationales des pays de l'Europe de l'Est regroupaient des joueurs qui avaient le statut amateur leur permettant d'évoluer aux Jeux olympiques mais qu'en réalité ils faisaient du football leur seule activité «professionnelle».

Devant 18 524 spectateurs, le Canada réussit un match fantastique contre les Polonais et marqua même le premier but grâce à Gary Aubert de Winnipeg qui en était à sa première rencontre internationale. Après le repos, la Pologne revint plus forte et égalisa à la cinquante-troisième minute pour s'envoler avec la victoire vers la toute fin avec deux autres buts. Cette partie marqua une étape importante pour le soccer d'ici. Les Canadiens s'étaient prouvés à eux-mêmes qu'ils étaient en mesure de rivaliser avec les meilleurs. D'ailleurs ces Polonais réussiront un tournoi mondial exceptionnel en Allemagne fédérale l'été suivant.

171

Finalement, à la surprise générale c'est Haïti qui obtiendra son droit de passage pour la phase finale allemande. Le tournoi final de la zone CONCACAF se déroula à Port-au-Prince (Haïti); six pays y participèrent et complétèrent l'épreuve dans l'ordre suivant: Haïti, Trinidad, Mexique, Honduras, Guatemala et Antilles néerlandaises.

L'URSS éliminée pour refus de jouer

Pour les qualifications européennes, on avait identifié huit têtes de série que l'on placerait dans autant de groupes. En tout neuf poules furent formées. Devenaient têtes de série les huit pays qui avaient participé à la dernière phase finale au Mexique.

La Suède, l'Italie, la Belgique, la Roumanie, l'Angleterre, la Bulgarie, la Tchécoslovaquie et l'URSS étaient donc, au départ, protégées puisqu'elles n'avaient pas à s'affronter.

Malgré toutes ces attentions, seules la Suède, l'Italie et la Bulgarie se dénicheront une place en Allemagne fédérale au terme des matchs éliminatoires. Parmi les échecs, ceux de l'Angleterre et de la Tchécoslovaquie doivent être soulignés. Depuis 1950, date de leur première participation, les Anglais avaient toujours passé l'examen des qualifications. Mais là, c'est la Pologne qui leur a infligé ce camouflet en obtenant le match nul à Londres lors de leur toute dernière rencontre le 17 octobre 1973.

Le cas de l'URSS était vraiment particulier. Il avait été prévu que le gagnant du groupe 9 européen devrait disputer deux matchs d'appui (aller-retour) au vainqueur du groupe 3 d'Amérique du Sud. Évidemment, seul le gagnant accéderait à la phase finale.

En enlevant trois des quatre rencontres — deux contre l'Eire (république d'Irlande) et une face à la France —, les Soviétiques finissaient premiers de ce groupe 9. Et c'est contre le Chili qu'il faudra jouer les barrages. Le premier match à Moscou, le 26 septembre se termine 0 à 0. Mais le match retour n'eut jamais lieu.

Les autorités chiliennes décidèrent que le match décisif serait joué dans le stade Nacional de Santiago. Pas question pour l'URSS de se présenter dans ce lieu sinistre. Quelques jours auparavant, en effet, à la suite du coup d'État du général Pinochet contre le président élu Salvador Allende, ce stade avait servi de prison et même de morgue pour nombre de personnes jugées «indésirables» par le nouveau régime. Devant le refus de l'URSS, la FIFA qualifia le Chili sans autre forme de procès.

Enfin, parmi les autres promus européens, la Hollande avait remporté son groupe d'extrême justesse devant la Belgique. Les Belges dirigés par Raymond Goethals — entraîneur de l'Olympique de Marseille de 91 à 93 — avaient obtenu la même fiche que les Hollandais: quatre victoires et deux matchs nuls contre la Hollande justement. Ce n'est qu'à la différence de buts que le vainqueur fut déterminé. Dure, dure, l'élimination de la Belgique sans perdre un match.

La Pologne, donc, vainqueur de l'Angleterre, l'Écosse — seule représentante des îles britanniques — la Yougoslavie et la RDA complétaient le tableau européen des finalistes avec la RFA bien sûr qualifiée comme pays organisateur.

L'Afrique enverra en phase finale le Zaïre qui a résisté à vingt et un autres candidats.

L'Asie-Océanie verra l'Australie triompher au tour final de l'Iran et de la Corée du Sud.

Enfin pour l'Amérique du Sud, en plus du Chili qualifié dans les conditions que l'on sait, l'Argentine et l'Uruguay reviennent encore au grand rendez-vous mondial. Le Brésil, champion en titre, complète le tableau des seize finalistes.

Des changements significatifs

Quelques jours avant le début de ce dixième tournoi de la Coupe du monde, M. Joao Havelange, président de la Fédération brésilienne de football succédait à Sir Stanley Rous à la tête de la FIFA. Sir Stanley avait connu un règne de treize ans. L'avocat de Rio, pour sa part, Joao Havelange, dirige encore aujourd'hui les destinées de la Fédération internationale.

Un autre changement important fut apporté. Cela touchait cette fois aux règlements de la compétition. Pour éviter les faux pas aux grandes sélections et aussi pour accroître les revenus, on décida de modifier le mode de fonctionnement de la façon suivante. Les seize pays étaient toujours regroupés en quatre poules de quatre membres, comme le voulait la tradition, chacun évoluant une fois contre ses partenaires du groupe. Les deux premiers de chaque peloton accédaient à la seconde étape. C'est là qu'intervenait la nouvelle décision. Au lieu de poursuivre selon la formule «mort subite» (*sudden death*) comme lors des dernières éditions, on reformera deux poules de quatre pays qui disputeront encore trois matchs, un contre chacun des opposants du groupe.

Chacun des adversaires sera identifié à l'avance, à savoir: groupe A: vainqueur du groupe 1, deuxième du groupe 2; vainqueur du groupe 3, deuxième du groupe 4; groupe B: deuxième du groupe 1, vainqueur du groupe 2; deuxième du groupe 3, vainqueur du groupe 4.

Les vainqueurs de chaque groupe s'affronteront alors dans un seul match, en grande finale. Les seconds joueront la petite finale pour la troisième place.

Le duel des deux Allemagnes

Groupe 1: Australie, Chili, République démocratique allemande et république fédérale d'Allemagne.

Le tirage au sort du 5 janvier à Francfort avait eu pour effet de loger les deux Allemagnes dans le même lot. Si les Allemands de l'Est excellaient dans plusieurs sports, on savait la RFA supérieure en matière de football. Elle était d'ailleurs favorite pour décrocher cette Coupe du monde. Mais jamais les deux pays ne s'étaient affrontés. Le temps était venu.

La partie fut historique pour des raisons politiques beaucoup plus que sportives.

Et le 22 juin, à Hambourg, la RDA causa une énorme surprise en battant sa rivale par 1 but à 0. Juergen Sparwasser, le buteur, passa de l'anonymat à la célébrité en un jour. D'une certaine façon ce troisième match n'avait qu'une importance relative parce que les deux Allemagnes, à ce stade de la compétition, étaient déjà assurées des deux premières places qualificatives.

Seul le premier rang était en jeu. Mais, était-ce vraiment un avantage de terminer en tête du groupe puisque le vainqueur risquait par la suite de rencontrer le Brésil ou la Hollande dans la poule A? Beckenbauer et les siens ont-ils fait un certain calcul pour éviter ces deux Goliath? On peut le penser. Tout comme on peut croire que l'équipe de la Ligue nationale de hockey qui «a la chance» de finir dernière au classement général perd «volontairement» ses derniers matchs pour obtenir le premier choix au repêchage des joueurs amateurs.

Lors de ses deux premières rencontres, la RFA avait d'abord pris la mesure du Chili: 1 à 0. But de Paul Breitner d'un tir puissant de 25 mètres. Breitner, c'était «le maoïste» qui se baladait en Ferrari. Ce qui ne l'empêchait pas de tenir un langage d'extrême gauche dans un milieu très conservateur. Il ne se gênait pas pour utiliser cette tribune que lui fournissaient le sport professionnel et la sélection nationale. Ses interventions faisaient tiquer l'establishment de la Fédération allemande. Mais c'était un sacré joueur dont le sélectionneur Helmut Schoen pouvait difficilement se passer.

Contre l'Australie, la République fédérale fit encore mieux en comptant trois buts, Overath, Cullmann et Muller sans en concéder un seul.

La RDA, d'autre part, disposa aussi de l'Australie 2 à 0. Mais devant le Chili, les Allemands de l'Est n'obtinrent qu'un résultat nul 1 à 1. Enfin, l'Australie et le Chili se neutralisèrent en faisant un match nul de 0 à 0 et furent éliminés dès le premier tour. Les Australiens, représentants de l'Océanie et de l'Asie, à leur première expérience en phase finale, ne marquèrent aucun but mais ne se firent jamais déclasser.

Le Brésil ne fait plus rêver

Groupe 2: Brésil, Écosse, Yougoslavie, Zaïre.

Brésil 0 Yougoslavie 0. Brésil 0 Écosse 0. Décidément, les deux premiers affrontements des champions en titre laissaient voir un Brésil bien différent de celui de 1970 qui avait fait le bonheur des Mexicains et du monde entier. Du style brillant, offensif, spectaculaire, il ne restait que peu de choses. Mario Zagalo était toujours à la tête de la sélection brésilienne. Comme joueur, il avait participé à la conquête des deux premières Coupe du monde de son pays en 1958 et 1962. Il remporta la troisième en 1970 comme entraîneur.

Mais en 1974, le contexte n'était plus le même. La génération merveilleuse des Pelé, Tostao, Gerson, Carlos Alberto... avait passé la main.

Pourtant, Pelé n'avait que 33 ans cet été-là et il jouait toujours pour le Football Club de Santos. Mais il avait décidé de quitter définitivement la sélection nationale le 18 juillet 1971 au stade Maracana de Rio devant 180 000 supporteurs qui l'imploraient de poursuivre: «Fica! Fica!» (Reste! Reste!). On comprenait mal sa décision. En effet, plusieurs raisons militaient pour son retour avec l'équipe de Zagalo.

D'abord, Pelé continuait de marquer des buts. En 1974, le fabuleux numéro 10 comptait dix-neuf fois en quarante-cinq matchs. En 1975, alors qu'il était passé au Cosmos de New York de la Ligue nord-américaine de soccer, il marqua quinze fois en vingt-trois matchs. L'année suivante, vingt-six buts en quarante-quatre parties. S'il avait un peu moins de réussite qu'avant, ses ouvertures étaient toujours aussi lumineuses et il avait même ajouté, par sa vaste expérience, à son intelligence du jeu.

Pelé comptait alors cent huit sélections en équipe nationale, soit deux de moins que Djalma Santos, détenteur du record absolu. N'était-il pas intéressé à dépasser ce cap? Enfin, Edson Arentes Do Nascimento avait déjà gagné trois fois la Coupe du monde — plus que tout autre joueur — et participé à quatre phases finales. Il pouvait donc, encore là, améliorer ce palmarès déjà exceptionnel.

Voilà pourquoi plusieurs dirigeants du football brésilien insistaient pour qu'il revienne avec la seleccao qui manquait justement de génie offensif. Mais rien n'y fit.

Il faut comprendre, par ailleurs, que le jeune Dico avait débuté chez les professionnels à 16 ans. L'usure normale du corps et les nombreux coups absorbés l'aidèrent sans doute à prendre sa décision. Pelé réalisait aussi qu'il ne faisait plus l'unanimité dans le pays. Une certaine presse lui reprochait d'avoir été particulièrement exigeant lors des dernières négociations avec le FC Santos. Or, à ce genre de critiques, il avait toujours répondu que le club avait tiré de lui beaucoup plus que ce qu'il n'aurait jamais pu en recevoir. Il est vrai que Santos avait fait des tournées mondiales qui avait rapporté au club sans doute des primes énormes. Et sans la présence du meilleur joueur au monde, ce moyen de financement important n'aurait probablement même pas existé.

Il est vraisemblable aussi de penser que Pelé avait bien senti le vent tourner. Le football se dirigeait maintenant dans une autre direction. Il fallait de plus en plus défendre d'abord, ne pas perdre, jouer derrière et se contenter d'attendre les occasions. Toutes choses que le roi de l'attaque ne pouvait absolument pas endosser.

Avec le recul, on peut penser que Pelé aurait apporté une contribution sensible à la sélection brésilienne en Allemagne de l'Ouest. Mais il faut aussi respecter les options de l'homme qui a une vision différente des choses.

Finalement, il sera invité d'honneur aux cérémonies d'ouverture le 13 juin à Francfort et jouera le rôle de commentateur pour une station de télévision de son pays. La presse brésilienne lui reprochera cette incursion. Les journalistes se sentaient menacés par la venue dans leur pâturage d'un individu, fût-il Pelé, qui n'avait pas de formation professionnelle.

Dans ce groupe 2 donc, le Brésil, après ses deux matchs nuls sans aucun but et sans beaucoup d'intérêt, avait vaincu le modeste Zaïre, lors de sa troisième partie. La marque de 3 à 0 contre les représentants africains n'était guère rassurante pour les Cariocas. Très naïfs en défense, les Zaïrois avaient montré de belles qualités offensives et avaient plu aux spectateurs.

Avec ses quatre points, le Brésil se qualifiait pour le second tour en emballant la deuxième place de cette poule. C'est la Yougoslavie, grâce à sa très nette victoire de 9 à 0 sur le Zaïre

— le plus grand écart de l'histoire à ce moment-là —, qui accaparera la première position.

En fait, la Yougoslavie, le Brésil et l'Écosse avaient tous trois battu le premier pays d'Afrique noire présent au tournoi final de la Coupe du monde. Et ces trois pays avaient fait match nul entre eux. Chacun avait donc quatre points. La différence de buts départagea les équipes et provoqua l'élimination de l'Écosse qui n'avait passé que deux buts aux Zaïrois.

Une marée de tulipes orange

Groupe 3: Bulgarie, Hollande, Suède et Uruguay.

Pour plusieurs raisons, la Hollande devait être considérée comme un aspirant sérieux à ce Weltmeisterschaft (championnat du monde).

D'abord, les succès du grand club d'Amsterdam, l'Ajax, gagnant de la Coupe d'Europe des clubs champions en 1971, 1972 et 1973, annonçaient déjà la couleur. Et puis, les Hollandais avaient établi et intégré un nouveau style de jeu qui risquait de provoquer la chute de plusieurs adversaires.

Mais si les Bataves étaient vus comme une menace à l'hégémonie des grandes nations c'est aussi, c'est surtout parce que la sélection orange (couleur des maillots) pouvait compter sur des joueurs très doués et particulièrement sur un leader exceptionnel qui a dominé le football de cette époque, Johann Cruyff.

Johann, un enfant des banlieues d'Amsterdam, manifesta très tôt des dons étonnants pour le ballon rond. À 17 ans, il était titulaire dans le plus grand club des Pays-Bas, l'Ajax d'Amsterdam. Il y remporta six championnats nationaux, trois Coupes d'Europe des clubs champions et une Coupe intercontinentale — sorte de coupe du monde des clubs.

En 1973 et pour un transfert qui lui rapporta 1 000 000 $ à la signature, il passa au FC Barcelone qu'il mena au championnat d'Espagne cette année-là. Même en Amérique du Nord, on ne parlait pas beaucoup, il y a vingt ans, de telles sommes.

Au plan individuel, Cruyff fut élu meilleur joueur européen (Ballon d'or) en 71, 73 et 74. Seuls Michel Platini, le plus grand joueur français de l'histoire, et Marco Van Basten, concitoyen de Johann, ont mérité cet honneur trois fois depuis.

Dans toutes les formations où il a évolué, «le lévrier» — surnom qui lui convenait à la perfection — endossa le maillot numéro 14. Étrange. Pas évident, parce que tous les grands joueurs offensifs souhaitaient porter le numéro 10 comme Pelé, Puskas, Sivori et, plus tard, Platini et Maradona. C'était la mode. Cruyff tenait à se singulariser montrant par là une personnalité affirmée.

En pleine action aussi, il était très différent. Ses atouts, accélérations foudroyantes, technique hors pair et vision prodigieuse du jeu, suscitèrent les comparaisons avec Pelé. C'est vrai que tout comme «l'unique», il exploitait la surprise constamment. On ne savait jamais ce qu'il allait créer balle au pied. Mais c'est plutôt avec Di Stefano — qui était d'ailleurs l'idole de Cruyff — que le parallèle doit s'établir. Les deux étaient des joueurs complets, capables d'être aussi efficaces en défense qu'en attaque.

Cruyff n'aura participé qu'à une seule phase finale de Coupe du monde. En 1970, les jeunes Hollandais étaient un peu «verts» et en 78, il décida de ne pas s'engager avec la sélection batave. À 31 ans, il mettait un terme à sa carrière internationale, mais il continua d'évoluer en Espagne avant de venir en Amérique du Nord où il joua à Los Angeles, avec les Aztecs, et finalement à Washington sous les couleurs des Diplomats. Au début des années 80, les affaires de Cruyff avaient périclité et les contrats lucratifs offerts aux USA l'incitèrent à prolonger sa vie de footballeur jusqu'à l'âge de 34 ans, ce qu'il n'avait pas prévu. Mais ce fut tant mieux pour nous qui l'avons vu jouer au stade olympique contre le Manic de Montréal.

C'était le 18 août 1981. Washington visitait le Manic et 50 755 spectateurs assistaient à la rencontre. Après ce match, je me rappellerai toujours la remarque de mon ami et collègue journaliste Jean Trudelle qui m'avait dit: «À un moment précis de la partie, Cruyff, balle au pied, semblait n'avoir aucune

179

option de jeu. Ses équipiers étaient marqués, les espaces libres inexistants. C'est alors qu'il effectua une passe absolument brillante qui créa une ouverture que personne n'avait vue.» Le génie, c'est beaucoup cette capacité de faire jaillir l'étincelle qui dynamise le jeu. Très, très peu de joueurs sont capables de telles prouesses.

Cruyff et les siens accomplirent un parcours exemplaire lors de la première ronde de ce mondial allemand. Des victoires de 2 à 0 sur l'Uruguay — deux buts de Johnny Rep qui réalisera une belle carrière en France par la suite — et de 4 à 1 face à la Bulgarie grâce à Neeskens, deux fois, Rep et De Jong. Contre la toujours solide Suède, les orange ne firent que match nul 0 à 0.

Avec six buts en trois parties, les Bataves terminèrent en tête du groupe avec cinq points. La majorité des buts hollandais couronnaient des actions collectives où Cruyff offrait la passe décisive, millimétrée.

Les Suédois, admirables Vikings venus d'un pays où, comme ici, on ne joue pas l'hiver, triomphèrent de l'Uruguay 3 à 0 et obtinrent le nul 1 à 1 contre la Bulgarie. Ralph Edstroem, un excellent jeune attaquant de 22 ans, marqua deux des trois buts contre des Uruguayens qui seront éliminés en pratiquant un football lent, complètement dépassé.

La Bulgarie, pour sa part, sortie aussi lors du premier tour, était limitée par un jeu certes méthodique mais sans grande imagination.

Un jeune Haïtien fait trembler l'Italie

Groupe 4: Argentine, Haïti, Italie et Pologne.

L'Allemagne fédérale avait mis à la disposition de la FIFA, pour cette phase finale, neuf stades spacieux et neufs ou entièrement rénovés. Jamais la Coupe du monde n'avait connu de tels joyaux:

L'Olympiastadion	à Berlin	87 754 places
L'Olympiastadion	à Munich	75 334 places
Le Neckarstadion	à Stuttgart	73 058 places

Le Parkstadion	à Gelsenkirchen	69 971 places
Le Rheinstadion	à Düsseldorf	67 861 places
Le Waldstadion	à Francfort	61 942 places
Le Volksparkstadion	à Hambourg	60 341 places
Le Nierdersachsenstadion	à Hanovre	60 050 places
Le Westfalenstadion	à Dortmund	53 790 places

Pour le groupe 4, tout se passa à Munich et à Stuttgart. Et c'est à la Pologne qu'il faut ici rendre hommage. Rappelons-nous que cette république d'Europe centrale avait déjà éliminé la puissante Angleterre lors des qualifications. De plus, en 1972, aux Jeux olympiques, dans le même stade de Munich, les Polonais s'étaient appropriés la médaille d'or. Il arrivaient donc en 74 avec des lettres de créance impressionnantes.

La Pologne fut le seul pays à gagner ses trois matchs lors du premier tour: 3 à 2 contre l'Argentine, dont deux buts de Grzegorz Lato et un de Andrzej Szarmach; 7 à 0 devant Haïti, dont c'était la toute première participation à une phase finale — Szarmach, trois buts, et Lato, deux, manifestaient déjà leur talent de finisseurs —; enfin, 2 à 1 sur l'Italie avec Szarmach et Deyna comme marqueurs. Le seul but italien fut réussi par Fabio Capello, actuel entraîneur chef du Milan AC.

L'Argentine, avec une victoire de 4 à 1 sur Haïti et un nul de 1 à 1 devant l'Italie, rejoindra la Pologne au tour suivant. Les Italiens seront éliminés par la différence d'un seul but favorable aux Argentins. C'est, en fait, dans le premier match que tout s'est joué pour la squadra azzurra. Cette partie, beaucoup d'Haïtiens s'en souviennent encore. La marque était vierge à la mi-temps. Mais dès le retour, le jeune et superbe attaquant Emmanuel Sanon battait la défense italienne et déjouait Dino Zoff, le gardien. À ce moment-là, un grand frisson secoua la péninsule. En effet, qui avait oublié le catastrophique échec des azzurri contre la Corée du Nord en 1966?

Ce but de Manu Sanon entrait dans l'histoire pour deux raisons. C'était le premier filet d'Haïti au tour final d'une Coupe du monde. Mais, Dino Zoff, le portier italien qui entreprenait alors une magnifique épopée avec la sélection nationale, venait de connaître une longue période sans accorder de but. En fait,

1143 minutes — l'équivalent de douze matchs et demi — s'étaient écoulées depuis la dernière fois qu'il avait été battu. Manu Sanon stoppa cette séquence d'invincibilité qui constituait alors un record du monde.

Les Italiens, cette fois, réagiront promptement, et toucheront la cible trois fois pour disposer des Haïtiens par 3 buts à 1.

Certes la petite république des Caraïbes était éliminée, mais ses habitants avaient longtemps vibré sous les exploits de Sanon qui marquera une deuxième fois contre l'Argentine. À la suite de ses exploits, il sera invité en Belgique par le club Beerschot d'Anvers qu'il mènera à la victoire en coupe nationale en 1979.

Pour les Italiens, cette élimination dès le premier tour sera jugée aussi sévèrement que celle de 1966. Et les joueurs devront de nouveau rentrer au pays par des moyens détournés pour éviter la fureur des tifosi.

Mais surtout, le catenaccio aura montré encore une fois ses limites. Au moment où les Hollandais font la promotion d'un football vivant, ouvert, où l'on doit tenter des choses, le calcio s'enlise dans un jeu fermé, dépassé où, sans prendre de risques, on attend l'adversaire espérant marquer lors d'une contre-attaque incisive.

Déjà en 70, le Brésil avait infligé une terrible leçon aux Italiens lors du match final. Il semble bien que ça n'a rien changé au pays du football attentiste qui rime avec triste.

Les Hollandais passent la vitesse supérieure

Groupe A: Argentine, Brésil, Hollande, République démocratique allemande.

Tel que prévu, les huit dernières formations avaient été réparties en deux groupes de quatre. Chaque pays devait affronter une fois ses adversaires de poule et les deux grands vainqueurs de groupe disputeront la finale en un seul match.

Les Hollandais poursuivirent là où ils avaient laissé en accumulant les victoires et en jouant un football inspiré et mobile. Cruyff, le magnifique, dirigeait toujours les manœuvres. Il avait haussé son niveau de jeu d'un cran.

Les Bataves entament joyeusement ce second tour en foudroyant l'Argentine 4 à 0. Cruyff, qui n'avait pas compté lors des premières rencontres, s'y met maintenant. Son premier but contre les Argentins est sublime. Il fait un appel de balle magistral et déjoue habilement le gardien Carnevali. Et il continue aussi à distribuer les «caviars». Ses centres, ses passes sont de tels bijoux qu'ils appellent le mouvement de ses coéquipiers. Lancer un joueur dans les espaces, c'est ça. Puis, la sélection orange passe la RDA 2 à 0, les réalisateurs étant Neeskens et Rensenbrink. Le Brésil est également distancé par le même score. Neeskens a marqué de nouveau sur une passe de Cruyff et le «lévrier» lui-même réussit le second.

Malheureusement, le Brésil de Dortmund, ce jour-là, est brutal. Il a perdu son âme. Péniblement, il arrivera à décrocher la deuxième place après de courtes victoires sur la RDA 1 à 0 et sur l'Argentine 2 à 1. Les plombiers de 74 ont remplacé les artistes de 70. Comme quoi l'évolution n'est pas toujours un progrès. Cette deuxième position donne accès à la finale consolation.

Les Hollandais sereins et confiants n'attendront pas longtemps avant de savoir que c'est l'Allemagne de Beckenbauer qui les affrontera en grande finale.

Beckenbauer fait le ménage

Groupe B: Pologne, république fédérale d'Allemagne, Suède et Yougoslavie.

Si la Hollande pouvait compter sur un authentique leader en Johann Cruyff, l'Allemagne fédérale était aussi bien nantie avec Franz Beckenbauer.

Malgré la qualification, les choses n'avaient pas tourné rondement pour la RFA lors du premier tour. Beckenbauer exigea des changements qu'il obtint prestement. Jusque-là, les hommes de l'entraîneur Helmut Schœn avaient joué prudemment, défensivement. Franz réclama des ailiers de débordement pour servir Gerd Muller l'avant-centre qui se tient généralement dans l'axe, en face du but. Ce n'est pas tout. Il obtint également la mise à l'écart de certaines vedettes dont Gunter Netzer et Ulrich Hoeness. Ce dernier était pourtant au Bayern de Munich avec Beckenbauer. Selon le capitaine, qui ne faisait pas dans les sentiments, ces hommes n'en donnaient pas assez. Les vœux de Beckenbauer furent exaucés et, entre lui et Helmut Schoen, une belle complicité se créa. Gerd Muller, ravi, déclarera: «Il était temps que Franz tape sur la table. Nous courions tous à la faillite.»

Beckenbauer savait aussi assumer ses responsabilités sur le terrain. Ce rôle de libero qu'il occupait maintenant avec le célèbre Bayern de Munich et avec l'équipe nationale, il l'avait complètement repensé. Au début, dans les années 50, quand on voulut renforcer le dispositif défensif, on plaça un cinquième défenseur derrière les autres pour assurer une supériorité numérique devant le gardien. C'était alors un poste strictement défensif. Le libero restait en couverture. Beckenbauer, lui, convaincu de l'avantage qu'il avait de voir l'ensemble du jeu, décida de participer aux actions offensives. De cette position, il devint une véritable rampe de lancement, distribuant le jeu là où la défense adverse cafouillait. Par son intelligence du jeu, il avait modifié sensiblement le travail du libero et plusieurs l'imitèrent par la suite. Au hockey, Bobby Orr a eu une influence semblable.

Le premier match du groupe offre la Yougoslavie à l'Allemagne de l'Ouest. Breitner, à la suite d'un slalom et d'un tir canon, et Muller, à la soixante-dix-septième minute, décidèrent du résultat: 2 à 0. Rien d'exaltant mais à Düsseldorf, les Beckenbauer, Bonhof, Overath et cie ont montré beaucoup de sérieux, une défense imprenable et quelques bons mouvements en attaque. L'important est de progresser à chaque rencontre.

Contre la Suède, la défense laisse voir quelques lacunes — buts de Edstrom d'une formidable volée et de Sandberg —, mais les attaquants en mettent quatre derrière le pourtant solide gardien Hellstrom. Cependant les Allemands doutent toujours et craignent les Polonais, adversaires redoutables du dernier match, qui venaient aussi d'engranger deux victoires contre les mêmes Yougoslaves et Suédois. Sur un terrain gorgé d'eau — il a plu beaucoup pendant tout le tournoi —, c'est Gerd Muller qui, contre la Pologne dans le match décisif du groupe B, marque le seul but de la rencontre et offre à l'Allemagne de l'Ouest la place de finaliste contre la Hollande.

Grâce à Grzegorz Lato qui réalisera encore deux buts dans cette ronde, la Pologne finit deuxième et fit face au Brésil dans la petite finale qu'elle remporta d'ailleurs 1 à 0. Lato a encore touché la cible et il terminera meilleur marqueur de ce mondial avec sept buts.

Pour l'Allemagne occidentale et la Hollande qui ont forgé leur propre destin, le compte est bon: trois matchs, trois victoires. La finale promet. L'influence de Beckenbauer sur l'équipe de la RFA était considérable. Celle de Cruyff sur la sélection orange ne l'était pas moins. Il avait obtenu des autorités hollandaises, avant le début de la compétition, le retour de Rinus Michels à la direction technique de la formation. Il avait de plus gagné pour tous les joueurs le droit de partager les bénéfices financiers émanant de la participation et des victoires en Coupe du monde qui, autrement, seraient restés dans les coffres de la fédération nationale.

Cruyff voulait faire un grand mondial et il mettait toutes les chances de son côté.

Il paraît simpliste de faire de cette finale un duel entre Cruyff et Beckenbauer. Le football est un sport éminemment collectif, mais la tentation est forte de le faire puisque les deux avaient imprégné de leur personnalité leur équipe respective sur le terrain autant qu'à l'extérieur du jeu.

Le duel des chefs

L'ultime partie de cette dixième édition de la Coupe du monde se déroula à l'Olympiastadion de Munich. Cette fois, les Hollandais, ils étaient six ou sept mille, n'envahiront pas le stade comme ils l'ont fait lors des autres matchs de la formation orange où ils étaient vingt ou trente mille. On a bien accepté de les accueillir en voisin jusque-là mais contre l'Allemagne fédérale, en finale, à Munich, pas question de les laisser occuper les lieux. Place aux supporteurs allemands. La rencontre débute de façon insolite. Lentement, au milieu du terrain, les Hollandais se passent le ballon comme pour endormir l'opposant. Soudain, Cruyff, venu se placer derrière ses défenseurs reçoit le ballon dans le rond central. Il part en ligne droite à toute vitesse changeant instantanément le faux rythme établi. Il pénètre dans la surface de réparation et va passer lorsque Hoeness, redevenu titulaire mais affolé par autant d'audace, met le pied et fauche le brillant Hollandais. Cinquante-huit secondes se sont écoulées mais, sans hésitation, l'arbitre anglais M. Taylor montre le point de réparation.

Johan Neeskens, qui joindra le Cosmos de New York de 79 à 82, tire en puissance et envoie Maier du mauvais côté. La Hollande mène 1 à 0. Le match s'est peut-être joué à ce moment-là.

Les Bataves ont-ils été intoxiqué par ce but? S'ils avaient continué d'attaquer encore et encore, ce qu'ils savent le mieux faire, ils auraient pu marquer et peut-être démoraliser les Allemands.

Ruud Krol, le défenseur hollandais témoigne: «Nous avons marqué trop vite. On a commencé à penser au résultat plutôt qu'au match. On pensait qu'on était champion du monde. On s'est réveillé trop tard.» Cruyff, lui-même, après ce but joua derrière, contrôlant le ballon parfois avec arrogance plutôt que de foncer pour aggraver la marque.

Les Allemands, au contraire, sont fouettés par ce but. Pas d'autre solution. Il faut revenir et égaliser le plus rapidement possible. S'engage alors un match poursuite formidable où tout va se jouer dans la première demie. Lentement, les hommes de Schoen reviennent à la surface, se battent sur tous les ballons.

À la vingt-sixième minute, l'ailier allemand Holzenbein est à son tour «descendu» dans la surface. Penalty, indiscutable, et but de Breitner: 1 à 1.

À partir de là, Beckenbauer et les siens prennent le contrôle du match et la formidable machine allemande, soutenue par 70 000 spectateurs déchaînés, va prendre les devants. Juste avant la pause, Gerd Muller, toujours bien placé, reprend un ballon perdu et bat le gardien Jongbloed de huit mètres en face du but.

Et là, la tenaille allemande ne lâchera plus les Hollandais. Berti Vogts suit Cruyff comme son ombre. Pour échapper au marquage «à la culotte», le Hollandais décroche et joue trop loin pour être une menace offensive. Le pauvre, il ratera ce rendez-vous historique qu'il avait pourtant si bien préparé. Quant à Beckenbauer, l'empereur, il continue de régner en défense et, quand il le faut, Sepp Maier, «le chat», intervient magistralement devant sa cage.

Le score ne bougera plus. RFA 2 Hollande 1.

Vingt ans après, l'Allemagne remportait sa seconde Coupe du monde. Fritz Walter, le héros de 1954 en Suisse, avait passé le flambeau et les Beckenbauer, Muller, Breitner... avaient pris le relais glorieusement.

Depuis deux ans, les Allemands de l'Ouest avaient tout gagné. Le championnat d'Europe des nations et la coupe des clubs champions en mai 74 avec le remarquable Bayern de Munich — qui récidivera en 75 et 76 — avec, encore et toujours Beckenbauer, Muller, Hoeness, Maier...

Rien à redire. Ils avaient tout raflé et, leurs succès, ils les devaient à leur incroyable solidarité et à leur extraordinaire force morale.

Mais le football doit aussi énormément à ces étonnants Hollandais. Ils avaient apporté beaucoup d'espoir à tous ceux qui croient au jeu offensif. Leur «football total» était d'inspiration tout à fait européenne, mais rejoignait l'esprit brésilien des bonnes années par sa volonté d'attaquer. Malgré Cruyff et les siens, un constat s'imposait à la fin de ce tournoi: la moyenne de buts par match avait encore baissé. Elle était maintenant de 2,55 par rencontre.

Pour tous ceux qui souhaitaient que le football soit une véritable fête offensive, il y avait là matière à réflexion.

Chapitre 11

1978 Argentine

MERCI MENOTTI

«On ne peut pas améliorer le jeu d'un
footballeur avant de bien connaître l'homme.»
CESAR LUIS MENOTTI

Argentine, république fédérale d'Amérique du Sud, limitée
au nord par la Bolivie et le Paraguay, au nord-est par le Brésil,
à l'est par l'Uruguay et l'océan Atlantique et à l'ouest par le
Chili. En 1978, le pays comptait environ 28 000 000 d'habitants
dont une très grande majorité d'origine espagnole et italienne.
Le colonisateur ayant éliminé les autochtones, il ne restait que
2% d'Indiens et de Métis.

Contrairement au Brésil où, en matière de football, les Noirs
Didi, Pelé, Jairzinho... et les Blancs Tostao, Gerson, Zico... font
partie d'une même mosaïque, l'Argentine est un pays «européen», sans beaucoup de liens avec la terre sud-américaine.

Au moment où s'engage la onzième édition de la Coupe du
monde qui avait été accordée à l'Argentine dès 1966, la république est sous le joug d'une junte militaire depuis mars 1976.

189

Dirigée par le général Jorge Rafael Videla, l'Argentine vit une période tourmentée où les droits de l'homme ne pèsent pas lourd dans la conscience des dirigeants. D'ailleurs, après enquête, la commission interaméricaine des droits de la personne conclut: «L'utilisation systématique de la torture et autres traitements cruels, inhumains et dégradants dont la pratique a pris un caractère inquiétant...» (rapport d'avril 80).

Devant les disparitions et les assassinats qui se multiplient, plusieurs groupes de pression, à l'extérieur du pays, appellent au boycott de la compétition. Isoler l'Argentine en refusant d'aller à la Coupe du monde, c'est exposer à la face du monde les exactions d'une dictature féroce. C'est vrai. Mais est-ce vraiment efficace? Que faut-il faire? En quoi cette exclusion aurait-elle modifié l'attitude de la junte à l'égard du peuple?

De toute façon, il eût fallu que le boycott soit total, général, pour avoir quelque chance de succès. Or, ce n'était pas le cas. On en avait parlé en Suède, en Hollande, en France. Mais rapidement, l'unanimité s'est faite autour du principe suivant: aller en Argentine, ce n'est pas cautionner un régime mais plutôt tendre la main à un peuple.

De plus, même les mouvements démocratiques argentins avaient fait savoir qu'ils souhaitaient la venue des autres pays: «Venez, observez ce qui se passe et témoignez.»

Un porte-parole des Montoneros (opposants du régime Videla) en Europe ajoute: «Nous sommes nous-mêmes de grands amateurs de football et aucun joueur ne risque rien de notre part. S'il devait y avoir de la violence, cela ne pourrait être le fait que des forces armées. Il était important d'attirer l'attention de l'opinion publique et des journalistes sportifs sur la situation dans le pays. L'appel au boycottage a réussi sur ce plan-là.»

Et puis la Coupe du monde est une grande fête pour tous. La tenue de cette gigantesque compétition permettra peut-être aux Argentins d'endimancher leur quotidien pendant un mois. Surtout si la sélection nationale devait aller jusqu'au bout.

La retraite des idoles

Les années 70 s'étiolaient et plusieurs des grands joueurs qui avaient marqué cette décennie n'étaient plus là.

Pelé n'avait pas participé au dernier mondial en Allemagne. Mais il n'avait pas pris sa retraite du football pour autant. Ce n'est que le 1er octobre 1977, lors d'un match à New York entre le Santos FC et le Cosmos, les deux seuls clubs pour lesquels il ait évolué, que le roi fit ses adieux devant plus de 76 000 témoins émus.

Beckenbauer aussi était parti au Cosmos rejoindre Pelé en 1977. On ne le verra pas en Argentine. Les Allemands avaient assez mal pris son départ pour l'Amérique. Souhaitaient-ils vraiment le voir avec le maillot national?

Gerd Muller, le plus grand buteur de toute l'histoire de la Coupe du monde avec quatorze buts — dont dix en 70 et quatre en 74 — a raccroché également. Et les autres Allemands Breitner et Overath, les Italiens Sandro Mazzola et Gianni Rivera, et tant d'autres pour qui l'heure de la reconversion a sonné.

Le cas de Johan Cruyff, héros de la dernière phase finale avec la Hollande, est beaucoup plus difficile à comprendre. D'abord, il n'avait que 31 ans et aurait pu vraiment aider la sélection orange puisqu'il jouait toujours avec le FC Barcelone, un des très grands clubs d'Europe. Mais Johan avait pris sa décision depuis longtemps, trop longtemps pour pouvoir revenir là-dessus sans perdre un peu la face. «1974 était ma première et dernière finale de Coupe du monde», avait-il répété inlassablement. De plus, une tentative d'enlèvement dans son appartement espagnol l'aurait confirmé dans sa conviction de ne pas aller en Amérique du Sud.

Si plusieurs vedettes n'étaient pas de retour, chaque phase finale du tournoi ramenait son cortège de grands noms qui profitaient de la Coupe du monde pour se donner une dimension mondiale. La finale d'Argentine n'allait pas faire exception.

Le Canada atteint le second tour des éliminatoires

Comme à chaque occasion depuis 1970, le Canada s'engage encore cette fois, dans le long processus des qualifications. Un seul des quinze pays de la zone CONCACAF obtiendra le droit de représenter la région en Argentine.

Or, dans un premier temps, les rouges devront disputer un tournoi triangulaire avec les États-Unis et le Mexique pour déterminer la hiérarchie en Amérique du Nord. Les deux premières sélections accéderont au tour suivant.

Débuts fort modestes des Canadiens devant les Américains à Vancouver le 24 septembre 1976. Un résultat nul de 1 à 1 — but de Bob Bolitho pour le Canada — qui ne peut-être considéré comme positif dans la mesure où, d'abord, le match se jouait à domicile et aussi parce que les USA étaient l'adversaire qu'il fallait battre pour éviter l'élimination. En effet, le Mexique, l'histoire le prouve, a toujours été l'équipe la plus puissante du groupe.

Pourtant, le 10 octobre 76, au stade Empire de Vancouver, devant 18 000 spectateurs, le Canada, fait très rare, a réussi à vaincre les Mexicains par 1 but à 0 grâce à Buzz Parsons à la trente-troisième minute. Et pour la première fois les rouges ont une excellente chance d'atteindre le tour suivant puisqu'après deux rencontres ils sont en tête avec trois points.

Mais, dix jours plus tard, à Seattle, désillusion. Les Américains l'emportaient 2 à 0 devant des Canadiens qui n'avaient pas su saisir ce match comme il le fallait même si Bruce Wilson avait forcé Arnie Mausser, le gardien des USA, à effectuer un superbe arrêt en première demie.

Après la pause, le jeune Miro Rys du Sting de Chicago (LNAS) battait Tony Chursky, le portier canadien, d'une frappe de quinze mètres. À partir de ce moment, nos voisins du Sud se replièrent et attendirent patiemment les occasions de contre-attaques. Ils le firent si bien que Julie Vee (San Jose, LNAS) s'échappa seul (était-il hors jeu?) et trompa Chursky lui aussi.

Après cet échec, tout devenait difficile pour le Canada qui devait affronter le Mexique à Toluca dans son dernier match.

Et contre toute attente, les Canadiens réussirent une excellente prestation en tenant des Mexicains virevoltants à un résultat de 0 à 0. Avec ce nul, le Mexique terminait avec quatre points et se qualifiait pour le second tour grâce à une meilleure différence de buts (+2). Le Canada et les États-Unis partageaient le deuxième rang avec quatre points également et un écart de buts de -1. Un match de barrage s'imposait alors entre ces deux formations et sur terrain neutre pour ne favoriser aucun des deux pays.

Or, la Fédération américaine avait insisté pour que le vainqueur soit déterminé après des matchs aller-retour. On était en novembre et les Américains croyaient que cette solution défavoriserait le Canada. Celui-ci refusa net et l'on s'en tint au scénario prévu, un seul match.

La partie décisive eut lieu le 22 décembre à Port-au-Prince en Haïti et les rouges s'offrirent alors un fantastique cadeau de Noël en l'emportant par 3 buts à 0. Brian Budd (dix-septième), Bob Lenarduzzi (quatre-vingtième) et Bob Bolitho (quatre-vingt-septième) furent les héros du jour. Pour la première fois, répétons-le, le Canada avait accès à la deuxième ronde des qualifications de notre zone.

Le second et dernier tournoi se déroula entièrement au Mexique entre le 8 et le 22 octobre 1977. En plus du Mexique et du Canada, Haïti, le Salvador, le Surinam et le Guatemala, après avoir aussi fait leur bout de chemin régional, gagnaient Mexico la tête bourrée d'espoir. Mais, un seul pays, le plus fort, irait en Argentine. Et le Mexique, devant son public survolté...

Devant 42 000 personnes à Monterrey, le Canada entama difficilement cette tranche de cinq matchs par un revers de 2 à 1 contre le Salvador. Eckhard Krautzun, entraîneur ouest-allemand de l'équipe canadienne depuis le 10 novembre 73, déclarait: «Nous avons commis des erreurs et je n'ai pas de Zapata dans mon équipe.» L'attaquant Luis Ramirez Zapata avait en effet marqué les deux buts de son pays. Seul Brian Budd donnera la réplique vers la fin de la rencontre.

Le 12 octobre, 108 000 spectateurs dont plusieurs ont envahi le stade Azteca pour voir le Mexique qui joue après, ont été témoins d'une victoire de 2 à 1 du Canada sur le Surinam. Buts de Parsons et Bakic. Il fallait gagner tous les matchs pour avoir une toute petite chance de terminer premier puisque le Mexique, de son côté, ne perdait plus.

«Nous avons joué contre la foule, en altitude et à dix vers la fin du match à la suite des blessures à trois de nos joueurs. Dans ces circonstances mes hommes ne méritent que des félicitations pour leur formidable esprit combatif. Nous sommes maintenant revenus dans ce tournoi», dixit Krautzun, après la rencontre avec le Surinam, sans doute la sélection la plus faible du groupe.

Et contre le Guatemala, quelques jours plus tard, les Canadiens récidivaient avec un autre triomphe de 2 à 1. Parsons et Bob Lenarduzzi, actuel entraîneur de la sélection du Canada, réussirent à marquer et un mince espoir existait toujours.

Or, le 20 octobre à Monterrey, contre Haïti, ce fut un verdict nul de 1 à 1. Mike Bakic arrivait à niveler la marque durant la dernière minute de jeu. C'était toutefois insuffisant et ce résultat condamnait même les deux formations.

En fait le Mexique avait gagné tous ses matchs et s'était maintenant assuré de la première place. Encore une fois, les Mexicains porteront le flambeau de la région CONCACAF en Argentine.

La dernière partie n'avait donc plus de signification. On jouait pour l'honneur. Mais pour éliminer tous les doutes sur leur suprématie, les Mexicains renversaient le Canada assez facilement 3 à 1. Pourtant, dès la dixième minute, Buzz Parsons avait donné l'avantage aux siens. Mais un incident devait changer le cours de ce match. Juste avant la pause, Peter Roe, l'attaquant canadien, était expulsé pour avoir répliqué à un coup du gardien mexicain. L'arbitre lui avait présenté le carton rouge pendant que l'adversaire se tordait de douleur. On connaît le comportement des Latino-Américains, trop souvent, dans des situations semblables. Les hommes de Krautzun durent poursuivre à dix et les Mexicains marquèrent alors leurs trois buts.

Dégoûté, l'entraîneur canadien affirmera: «Peut-être faudrait-il que les États-Unis et le Canada n'aient plus à compétitionner avec des pays où les coutumes et le tempérament sont si différents.»

Paroles prononcées sous le coup de la déception et de la frustration. La FIFA reconnaît des grandes régions géographiques et à l'intérieur de chacune on retrouve des différences énormes. Quand, en Europe, par exemple, la Norvège affronte la Grèce, l'écart entre les cultures est aussi prononcé.

Malgré tout, lors de ces deux tournois, les Canadiens ont fait un pas dans la bonne direction. Lentement, patiemment, nos représentants se construisaient un moral, une confiance qui permettaient d'espérer des jours ensoleillés. Le Canada avait disputé ces dix matchs avec l'effectif suivant. Gardiens: Tony Chursky, Zeljko Bilecki; défenseurs: Bob Iarusci, Sam Lenarduzzi, Bruce Wilson, Bob Lenarduzzi, Gary Ayre, John McGrane, Brian Robinson, Bruce Twamley; milieux: Bob Bolitho, John Kerr, Gene Strenicer, Brian Gant, Jimmy Douglas, Wes McLeod, Carmine Marcantonio; attaquants: Less «Buzz» Parsons, Gary Thompson, Brian Budd, Ike MacKay, Mike Bakic, Victor Kodelja, Peter Roe, Glen Johnson.

Deux ballons d'or exclus

En Europe, le mode d'emploi pour former les groupes qualificatifs était sensiblement le même qu'en 74. Les huit pays présents en Allemagne sont considérés comme têtes de série et placés dans autant de groupes avec des pays théoriquement plus faibles. Un neuvième bloc regroupant l'URSS, la Grèce et la Hongrie complétera le tableau européen. Le premier de chaque poule après deux rencontres devant chacun des adversaires sera qualifié directement sauf le vainqueur du groupe 9 qui devra disputer deux autres matchs contre le troisième pays d'Amérique du Sud.

Malgré une seule défaite dans le groupe 1, le Portugal dut s'avouer vaincu devant la Pologne qui annonce cinq victoires et un match nul et qui est allée battre le Portugal à Porto. Les Polonais reviennent donc après leur excellente troisième place acquise en 1974. Dans l'aventure, Allan Simonsen, ballon d'or européen de 1977, est éliminé de la phase finale puisque son pays, le Danemark, a terminé loin en troisième place derrière la Pologne et le Portugal mais devant Chypre qui complétait le peloton.

Dans le groupe 2, l'Italie et l'Angleterre se sont livré une lutte titanesque. Les Italiens en sortirent gagnants grâce uniquement à une meilleure moyenne de buts, +14 contre +11 pour les Anglais. Et là encore, Kevin Keegan, un des meilleurs joueurs au monde sera également écarté du Mundial. Keegan avait alors 27 ans. Il devra attendre jusqu'en 82.

L'Autriche se sauva avec la qualification en ayant dominé le groupe 3 avec un certain attaquant, Hans Krankl, qui marqua six buts lors du match contre Malte à Vienne. C'est la RDA qui paya la note puisque la Turquie et Malte n'avaient pas les moyens d'aller plus loin.

La Hollande revient au sommet en écrasant le groupe 4 de toute sa classe. Comme quatre ans auparavant, c'est encore contre la Belgique que la première place s'est jouée et, cette fois, c'est nettement — deux victoires sur les «diables rouges» belges — que les Hollandais ont dominé. Avec Johan Cruyff aux commandes. Sauf que le fabuleux numéro 14, qui avait enchanté le monde en 74 en Allemagne fédérale, avait décidé, comme on l'a vu, de ne pas venir en Argentine. «À 31 ans, j'en ai assez», avait-il souvent répété depuis plusieurs mois. Même les centaines de milliers de cartes postales le priant de revenir sur sa décision, même les invitations des membres du gouvernement et, finalement, même une démarche personnelle de la reine Juliana des Pays-Bas, ne le firent pas broncher.

Il y avait quelque chose d'insensé dans toute cette histoire. Quand on connaît la suite des événements, on peut se permettre de penser qu'avec Cruyff la Hollande ne se serait pas contentée de terminer deuxième. Enfin! Comment savoir les raisons profondes qui expliquent le retrait prématuré de ce merveilleux attaquant.

Le 16 novembre 77 demeure un jalon important dans l'histoire du football bleu-blanc-rouge que peu de Français ont oublié. Ce soir-là, au Parc des Princes, la France mobilisée soutenait sa sélection qui devait absolument disposer de celle de la Bulgarie pour remporter le groupe 5 et atteindre le nirvana «argentin». Des buts de Rocheteau, Platini et Dalger contre un seul du Bulgare Tzvetkov et Michel Hidalgo, entraîneur des bleus, est transporté sur les épaules de ses hommes et essuie furtivement une larme. Après douze ans de purgatoire, la France revient au plus haut sommet.

La Suède est sortie première du groupe 6. Les Nordiques ne ratent pas souvent l'occasion de côtoyer les grandes nations. Cette fois, la Norvège et la Suisse ne font pas le poids.

L'Écosse sera aussi au rendez-vous après avoir réglé le sort de la Tchécoslovaquie et du pays de Galles dans la poule 7.

Le groupe 8, incontestablement le plus difficile, verra l'Espagne conclure le tournoi avec six points, deux de plus que la Yougoslavie et quatre de plus que la Roumanie.

Dans le groupe 9, un peu spécial, la Hongrie a surpris l'URSS et la Grèce mais devra aussi par la suite écarter la Bolivie (6 à 0 et 3 à 2) avant de mériter sa place pour la finale.

Pour l'Amérique du Sud, c'est le Brésil et le Pérou qui obtiennent des billets pour le Mundial d'à côté. Et la Bolivie, beaucoup trop faible pour s'imposer, est tombée devant la Hongrie comme on vient de le voir.

D'autre part, les qualifications africaines commencées en mars 76 se sont poursuivies jusqu'en décembre 77 pour finalement voir la Tunisie s'imposer devant l'Égypte et le Nigeria, les deux derniers résistants.

Enfin, l'Iran représentera la région Asie. Tout comme pour la Tunisie, ce pays rejoindra les grandes sélections du monde pour la première fois.

Une progression constante

Les éliminatoires dont on vient d'établir le profil ont pris une dimension insoupçonnée. Quatre-vingt-dix-sept pays engagés dans la course et deux cent cinquante matchs à gérer à travers le monde, la Coupe du monde est vraiment devenue une vaste entreprise qui aspire, dans son sillon, de plus en plus de nations motivées par le prestige de l'événement.

Au moment du décompte des pays inscrits, cent six sélections ont manifesté le désir de se joindre à la grande aventure mondiale. C'est deux fois plus qu'en Angleterre il y a seulement douze ans. Neuf fédérations nationales se sont désistées au dernier moment. Il faut comprendre que dans plusieurs pays la volonté de concourir est souvent refoulée par le manque de moyens financiers requis pour préparer adéquatement une sélection. Pour plusieurs, l'effort est trop considérable et, de toute façon, d'autres priorités s'imposent. Ainsi s'explique l'absence du Soudan, de la République centre-africaine et même du Zaïre, qui avait pourtant représenté l'Afrique lors de la dernière phase finale en RFA, et de quelques autres comme la Corée du Nord et la Syrie. Donc, pour quatre-vingt-dix-sept équipes au départ, il n'y a que quatorze places à pourvoir puisque, comme toujours, le pays hôte, l'Argentine, et le champion en titre, l'Allemagne fédérale, sont qualifiés d'office.

L'Afrique et l'Asie, qui ont le droit à un seul qualifié chacun, font entendre leur voix. Leurs pressions sont de plus en plus fortes pour augmenter le nombre de leurs représentants. La FIFA, qui subit un lobbying permanent dans ce sens, songe à changer les règles pour démocratiser davantage la Coupe du monde. Les besoins sont bien différents maintenant. Voilà pourquoi des modifications importantes seront apportées pour le prochain mondial.

La préparation de l'Argentine

Les matchs éliminatoires constituent une préparation véritable à la phase finale pour tous ceux, bien sûr, qui réussissent à se qualifier. Mais pour l'Argentine et la RFA, assurées de la qualification, il faut prévoir une série de rencontres hors concours.

Or l'Argentine entendait bien mettre tout en œuvre pour remporter ce Mundial devant ses partisans. En 1930, lors de la première Coupe du monde, les Argentins avaient atteint le match final qu'ils avaient perdu devant l'Uruguay. Depuis, ils avaient donné une bien mauvaise image en refusant d'abord de s'inscrire pour les qualifications de 38, 50, 54, toujours pour les raisons que nous avons déjà expliquées. Et lorsque finalement ils ont daigné revenir à la Coupe du monde, ils ont étalé, surtout en Angleterre en 66, un jeu brutal et sans imagination.

Un homme voulait maintenant montrer un autre visage du football argentin. Le vrai. Un style dynamique et offensif s'inspirant grandement des Brésiliens de 1970.

Cesar Luis Menotti, puisque c'est de lui qu'il est question, a pris en charge la sélection de son pays le 1er octobre 74. Il a en poche un contrat qui le mènera jusqu'à la fin du Mundial. Largement le temps de monter une équipe nationale qui pourra aspirer au sommet du monde.

Menotti a alors 38 ans. Il a joué avec Pelé au Santos FC. Le football offensif, il connaît. Mais il est aussi conscient qu'il devra travailler à deux niveaux pour amener les siens parmi les meilleurs. D'abord, il faudra mettre l'accent sur le jeu collectif dans un contexte où les joueurs ont tendance à se faire plaisir en dribblant exagérément. Ensuite, pour rivaliser avec les formations européennes, la préparation physique deviendra une priorité. Non pas pour durcir le jeu mais pour être en mesure de résister aux Hollandais, Italiens, Hongrois... qui avaient une longueur d'avance dans cet aspect du jeu. Tout cela sans étouffer les merveilleuses qualités techniques de ses joueurs.

J'aime Menotti. Cet homme est admirable. C'est un soleil, brillant et chaud. Brillant, parce que quelques années après avoir conquis cette Coupe du monde de 1978, il ira en Europe. «Pour apprendre, dira-t-il le football et les hommes.» Chaud, parce qu'il est latin et qu'il a toujours favorisé le football ouvert, garant de toutes les émotions.

Côté sensibilité, Menotti se rapproche beaucoup de Jacques Demers, entraîneur des Canadiens de Montréal au hockey. Depuis son arrivée à la barre de la sélection jusqu'au jour du premier match de la phase finale, «el flaco» — «le maigre» (1 m 90, 78 kg) — avait obtenu de bons résultats pendant l'étape préparatoire: quarante-trois matchs disputés, vingt-trois victoires, dix nuls et dix défaites; quatre-vingt buts pour et quarante et un contre.

Des chiffres assez éloquents pour faire rêver tout un peuple.

En plus de ses incontestables talents de leader, Menotti a toujours été humain et profondément démocrate. Il avait même pris ses distances à l'endroit de la junte militaire du général Videla, ce qui n'était pas sans risques, même pour l'entraîneur de l'équipe nationale de football.

La phase finale: un tirage au sort bien préparé

Cette phase finale allait s'engager sur les mêmes bases logistiques que celle de 1974.

Les deux premiers de chacun des quatre groupes de quatre pays seront qualifiés pour le second tour où on reformera deux poules de quatre pays. Les premiers de ces deux blocs s'affronteront en grande finale et les seconds disputeront un match pour déterminer la troisième place.

Pour former les groupes, on doit, comme toujours procéder par tirage au sort. Mais le sort, en l'occurrence, a été passablement contrôlé. Et c'est normal parce qu'il faut bien protéger les formations qui ont déjà prouvé leur valeur.

On a d'abord identifié quatre têtes de série: l'Argentine, en tant que pays hôte à qui on voulait épargner les tribulations d'une élimination rapide, l'Allemagne fédérale, comme champion sortant, le Brésil et la Hollande pour leur performance passée en Coupe du monde. Ces pays seront placés dans des groupes différents et ne s'affronteront donc pas lors du premier tour. On voulait aussi éviter au départ la confrontation entre les Sud-Américains. Même chose pour les autres Européens. Enfin on détermina les pays faibles: la Tunisie, l'Autriche, la France et l'Iran, qu'on reverra aussi dans chaque peloton. Ce classement ne favorisait guère les Français qui se retrouvèrent avec les Argentins et les Italiens. Or c'était de toute évidence deux des pays favoris. Mais la France ne pouvait guère revendiquer un statut plus glorieux. Ses récents résultats en Coupe du monde ne le lui permettaient vraiment pas.

Le problème avec ce système de sélection résidait dans le fait que l'arbitraire y régnait en maître. Souvent, les pays qui jouissaient d'une plus grande influence obtenaient gain de cause dans les coulisses. Plutôt malsain. En tout cas, l'élément surprise dans ce tirage au sort était limité. Malgré tout, c'est le hasard qui a voulu que la France se retrouve dans le groupe 1 alors que la poule 4 semblait beaucoup plus abordable.

Mais c'est sur le terrain que la hiérarchie allait vraiment s'établir et à la veille du match inaugural les cotes établies par les pronostiqueurs professionnels s'établissaient de la façon suivante: Brésil, 9 contre 4; Argentine, 4 contre 1; RFA, 7 contre 1; Hollande, 8 contre 1; Écosse, 9 contre 1; Italie et Pologne, 14 contre 1; Hongrie, 20 contre 1; France, 22 contre 1; Espagne, 25 contre 1; Suède, 40 contre 1; Pérou, 50 contre 1; Autriche, 66 contre 1; Mexique, 100 contre 1; Iran, 500 contre 1; Tunisie; 1000 contre 1.

On verrait bien, dans quelques jours si ces devins s'étaient appuyés sur le savoir des connaisseurs du ballon rond.

Une équipe éliminée qui enchante

Groupe 1: Argentine, France, Hongrie, Italie.

Le match Italie-France du 2 juin 1978, je l'ai vu sur écran géant à l'aréna Maurice Richard dans l'est de Montréal. Trois mille autres fanas de foot, en majorité des Italiens, avaient payé 10 $ pour voir le premier match du groupe 1 en circuit fermé. Avant même de s'être assis confortablement, plusieurs tifosi étaient complètement sidérés. Dès le départ, en effet, Bernard Lacombe avait trompé Dino Zoff d'une déviation magistrale de la tête sur un centre de Didier Six qui avait déboulé sur l'aile gauche à la vitesse grand V. Trente-huit secondes, c'est tout ce qu'il avait fallu aux Français pour ouvrir la marque.

Les footballeurs de l'hexagone n'avaient jamais su gérer une avance de 1 à 0. C'était la spécialité des Italiens. Et là, en plus, il fallait tenir 89 minutes. La tâche était impossible.

Sans paniquer, les Italiens, regroupés autour des idées de l'entraîneur Enzo Bearzot — il s'était détaché du strict cate-

naccio et encourageait le jeu offensif —, s'organisaient, rejoignaient (but de Rossi, à la vingt-neuvième) et doublaient les
Français (but de Zaccarelli, à la cinquante-deuxième).

Placés dès le début de la rencontre dans une situation où ils
devaient attaquer, les hommes de Bearzot pouvaient compter sur
des milieux offensifs comme Franco Causio et Giancarlo
Antognoni et sur des avant-centres incisifs comme Paolo Rossi
et Roberto Bettega.

Après ce duel, la France était déjà dans une situation
précaire. Il lui fallait pratiquement gagner ses deux derniers
matchs pour espérer accéder au second tour.

Mais, le 6 juin, contre l'Argentine, au stade de River Plate
à Buenos Aires, devant 76 000 supporters survoltés qui les
attendaient de pied ferme, les Français devaient livrer une très
dure bataille. Pour les Argentins aussi, la rencontre était cruciale.
Ils avaient déjà triomphé des Hongrois, mais ils devaient glaner
des points pour assurer leur présence parmi les huit derniers
pays. Or dans ces circonstances, qui favorisent nettement la
sélection locale, les équipiers de Michel Platini devaient disputer
un match presque parfait pour espérer l'emporter.

Ce jour-là, les Français réussirent une excellente prestation
et furent quand même battu par 2 buts à 1.

À la quarante-cinquième minute, Marius Trésor, le libero
français, et Leopoldo Luque, l'attaquant argentin, se heurtent
dans la surface de réparation bleu-blanc-rouge et s'écroulent. En
tombant, Trésor heurte du bras le ballon qui sort en corner. Le
jeu va se poursuivre mais l'arbitre M. Dubach, un Suisse, hésite.
Il va consulter son juge de touche, un Canadien, M. Winsemann.
Le ballon a-t-il frappé le bras ou celui-ci est-il allé vers le
ballon? Tout est là. M. Dubach opte pour la deuxième hypothèse. Le penalty s'impose donc. Daniel Passarella exécute Jean-
Paul Bertrand-Demanes, le portier français, et l'Argentine mène
1 à 0 à la mi-temps. Dès la reprise, les Platini, Rocheteau,
Lacombe se lancent à l'attaque avec panache et créent l'égalité
à la soixante et unième minute. Battiston parti sur l'aile droite
remet à Lacombe qui lobe Fillol le gardien sorti à sa rencontre.
La balle percute la barre horizontale et revient en jeu. Michel

Platini reprend rageusement et marque. La France poursuit ses incursions en territoire argentin et Didier Six, sur une passe ajustée de Platini rate de peu le montant du but. Puis, à la soixante-douzième minute, Luque, encore lui, a tout le temps pour armer son tir et réussir une superbe volée de 20 mètres. Dominique Baratelli — venu remplacer Bertrand-Demanes blessé — est cueilli à froid et battu sur sa droite. Mais la frappe de Luque est parfaite, et les Argentins arrachent la victoire 2 à 1. Ce deuxième succès garantissait aux Argentins un passage au tour suivant.

La France, elle, est définitivement écartée. Il ne lui reste qu'une partie contre la Hongrie qu'elle remportera d'ailleurs haut la main par 3 à 1.

Les tricolores laisseront une excellente impression à tous les observateurs de cette onzième Coupe du monde. Un jeu ouvert, imaginatif, un contrôle du ballon remarquable étonnent les journalistes de tous les pays. Même sorti lors du premier tour, le onze français annonce une grande équipe qui joue magnifiquement au ballon et qui obtiendra sans doute d'excellents résultats dans les années à venir.

D'autre part, la sélection argentine perdra son dernier affrontement contre l'Italie par 1 but à 0. La squadra azzurra a effectué un parcours parfait, trois victoires en autant de matchs. C'est Roberto Bettega qui a marqué le seul but de la partie à la soixante-septième minute. Cet ailier gauche issu du club de la Juventus de Turin — comme la plupart des titulaires de l'équipe nationale — était un buteur terriblement efficace. Sur les dix-huit buts marqués par les azzurri lors des qualifications, il en avait réussi la moitié à lui tout seul. On l'appelait Bobby Gol et ses succès étaient dû à un jeu de tête prodigieux. En fait, comme il avait grisonné très jeune, on aurait pu le surnommer aussi «tête d'argent» rappelant ainsi le hongrois Sandor Kocsis, «tête d'or», qui avait marqué lui aussi de nombreux buts de la tête lors de la phase finale de 1954.

Mais justement, le onze hongrois présent ici en Argentine n'a pas su renouer avec son passé et ramasse les pots cassés. Trois défaites consécutives et la dernière place de ce groupe 1.

Andras Torocsik et Tibor Nyilasi sont quand même de beaux jeunes espoirs et les vétérans Laszlo Balint, défenseur, Laszlo Fazekas et Ferenc Meszaros, gardien, traverseront bientôt le rideau de fer vers l'Occident où ils joindront respectivement les clubs de Toulouse (France), Anvers (Belgique) et Sporting Lisbonne (Portugal).

C'était l'époque où certains pays de l'Est autorisaient leurs vedettes chevronnées à signer dans des clubs beaucoup mieux nantis de l'Ouest, s'assurant ainsi une source de financement devenue indispensable.

Première victoire africaine

Groupe 2: Mexique, Pologne, RFA, Tunisie.

Au mois de juin, en Argentine, l'hiver sévit. Les saisons sont inversées et tout le tournoi se déroulera sous des températures fraîches mais ensoleillées. C'est un peu comme au Québec en octobre. De toute façon, la FIFA n'a pas beaucoup le choix. La phase finale doit se jouer en juin-juillet parce que dans tous les pays de l'hémisphère nord et c'est la grande majorité, les compétitions nationales défilent de la fin de l'été (août-septembre) à la fin du printemps (mai-juin) de l'année suivante. Cette période de juin-juillet est donc réservée partout soit pour le tour final de la Coupe du monde soit pour les grandes compétitions dans chaque continent comme le Championnat d'Europe des nations ou la Copa America en Amérique du Sud.

C'est ce groupe 2 qui a l'honneur d'inaugurer ce Mundial avec la confrontation RFA (champion en titre) - Pologne, le 1er juin. Un match malheureusement terne. Un résultat nul de 0 à 0 qui ne lançait pas l'épreuve de manière très dynamique. Les deux favoris de la poule s'étaient contentés de se neutraliser, sans plus.

Mais, dès le lendemain, on allait assister à une partie historique. Ce jour-là, la Tunisie a imposé sa loi au Mexique, devenant ainsi le premier pays africain à remporter un match de phase finale. Le compte de 3 à 1 ne laisse pas de doutes. Les trois buteurs, Kaabi, Gommidh et Dhouib furent sacrés héros de la nation. En plus de ce résultat magnifique, les Tunisiens, qui en étaient à leur toute première présence à ce niveau, ne perdirent que de justesse 1 à 0 contre la Pologne, qui dominera finalement le peloton. Et devant les puissants Allemands de l'Ouest, les Africains réussiront un 0 à 0 inespéré. Remarquables Tunisiens qui termineront troisièmes à seulement un point de la RFA et de la qualification.

L'Allemagne fédérale et son grand gardien Sepp Maier obtiendront leur billet pour le second tour en n'accordant aucun but à leurs trois adversaires et en en marquant six aux Mexicains.

Encore une fois, ces derniers seront venus faire une brève apparition et il est évident qu'ils montrent des lacunes sérieuses en défense (douze buts concédés) et en attaque (deux buts marqués).

L'Autriche surprend

Groupe 3: Autriche, Brésil, Espagne, Suède.

L'Autriche s'était présentée en Argentine avec des arguments solides. Un gardien, Friedrich Koncilia, qui était à l'apogée d'une belle carrière internationale et qu'on reverra en 82, Bruno Pezzey, un libero de style, Herbert Prohaska, Hans Krankl et Walter Schachner.

Ce premier tour, les Autrichiens l'ont négocié superbement en battant des clients aussi coriaces que l'Espagne, 2 à 1 — buts de Schachner et Krankl —, et la Suède, 1 à 0, grâce encore à Krankl. Seul le Brésil viendra à bout de cette formation, 1 à 0, dont les meilleurs éléments étaient plutôt jeunes. Ce sera d'ailleurs la seule victoire des Cariocas qui ne récolteront en plus que deux matchs nuls, 1 à 1 devant la Suède et 0 à 0 contre l'Espagne. Ces Brésiliens étaient méconnaissables. Avec Claudio Coutinho à la barre, les bleu et or essaient de copier les Européens. Ils jouent de façon slérosée et n'arrivent plus à exprimer leur football spontanément offensif. Leur talent naturel suffit, malgré tout, à les hisser au second rang tout juste derrière la surprenante Autriche qui a marqué un but de plus que les Sud-Américains.

L'Espagne, quant à elle, surprise par l'Autriche dès le premier match, ne s'en remettra pas et se contentera de la troisième place malgré un gain de 1 à 0 sur la Suède, que Ronnie Hellstrom, l'excellent gardien, ne pourra sauver.

Le Pérou devance la Hollande

Groupe 4: Écosse, Hollande, Iran, Pérou.

Une véritable révélation. Voilà ce que sera le Pérou dans ce dernier groupe. Portant bien haut le flambeau du football offensif latino-américain, les artistes comme Teofilo Cubillas, sans doute le plus grand joueur de son pays, mais aussi Juan Munante et Juan Oblitas ont joué un rôle primordial dans les victoires de 3 à 1 sur l'Écosse et de 4 à 1 contre l'Iran. Le match nul de 0 à 0 devant les Pays-Bas, finalistes de 74, satisfaisait pleinement les Péruviens qui s'emparèrent de la première place avec cinq points.

La Hollande suivra tout juste devant l'Écosse, capable, croyait-on, de beaucoup mieux avec les Kenny Dalglish et Graeme Souness qui sont devenus, un peu plus tard, des monstres sacrés du football britannique. Les Écossais réussiront quand même à disposer de la Hollande 3 à 2 dans leur dernier affrontement. Mais il leur fallait deux buts d'écart pour doubler les Bataves et se qualifier. Ils l'avaient créée, cette différence, mais «Johnny» Rep compta à la soixante et onzième minute pour sauver la sélection orange de l'humiliation.

L'Iran, dont c'était la première apparition en phase finale, n'a pas démérité: une défaite de 3 à 0 devant le favori, la Hollande — tour du chapeau de Rob Rensenbrink —, puis un excellent nul arraché à l'Écosse qui permettait d'oublier le dur revers de 4 à 1 contre le Pérou.

Les dés étaient donc jetés. Le second tour donnerait naissance à deux nouveaux groupes identifiés cette fois par A et B.

Deuxième finale consécutive pour la Hollande

Groupe A: Autriche, Hollande, Italie, RFA.

Trop, c'est trop. Pour les Autrichiens, qui avaient pourtant accompli un remarquable premier tour, les incessantes vagues offensives bataves, c'était trop. À Cordoba le 14 juin, l'Autriche est terrassée 5 à 1 par une sélection néerlandaise menée par Rob Rensenbrink qui fait presque oublier Cruyff. Il marque un but et en prépare trois autres. On revoit la prodigieuse Hollande de 74. L'avenir est orange.

Le même jour au stade de River Plate à Buenos Aires, l'Italie et la RFA ne peuvent faire de maître: 0 à 0. Sepp Maier, le gardien allemand n'a toujours pas été battu depuis le début du tournoi et a prolongé à 449 minutes sa période d'invincibilité dépassant ainsi celle de l'anglais Gordon Banks en 1966 (438 minutes). Nouveau record pour la Coupe du monde.

Quatre jours plus tard, c'est un terrible RFA - Hollande qui est à l'affiche à Cordoba. Les Bataves espèrent seulement que ce ne sera pas un «remake» de la finale de 74. Pourtant, dès la deuxième minute, l'Allemand Abramczik lance son équipe en avant. Mais Arie Haan, d'un tir exceptionnel de trente mètres recrée l'équilibre et met fin, en même temps, à la période faste de Sepp Maier, déjoué pour la première fois dans cette compétition. Au milieu de la deuxième demie, Dieter Muller — ne pas confondre avec Gerd Muller — inscrit de la tête le but qui pouvait bien signifier la victoire. Mais les Hollandais ne se rendent pas si facilement et René Van de Kerkhof ramène encore les deux formations à égalité. Ce sera tout.

Au même moment, l'Italie affronte l'Autriche et le jeune Paolo Rossi, 21 ans, avec le LR Vicenza de première division italienne, profitant d'une erreur du défenseur Strasser, déjoue l'excellent Koncilia sorti de son but pour venir aider son équipier hésitant. Ce sera le seul but du match et il mettra fin aux espoirs autrichiens. Ces derniers disputeront une rencontre fantastique devant la RFA qu'ils battront 3 à 2. C'est Hans Krankl qui est le bourreau des Allemands. Le meilleur buteur européen avec quarante-deux réussites durant la saison écoulée a compté deux buts superbes et pour la première fois en quarante-sept ans, l'Autriche triomphe de l'Allemagne.

Malgré une défaite de 2 à 1 contre la Hollande et un autre tir incroyable de trente-cinq mètres de Arie Haan qui laisse Dino Zoff médusé, l'Italie, grâce aux trois points acquis lors des deux premiers matchs, se glisse en deuxième position et pourra donc jouer la finale consolation.

Les Hollandais, quant à eux, ont acquis le droit de participer pour une seconde fois consécutive à la finale de la Coupe du monde.

Kempes et Luque font vibrer tout un peuple

Groupe B: Argentine, Brésil, Pérou, Pologne.

Quatre pays d'Europe dans le groupe A et trois d'Amérique du Sud dans le B. On était presque assuré d'une finale entre les deux continents, adversaires irréductibles depuis 1930. Et tel qu'on le souhaitait, l'Argentine et le Brésil dans l'ordre se détachèrent très nettement de la Pologne et du Pérou.

Le Brésil gagna son premier duel facilement 3 à 0 devant un Pérou qui semble avoir déjà dépensé toutes ses ressources physiques.

L'Argentine fait presque aussi bien, 2 à 0, contre la Pologne, un adversaire expérimenté. Sauf que ce n'est pas facile de jouer contre la sélection de Cesar Menotti portée par ses chauds partisans. Les Lato, Deyna et autres Szarmach sont cependant toujours là et ils disposeront du Pérou par 1 but à 0, mais seront sérieusement accrochés par le Brésil 3 à 0 à Mendoza, le 21 juin. Un résultat qui leur coupe les ailes de l'ambition. Par ailleurs, dans leur face à face, l'Argentine et le Brésil ne pourront se départager. Compte final: 0 à 0. Les deux grandes puissances d'Amérique latine se sont livré un match tendu, dur, où les joueurs ont été paralysés par l'enjeu. Il est assez évident que le gagnant de cette partie avait de grandes chances d'accéder à la première place du groupe et donc à la grande finale du 25 juin à Buenos Aires.

Quand les Argentins se présentèrent à Rosario pour le dernier affrontement du deuxième tour, ils savaient que pour doubler le Brésil en première place, ils devaient passer au moins quatre buts aux Péruviens ou, en tout cas, gagner avec un écart de quatre buts. Ils l'emportèrent 6 à 0 grâce à deux buts de Mario Kempes et deux aussi de Leopoldo Luque en plus de ceux de Tarantini et Houseman. L'Argentine était en finale avec la Hollande. Le pays délirait. Depuis quarante-huit ans, l'Argentine n'était jamais allée aussi loin. Le moment était venu de secouer tous les démons du passé et de donner au monde une image positive et dynamique du football des pampas.

Lors de la finale pour la troisième place, le Brésil disposa de l'Italie par 2 à 1. Les auteurs des buts: Causio, pour les bleus, et Nelinho et Dirceu, pour les Cariocas. Un match gris qui devrait peut-être carrément disparaître du calendrier de la Coupe du monde. Il suscite bien peu d'intérêt chez les spectateurs mais également chez les joueurs eux-mêmes. Entre une troisième et une quatrième place, la différence est bien ténue. C'est la finale du lendemain qui draine à juste titre, toute l'attention.

La fièvre de River Plate

Ciel nuageux, temps frais sur le stade de River Plate à Buenos Aires où s'agglutinent plus de 75 000 «aficionados» (partisans) envahis par le seul désir de voir leur sélection brandir cette coupe du monde. Personne ne veut imaginer un échec même si, lors des deux derniers matchs entre ces deux formations en 1974, la Hollande l'avait emporté décisivement 4 à 1 et 4 à 0. Ici, ce sera différent.

Les Néerlandais entament la rencontre en taclant solidement, histoire de s'imposer à ces Argentins plus légers. À ce petit jeu toutefois, ils risquent de se mettre à dos l'arbitre, un Italien, M. Gonella, qui siffle tout.

Il faudra trente-huit minutes à Mario Kempes, le merveilleux attaquant du onze local, avant de signer un but superbe. De Ardiles, à Luque, à Kempes qui accélère dans les derniers mètres et glisse le ballon sous le portier Jongbloed. Le ballon n'a pas quitté le sol: 1 à 0. Le temps s'écoule lentement et les Argentins semblent voguer vers la victoire. Mais les Bataves effectuent une bonne seconde demie, se créent de belles occasions et trouvent la faille neuf minutes avant la fin alors que Nanninga, rentré en cours de partie à la place de Rep, place une tête précise qui trompe enfin un magnifique Fillol, le gardien des bleu et blanc: 1 à 1.

Les prolongations s'annoncent et les Hollandais semblent plus frais. Leur nervosité du début s'est estompée. Mais les Argentins la veulent tellement cette coupe. À la cent quatrième minute, encore du côté gauche, Kempes, en pleine course, accepte une courte passe de Bertoni, bat deux défenseurs, profite d'un rebond favorable sur Jongbloed qu'il déjoue une deuxième fois. Et comme pour cadenasser ce triomphe, pour gommer tous les doutes, Bertoni, après une longue chevauchée de Kempes, voit le ballon revenir dans ses pieds. Tir instantané et but: 3 à 1.

Ça y est. C'est fait.

Immédiatement après la rencontre, les Hollandais se sont retirés pour ne pas avoir à frayer avec le dictateur Videla qui cherchait déjà à tirer toute la substance de cette victoire pour l'exploiter à des fins personnelles.

Mais ce jour n'appartient à aucun tyran ni au gouvernement. Ce sont les 28 millions d'Argentins qui portent ce triomphe à bout de bras et ils n'en peuvent plus de crier «Argentina campeon!»

Cette nuit dura quarante-huit heures de folie, d'oubli.

Des images fabuleuses

Plusieurs ont prétendu que ce Mundial n'avait pas été d'un niveau très élevé. L'Argentine, en tout cas, était allée au bout de son rêve. Menotti avait trouvé l'équilibre entre la rigueur européenne et la spontanéité, la créativité sud-américaine.

Et il a pu compter sur des individualités de grandes valeurs. Plusieurs titulaires de l'équipe d'Argentine furent invités dans des clubs européens de première division par la suite.

Mario Kempes était déjà en Espagne où il s'illustrait, mais Osvaldo Ardiles signera au Tottenham Hotspurs (Angleterre) à qui il apportera sa touche latine au milieu du jeu; Daniel Bertoni rejoindra la Fiorentina (Italie); Alberto Tarantini ira en France, à Bastia et à Toulouse; et bien d'autres traverseront l'Atlantique.

L'Argentine a-t-elle été protégée et favorisée pendant cette épreuve? Certains avantages lui furent concédés, en effet. Mais pas plus qu'à l'Angleterre en 66 ou à la RFA en 74. Pourtant on ne remet pas leur succès en cause. Elle fut nommée tête de série, ce qui est normal pour la sélection qui accueille la compétition et qui présente un potentiel énorme. Elle fut favorisée par l'arbitrage, mais comment éviter que les officiels ne soient pas influencés par une foule partisane et enflammée?

Néanmoins, les Argentins n'auraient pas dû savoir le résultat du match Brésil - Pologne avant de commencer le leur contre le Pérou. Il y eut alors vice de forme énorme. Ces deux rencontres devaient, au départ, être jouées simultanément. Là, l'Argentine a su qu'elle devait battre le Pérou par au moins quatre buts pour s'assurer du premier rang du groupe B et du droit de disputer la grande finale. Inacceptable.

Cependant, Menotti avait préparé une superbe formation évoluant pratiquement avec deux demis offensifs, Ardiles et Gallego, et quatre attaquants, Kempes, Luque, Bertoni et Ortiz ou Houseman. Et l'Argentine a toujours joué avec un esprit offensif remarquable. Ce titre, elle ne l'a pas volé.

Surtout que les autres équipes ont souvent eu peur d'attaquer en se contentant d'aligner, le plus souvent, deux seuls joueurs à l'avant.

Les dernières images qui nous viennent à l'esprit de ce championnat du monde, puisqu'on avait joué selon la formule des groupes jusqu'aux finales, ce sont les foules en liesse dans les stades faisant pleuvoir ou neiger des tonnes de «papelitos» (petits papiers carrés), rappelant ainsi que la Coupe du monde doit être toujours une immense fête populaire.

Jamais les séquences télévisées n'avaient été aussi belles et émouvantes, et elles provenaient des stades disséminés à travers le pays. Mais il faut savoir que, uniquement dans la région de

Buenos Aires, on trouve huit enceintes de plus de 50 000 places chacune.

En fait, la Coupe du monde aurait pu se dérouler dans une seule ville. Absolument inimaginable.

Chapitre 12

1982 Espagne

ÉTONNANTE ITALIE

«Le football, sport du fond des âges, est aussi et d'abord ancré
dans notre époque. Il apparaît à l'homme moderne comme
l'antidote idéal contre ses principaux fléaux: l'industrialisation,
l'automatisme et l'ennui. Il est un peu son théâtre,
un peu sa religion, un peu sa guerre du temps de paix.»
JACQUES FERRAN, *L'Équipe*

La ronde finale de la Coupe du monde de 1982 s'est tenue
en Espagne du 13 juin au 11 juillet.

Quatorze villes et dix-sept stades de ce grand pays de football ont accueilli les cinquante-deux rencontres de cette
douzième édition de ce qui est devenu le plus grand événement
mondial impliquant un seul sport.

Pour la première fois, les Espagnols organisent la compétition. Mais ils le font dans un climat de discorde et d'affrontement. Particulièrement entre la Fédération espagnole de
football et le comité responsable de la mise en place du tournoi
qui avait été nommé par les autorités nationales insatisfaites du
rôle de la Fédération. D'où refus de coopérer, jalousie...

Quant au grand public, il a suivi les matchs avec assiduité, mais sans enthousiasme. Déçus par les prestations très moyennes de leur sélection nationale, intéressés principalement par leurs équipes de clubs, les Espagnols ont plutôt boudé affectivement cette Coupe du monde qui n'a jamais atteint, pour eux, les pôles d'émotion tant souhaités.

Vingt-quatre finalistes au lieu de seize

Mais d'abord et avant tout ce tournoi a marqué une étape extrêmement importante dans l'histoire du mondial.

En effet, pour la première fois, vingt-quatre pays sont invités en phase finale au lieu de seize depuis les tout débuts, en 1930. Une augmentation de 50 %. La progression est énorme. Comment expliquer un changement aussi radical? On l'a vu précédemment, les pressions émanant des régions tiers-mondistes du football se faisaient de plus en plus fortes sur la FIFA. L'Afrique, par exemple, acceptait mal de n'avoir qu'un représentant dans le peloton final alors que de plus en plus de pays de ce continent avaient adhéré à la Fédération internationale. Même chose pour l'Asie et le nord de l'Amérique.

Par ailleurs, l'Europe surtout et l'Amérique du Sud, qui avaient toujours contrôlé l'organisme mondial, s'opposaient obstinément à ce projet prétextant le faible niveau des continents revendicateurs. Ils ajoutaient aussi que le tournoi final à seize pays était déjà long et difficile à loger dans des calendriers nationaux extrêmement remplis s'étendant sur dix, parfois même, pratiquement, sur onze mois par année.

Le litige était sérieux et paraissait insoluble. Joao Havelange, le président de la FIFA, dévoila alors une solution étonnante. Au lieu d'ajouter quelques places seulement en phase finale il proposa la présence de huit nouveaux membres. L'Europe aurait droit à quatorze qualifiés au lieu de dix en 1978; l'Amérique du Sud quatre au lieu de trois. L'Afrique, le nord de l'Amérique et l'Asie-Océanie se voyaient attribuer chacun deux places au lieu d'une.

Il y avait là de quoi plaire à tout le monde, même aux plus

irréductibles. Plus de matchs, plus d'argent, plus de visibilité mondiale. Le débat était clos. La Coupe du monde trouvait un second souffle.

Évidemment la formule de la compétition devait être adaptée à la nouvelle situation. On formerait donc maintenant six groupes de quatre pays chacun. Après les trois rencontres entre les quatre adversaires de chaque poule, les deux premiers au classement accéderaient au second tour. De là, on reconstituerait quatre groupes de trois pays. Les quatre gagnants, après deux matchs, se retrouveront en demi-finale. Les deux vainqueurs feront la grande finale et les perdants joueront pour la troisième place.

Pour déterminer les positions en cas d'égalité de points, les critères habituels seront utilisés: la différence de buts, les buts marqués...

Le Canada, si près du but par un seul but

Pour moi, ce Mundial revêtait un caractère très particulier. Pour la première fois, j'étais sur place. Ça change tout. Les couleurs, les chants, les cris et même les odeurs autour et dans les stades, tout est mouvement et vie. Vous ne voyez pas l'action, vous êtes dans l'action et, en quelque sorte, comme journaliste, vous êtes l'action. Elle vous enveloppe, vous pénètre. Une expérience totale et inoubliable.

Mais procédons d'abord par étape. Même s'il y avait maintenant vingt-quatre places de finalistes, il fallait bien passer l'épreuve des qualifications. Vingt-deux mois, trois cent six matchs et sept cent quatre-vingt-dix-sept buts, voilà le bilan statistique de ces éliminatoires de la Coupe du monde de 1982.

L'Argentine, comme championne, et l'Espagne, comme pays d'accueil, étant qualifié d'office, il restait vingt-deux postes à pourvoir.

Le Canada, dans la région nord de l'Amérique allait tenter sa chance pour une quatrième fois consécutive. Enrichis par l'expérience acquise lors des derniers essais, les dirigeants canadiens misaient beaucoup sur cette sélection qui participera à une première ronde avec le Mexique et les États-Unis, adversaires que le destin plaçait toujours sur sa route.

Cet exercice se solda par un excellent résultat puisque les Canadiens décrochèrent la première place avec cinq points en quatre rencontres — deux contre chaque adversaire. Le Mexique obtint quatre points et les États-Unis, éliminés, terminaient avec trois. Le Canada et le Mexique passaient donc au tournoi final.

Six pays se sont alors livrés à fond pour s'approprier les deux premières places qui donnaient accès à l'Espagne et à tous les espoirs. Chaque pays jouait un match contre les cinq adversaires finalistes de la région. Toutes les rencontres du tournoi se sont déroulées au Stadio Nacional de Tegucigalpa, capitale du Honduras.

La compétition avait commencé très positivement pour notre sélection qui gagna son premier duel 1 à 0 contre le Salvador. Mike Stojanovic avait inscrit le seul but dans la dernière minute de jeu. Toutefois, contre Haïti, les rouges ne réussirent qu'à faire match nul, 1 à 1. Stojanovic avait, cette fois, sauvé les siens de la défaite. Ce jeune Yougoslave d'origine était un prolifique marqueur ayant réussi quatre-vingt-seize buts en deux saisons avec les Serbian White Eagles de Toronto de la Ontario National Soccer League. Il joindra plus tard la Ligue nord-américaine de soccer avec Rochester et San Diego.

Mais maintenant, pour la troisième partie, il fallait affronter la sélection locale. Les Honduriens possédaient un onze superbement équilibré. Le libero Villegas, le stoppeur Costly, un meneur de jeu doué, Maradiaga, et d'excellents attaquants en Bailey et Betancourt, entre autres. Le Manic de Montréal tentera d'obtenir ce Betancourt qui signera finalement à Strasbourg en première division française.

Devant un public chauvin à souhait, le Canada devra s'incliner 2 à 1. C'est le grand blond Ian Bridge, un défenseur, qui trompera l'excellent gardien hondurien Arzu, imbattable lors des deux matchs précédents.

Le 15 novembre, la sélection canadienne est toujours au plus fort de la lutte et c'est contre le Mexique qu'il faut croiser le fer. Malgré un net avantage territorial, les Canadiens n'obtiendront finalement qu'un résultat de 1 à 1. Mais Bridge avait encore fait des siennes et marqué de la tête le but canadien.

Sans doute déçu par ce résultat, Hugo Sanchez, l'attaquant mexicain qui est devenu un superbuteur en Espagne par la suite, avait cru déceler dans les yeux des joueurs canadiens quelques reflets d'une détermination artificiellement obtenue. Sanchez accusa: «Les Canadiens étaient drogués.» Les médias alertés firent écho à la déclaration incendiaire de la vedette mexicaine. Mais l'affaire mourut dans l'œuf, car dès le lendemain, penaud, Sanchez, lors d'une conférence de presse, se rétractait, précisant qu'il s'était laissé aller sous le coup de la déception. Pour le Mexique, ne pas réussir à battre le Canada constituait une sorte d'échec.

À ce stade de la compétition, le Honduras avait emballé la première place. Le Canada, dans son dernier match, devait absolument triompher de Cuba pour espérer décrocher la deuxième position qualificative.

Or, j'étais à Tegucigalpa et, avant cette rencontre, la plus importante de l'histoire du soccer canadien, j'ai eu le culot et la naïveté de faire quelques suggestions à Barrie Clarke, entraîneur de la sélection rouge. Ian Bridge avait marqué deux buts dans les matchs précédents. À sa position de défenseur, il n'avait pas été particulièrement tranchant commettant même quelques erreurs dont une fut fatale. De toute façon, son grand gabarit n'était guère utile contre des formations qui n'utilisaient qu'occasionnellement les centres aériens. Par contre, devant le but adverse, sa tête blonde présentait une cible parfaite pour ses équipiers au milieu de défenseurs aux chevelures brunes ou noires, et la plupart du temps, plus petits que lui. Là, il pourrait se régaler. Et il fallait gagner, donc marquer au moins une fois. J'ai donc proposé à Clarke d'utiliser Bridge comme attaquant, en lui glissant un papier sous sa porte de chambre d'hôtel la veille du match.

Les Canadiens étaient-ils mal préparés? En tout cas, la partie se déroula bizarrement, sans rigueur et se termina 2 à 2. Dans les dernières minutes, Bridge avait joué devant et il avait failli marquer à quelques occasions. Mais le Canada était éliminé. Le

Mexique également. Le Honduras et le Salvador représenteraient le nord de l'Amérique en Espagne.

«Quelqu'un, dans son infinie sagesse a décidé que le Canada ne se qualifierait pas», de déclarer Clarke en quittant le Honduras.

C'est bien joli de remettre toute la responsabilité sur quelqu'un là-haut, mais il était assez évident que le Canada avait les moyens d'obtenir la seconde position et le billet pour la Coupe du monde.

Au terme de ce tournoi on pouvait donc logiquement se demander si Barrie Clarke avait tiré le maximum de cette formation.

Jamais les canadiens n'avaient frôlé la gloire de si près. Voici l'équipe type du Canada pour ces cinq rencontres. Gardien: Tino Lettieri (seul Québécois à avoir participé à une phase finale de Coupe du monde); défenseurs: Bob Iarusci, Bob Lenarduzzi, Bruce Wilson, Ian Bridge; milieux: Gerry Gray, Mike Sweeney, Dale Mitchell, Wes McLeod; attaquants: Mike Stojanovic, Branko Segota.

La Hollande au tapis

Dans le reste du monde, les éliminatoires révélèrent, comme toujours, des résultats inattendus. Mais, dans l'ensemble, les formules 1 du football étaient au rendez-vous espagnol.

En Europe, la seule surprise significative fut la disparition de la Hollande, finaliste des deux dernières éditions en Allemagne fédérale et en Argentine. Il était difficile pour un petit pays de se maintenir très longtemps au niveau des plus grandes nations. La génération surdouée des Cruyff, Neeskens, Rensenbrink, Rep... avait permis aux Néerlandais de s'inscrire dans l'histoire sinon dans la légende. En plus de ce groupe exceptionnel, la Hollande avait compté sur la présence d'un entraîneur, Rinus Michels, qui, on l'a vu, avait apporté au monde le concept de «pressing football» permettant à son groupe d'aller au bout de ses possibilités.

Par ailleurs, la France, qui avait montré un football vivant et offensif en Argentine, était de retour de même que la Hongrie. L'Angleterre, elle, réintégrait la phase finale après douze ans d'absence.

L'Italie, la Pologne, la RFA et l'URSS avaient survécu à l'épreuve redoutable des matchs qualificatifs de même que la Tchécoslovaquie, la Belgique, l'Écosse, l'Irlande du Nord, la Yougoslavie et l'Autriche. L'Espagne, pays hôte, complétait le tableau européen.

En Amérique du Sud, le Brésil gagna ses quatre matchs et se qualifia dans un fauteuil devant la Bolivie et le Venezuela.

Le Pérou a surpris l'Uruguay et la Colombie. Le Chili, enfin, a dominé un groupe assez ouvert dont faisaient partie le Paraguay et l'Équateur. Ces trois vainqueurs rejoignaient donc l'Argentine championne en titre. L'Afrique avait envoyé l'Algérie et le Cameroun.

Enfin, d'Asie-Océanie sortirent le Koweït et la Nouvelle-Zélande qui dut livrer un match de barrage gagné 2 à 1 devant la Chine à Singapour, sur terrain neutre. Ces quatre derniers qualifiés en étaient à leur première présence au tour final d'une Coupe du monde.

Les champions protégés

Avant le tirage au sort pour déterminer la formation des six groupes de quatre pays, on procéda, selon la tradition, à l'identification des six têtes de série qui seraient alors protégées lors du premier tour.

L'Angleterre, l'Argentine, le Brésil, l'Italie et la RFA, ayant déjà gagné une Coupe du monde, furent ainsi favorisées. Décision défendable bien que comportant des lacunes sérieuses. L'Italie, par exemple, avait triomphé pour la dernière fois en 1938. Mais bon, au moins, c'était un critère objectif.

Pour donner le maximum de chances au pays hôte, l'Espagne s'ajouta à la liste.

Ensuite, on fit en sorte que les sélections les plus faibles, par exemple Nouvelle-Zélande, Salvador, Koweït, Cameroun,

Honduras et Algérie, se retrouvent dans des groupes différents. Même principe pour les pays d'Amérique du Sud.

Ainsi, après toutes ces précautions, le «hasard» rendit son verdict:

Groupe 1: Cameroun, Italie, Pérou, Pologne
Groupe 2: Algérie, Autriche, Chili, RFA
Groupe 3: Argentine, Belgique, Hongrie, Salvador
Groupe 4: Angleterre, France, Koweït, Tchécoslovaquie
Groupe 5: Espagne, Honduras, Irlande du Nord, Yougoslavie
Groupe 6: Brésil, Écosse, Nouvelle-Zélande, URSS

Groupe 1: Cinq matchs nuls sur six

Sur les six rencontres disputées dans cette poule, trois se terminèrent par le compte de 0 à 0 et deux par 1 à 1. On n'était pas à la fête. Seul, le face à face Pologne-Pérou avait rompu la monotonie.

Après avoir marqué cinq buts aux Péruviens, les Polonais s'imposaient au premier rang et manifestaient de réelles ambitions grâce à une attaque inventive et efficace animée par les Lato, Boniek, Smolarek, Buncol et cie. Pour le Pérou, éliminé, la boucle s'était refermée sur une génération remarquable. Et pour les Cubillas, Oblitas, Barbadillo, la retraite approchait.

L'Italie avait réussi à s'agripper péniblement à la deuxième place sans convaincre. La squadra acheva ce premier tour à égalité avec le Cameroun qui avait étonné tout le monde. Ce n'est que par le nombre de buts marqués (2) contre un seul par les Africains que l'Italie avait accès à la ronde suivante. On avait beaucoup de sympathie pour ces Camerounais. Peut-être impressionnés par l'événement, ils manquèrent de confiance en n'attaquant pas suffisamment leurs trois opposants.

Mais on se souviendra du gardien N'kono, et des Kunde, Abega, Milla — qui nous enchantera encore en 1990 — et autre M'Bida.

Groupe 2: Le match de la honte

Le 16 juin, une fébrilité inhabituelle envahissait les salles de presse. On apprenait que l'Algérie venait de battre la RFA à Gijon. Sans doute une erreur. La grande Allemagne tombée devant le poucet Algérien? Impossible. Et pourtant, la marque de 2 à 1 en faveur de l'Algérie est confirmée. Inimaginable. Énorme.

Les deux buteurs, «le réaliste» Rabah Madjer et «le poète» Lakhdar Belloumi, ont bousculé l'histoire. Seul Karl-Heinz Rummenigge a trompé le gardien Mehdi Cerbah (que l'on verra, trop peu, avec le Manic de Montréal en 1983). Bien lancés pourtant, les Algériens s'inclineront devant l'Autriche 0 à 2 avant de vaincre le Chili 3 à 2.

Par ailleurs, l'Allemagne fédérale, après son départ catastrophique, corrigea vite le tir en triomphant du Chili 4 à 1 et de l'Autriche 1 à 0. Ce fut lors de cette dernière partie que les Algériens ont crié au scandale et avec raison. C'était le dernier match, celui qui scellait le classement du groupe.

Au bout de dix minutes, le géant allemand Horst Hrubesch, attaquant de son métier, avait ouvert le score. Et puis... le jeu s'estompe. Assurés du premier rang par une victoire, les Allemands se contentent de trotter au milieu du terrain. Les Autrichiens, vainqueurs des Chiliens et des Algériens avec qui ils partagent le second échelon avec quatre points, savent très bien qu'en restant à 0-1, ils passent au tour suivant grâce à une meilleure différence de buts. Pas la peine de se défoncer non plus.

Derrière nous, dans la tribune officielle, le président de la Fédération algérienne de football gesticule, crie son dégoût devant le spectacle lamentable dont on est témoin. Il le sait, sa sélection sera bientôt éliminée de façon peu sportive.

Effectivement la marque ne broncha pas. RFA 1 Autriche 0. Y a-t-il eu collusion entre les deux pays frères? C'est tout comme. À la suite de ce non-match, la FIFA verra à ce que des rencontres qui peuvent avoir une influence directe sur le classement soient disputées en même temps pour éviter ce genre de dérapage. Mais, en Espagne, c'est l'Algérie qui a écopé.

Groupe 3: Un Maradona encore trop vert

En 1978, lors de la phase finale en Argentine, Diego Armando Maradona, l'enfant du pays, avait 17 ans. L'âge de Pelé lorsque le jeune Brésilien éblouit le monde en 1958 en Suède. Maradona espérait être sélectionné par Menotti parce qu'il se croyait prêt à évoluer au plus haut niveau, surtout devant son public. Il voulait imiter les exploits du Brésilien, 20 ans auparavant.

Cesar Luis Menotti en avait jugé autrement. Diego était resté sur la touche. Et l'Argentine avait remporté la Coupe du monde. Personne ne pouvait donc remettre en question la décision de Menotti. En 1982, l'idole de toute l'Argentine a 21 ans. Il est le joueur le plus recherché du monde. Il a prouvé sa très grande valeur avec la sélection nationale junior et surtout avec son club, le Boca Juniors de Buenos Aires. En Espagne, il espérait bien tout casser et s'imposer à la planète. La réalité allait être tout autre.

Dès le premier duel de l'Argentine contre la Belgique qui marquait d'ailleurs l'ouverture officielle de ce douzième mondial, les Belges ont marqué le jeune prodige très étroitement. À deux joueurs, souvent à trois. Après un bon début de rencontre, Maradona disparaissait étouffé par la tactique des «diables rouges», qui se sauvèrent finalement avec une victoire de 1 à 0. But de Vandenbergh.

À ce moment-là, les champions du monde étaient à genoux. Pourtant, Menotti regonflera sa troupe et les Argentins couleront la Hongrie 4 à 1 — dont deux buts de Maradona — et le Salvador 2 à 0, se qualifiant ainsi pour le second tour derrière la Belgique invaincue.

Les deux autres sélections de ce groupe se sont livré à Elche, le 15 juin, un match historique. Non pas pour la qualité du jeu mais pour l'ampleur de l'écart entre les deux équipes. La Hongrie exterminait alors par 10 buts à 1 le pauvre Salvador représentant de la région CONCACAF qui avait distancé le Canada de justesse lors des éliminatoires. Quant à la différence de buts, ce résultat rejoint dans l'histoire celui du 18 juin 1974, en RFA, alors que la Yougoslavie avait mystifié le Zaïre 9 à 0.

Cette victoire, bien qu'écrasante, n'aura finalement pas servi les Hongrois qui ne cumuleront que trois points et seront rayés du tournoi avec les Salvadoriens.

Groupe 4: Un sans faute de l'Angleterre

On venait à peine de prendre place dans le stade San Mames de Bilbao en ce très chaud après-midi (34 °C) du 16 juin que l'Anglais Brian Robson avait déjà surpris Jean-Luc Ettori, le gardien français battu après 27 secondes de jeu. Jamais but n'avait été marqué aussi rapidement.

Gérard Soler égalisera à la vingt-cinquième minute mais Robson encore et Paul Mariner exécuteront les hommes de Michel Hidalgo qui entament encore mal la compétition.

Néanmoins, en battant le Koweït 4 à 1 et en obtenant difficilement le nul 1 à 1 contre la Tchécoslovaquie, les bleu-blanc-rouge arracheront la deuxième position derrière l'Angleterre, qui a terrassé tour à tour les Tchécoslovaques 2 à 0 et le Koweït 1 à 0. Les Anglais ont fait le plein avec six points. En revanche, les Koweïtiens, qui ont quand même tenu la Tchécoslovaquie à un match nul de 1 à 1, se retirent honorablement. Avec un jeu assez terne, les Européens de l'Est ont déçu et n'iront pas plus loin.

Groupe 5: Des cadeaux aux Espagnols

L'équipe d'Espagne était belle à voir. En tout cas, sur les panneaux publicitaires le long des routes. En pleine action mais en complet et cravate, les sélectionnés faisaient la promotion d'un grand magasin à rayons. Sur le terrain, toutefois, c'était autre chose.

À Valence, le 16 juin, contre le modeste Honduras, les Espagnols firent match nul 1 à 1. Et il fallut la complicité de l'arbitre argentin, M. Iturralde, qui leur accorda un penalty plus que douteux à la soixante-cinquième minute pour leur permettre de rejoindre les Honduriens. Zelaya avait marqué dès le début de la partie, et lui et les siens livraient un match remarquable.

Lopez-Ufarte avait transformé le penalty mais les aficionados n'étaient pas dupes. Ils avaient déjà noté les limites de leur sélection qui n'arrivait pas à décoller.

Si l'Espagne accrocha la troisième place, c'est qu'elle y fut portée par des décisions favorables des officiels. En effet, lors de son second match devant la Yougoslavie, elle bénéficia encore d'un penalty pour une faute commise pourtant à un mètre à l'extérieur de la surface de réparation. Lopez Ufarte s'exécuta encore et, cette fois, tira à côté. Pas de problème, l'arbitre, M. Lund Sorensen, fit reprendre le tout parce que, paraît-il, le gardien Dragan Pantelic avait bougé avant le coup de pied. Juanito remplaça alors Lopez Ufarte et trompa Pantelic. L'Espagne l'emportera finalement 2 à 1.

Lors de sa dernière confrontation, la sélection locale perdra 0-1 face à l'Irlande du Nord. Parcours extrêmement décevant. Les Irlandais, qui alignaient pour la circonstance le plus jeune joueur de l'histoire à participer à une phase finale en Norman Whiteside — il avait 17 ans et 1 mois —, compléteront ce premier tour avec quatre points devant l'Espagne qui finit avec trois points, tout comme la Yougoslavie.

C'est grâce aux trois buts marqués — dont deux sur penalty cadeaux — que les Espagnols passent à la ronde suivante.

Les Yougoslaves quitteront l'Espagne prématurément avec un profond sentiment d'injustice. Avec deux points, le Honduras aura réussi un remarquable tournoi créant partout une formidable impression.

Groupe 6: Le Brésil de 1970

Dans l'ordre, le Brésil a disposé de l'URSS 2 à 1, de l'Écosse 4 à 1 et de la Nouvelle-Zélande 4 à 0.

Dix buts en trois matchs. Les bleu et or étaient revenus à leur football offensif de la Coupe du monde de 1970. Contrôle du ballon, jeu à une touche, les Cariocas étaient bien dans leur peau. Leur bonheur de jouer transpirait. Et ils étaient efficaces devant le but adverse malgré un avant-centre Serginho mal inspiré. Leur force, ils la tiraient des trois merveilleux footballeurs du milieu, Zico, Socrates et Falcao.

Après les trois premiers matchs, l'Écosse et l'URSS afficheront trois points. Mais la cruciale deuxième place ira aux Soviétiques qui présentent une différence de buts de +2 contre 0 pour les Écossais. Pourtant les Strachan, Souness, Wark, Archibald... avaient bien mérité de la patrie. Comme toujours, ils avaient démontré un jeu généreux, un engagement de tous les instants.

La Nouvelle-Zélande, quant à elle, un peu dépassée par les événements, pouvait au moins s'enrichir d'une expérience inoubliable.

La dérive des continents

Le bilan de ce premier tour à vingt-quatre pays était plutôt positif. Cent buts en trente-six matchs avaient été marqués et, surtout, les six pays têtes de série poursuivaient la compétition. Ce n'était pas sans réjouir les organisateurs.

C'est vrai, les «petites» sélections se seront retrouvées, dès cette étape, dans un cul-de-sac. Mais l'Algérie — sortie dans des circonstances irrégulières — et le Cameroun pour l'Afrique, de même que le Honduras pour le nord de l'Amérique avaient donné des sueurs froides aux grands maîtres de la profession. La Nouvelle-Zélande et le Koweït, représentant l'Asie-Océanie, n'avaient jamais été déclassés.

Seul le Salvador, pétrifié devant les Hongrois, aura loupé son Mundial. Mais là, on peut blâmer l'entraîneur Mauricio Rodriguez pour une préparation totalement défaillante. Après cette hécatombe, les Salvadoriens, tous en défensive, céderont que 1 à 0 devant la Belgique et 2 à 0 face à l'Argentine, championne du monde.

L'Afrique, l'Asie, l'Océanie et le nord de l'Amérique, longtemps coupés des grandes compétitions, démontrèrent alors que les continents avaient tendance à se rapprocher et que l'écart entre les grandes régions du monde s'amenuisait constamment.

Place à l'Europe

De vingt-quatre, on était donc passé à douze pays dont dix européens. Et malheureusement, le Brésil et l'Argentine devaient loger dans la même poule ce qui signifie qu'une des deux nations, peut-être même les deux, allait être écartée lors de ce deuxième tour. Mais les quatre groupes avaient été pré-déterminés. Il n'y avait donc pas de favoritisme. Par exemple, le vainqueur du groupe 1, le vainqueur du groupe 3 et le second du groupe 4 devaient former le groupe A du second tour. Et ainsi de suite.

Chapeau Boniek

Groupe A: Belgique, Pologne, URSS.

La Pologne avait magnifiquement joué le coup en assommant d'entrée de jeu la Belgique 3 à 0. Trois buts de Zbigniew Boniek superbement alimenté par ses équipiers Lato, qui occupait toujours sa place, et Smolarek. Mais c'est par son génie à utiliser les espaces que cette sélection émerveilla. Ainsi, sur le deuxième but, Kupcewicz aux dix-huit mètres sur le flanc droit de l'attaque remet brillamment une balle qui traverse complètement la surface de réparation et, à l'extrême gauche, trouve la tête de Smolarek. Celui-ci lobe un défenseur et Boniek, qui accourt à pleine vitesse, reprend aussi de la tête et déjoue le gardien Custers trop avancé. Superbe action. Rarement voit-on un changement d'aile effectué aussi près du but adverse. Une exploitation inventive de la surface de jeu qui a visiblement décontenancé la défense belge.

Les diables rouges perdront aussi leur deuxième rencontre devant les Soviétiques par 1 but à 0 et seront éliminés tout de go après un premier tour pourtant impressionnant. Mais les Belges peuvent compter sur un onze qui monte et on reverra bientôt les Ceulemans, Vercauteren, Czerniatynski, Gerets... auxquels se grefferont le grand gardien Pfaff et le remarquable Enzo Scifo.

Dans son dernier duel, contre l'URSS, la Pologne n'avait besoin que d'un match nul pour atteindre la demi-finale. En effet, grâce aux trois réussites de Boniek contre la Belgique, les Polonais jouissaient d'une meilleure différence de buts que les Soviétiques. À Barcelone, au stade du Nou Camp de 120 000 places, une foule décevante de 65 000 spectateurs fut témoin d'un match sérieux des deux pays de l'Est, et les Polonais obtiendront finalement le 0 à 0 qu'il leur fallait.

Adios España!

Groupe B: Angleterre, Espagne, RFA.

À Madrid, l'Allemagne fédérale et l'Angleterre (0 à 0) ne feront pas de maître. Pas trop bon pour la fameuse différence de buts souvent déterminante.

Le 2 juillet, la sélection espagnole pour sa part disputait le match de sa vie. Contre la puissante Allemagne, la troupe de l'entraîneur très controversé Jose Emilio Santamaria concéda des buts à Littbarski et Fischer en seconde période et ce fut beaucoup trop. En marquant à la quatre-vingt-deuxième minute, Jesus Zamora mettra un peu de baume sur une plaie grande ouverte.

D'autant plus que dans la dernière partie, l'Espagne et l'Angleterre ne sauront se départager. Un 0 à 0 laissant la qualification aux Allemands. La formation espagnole n'ira pas plus loin et ce n'est que justice. Déjà, cette présence à ce stade du tournoi était usurpée.

D'ailleurs, les critiques ne se firent pas attendre dans les médias: «Tout le monde sait que Santamaria, l'entraîneur, est un incompétent; aucun club de la ligue ne veut de lui. Il a été choisi parce qu'il fait tout ce que veut Porta [président de la fédération espagnole de football].» Et plus cyniquement : «Nos meilleurs attaquants furent les arbitres.»

Un Italie-Brésil impérissable

Groupe C: Argentine, Brésil, Italie.

Tour à tour, l'Italie et le Brésil ont remporté leur match contre l'Argentine, championne en titre.

L'Italie par 2 buts à 1 grâce à Marco Tardelli et Antonio Cabrini. Seul Daniel Passerella put répondre pour les Sud-Américains. Le marquage de Claudio Gentile sur Diego Maradona fut féroce. Une lutte titanesque dans laquelle le jeune héros argentin laissa beaucoup d'énergie. Dans le match suivant contre le Brésil, écœuré du traitement qu'on lui faisait subir, il perdit le contrôle de ses émotions et administra un solide coup de pied dans le ventre d'un adversaire. Expulsion immédiate. Ce geste donnait un peu raison à Menotti qui avait jugé, en 1978, que Diego n'était pas prêt mentalement à affronter les défensives sans scrupules et les crampons vengeurs.

L'incident s'était produit vers la fin de la rencontre gagnée par les Brésiliens 3 à 1. Zico, Serginho et Junior avaient placé les leurs en avant et Ramon Diaz avait répliqué pour les Argentins déçus et déchus. Mais, Maradona avait appris et, au Mexique, en 1986, ses exploits émerveilleront la planète.

Par ailleurs, le 5 juillet, au petit stade de Sarria, à Barcelone, l'Italie et le Brésil jouaient donc le match de la qualification. Pour les Cariocas, un point suffisait puisqu'ils avaient marqué trois buts aux Argentins contre deux par les azzurri.

Cette rencontre est à jamais fixée dans ma mémoire. Pour plusieurs raisons. Deux heures avant l'affrontement, alors que déjà les tambours brésiliens battaient le rythme de la «batucada», je fus témoin de l'arrivée au stade de la sélection sud-américaine largement favorite. Les Cerezo, Zico, Eder, Junior... défilaient arborant tous le masque glacé de la tension.

Tous sauf un. Le grand Socrates, souriant, s'arrêtait un instant pour plonger la main dans les cheveux blonds d'un enfant ébahi. Simple et décontracté comme s'il se rendait à une partie de pêche. Pour le longiligne brésilien (1,92 m), le football était toujours un jeu. Coupe du monde ou pas. C'est d'ailleurs ce qui faisait sa force.

En Italie, où il est allé plus tard, à la Fiorentina (Florence), l'ambiance avait changé. Le foot était guerre. Dans ce contexte éminemment défensif, Socrates ne put exprimer son immense talent. Pourtant, il était parmi les plus grands. Sa superbe touche de balle, la fluidité irréelle de ses déplacements le plaçaient dans la lignée de ceux capables de faire naître l'émotion par la beauté de leur style.

Jeune, il avait résisté à l'appel des sirènes et avait refusé de joindre les grands clubs de son pays pour terminer ses études de médecine. Pas évident. Ses prises de position avaient du relief. Il ne s'était jamais gêné pour s'en prendre au gouvernement de son pays, le jugeant aux antipodes des besoins réels des citoyens. Un jour, il avait aussi affirmé : «J'ai refusé de faire de la pub pour une marque de produits pharmaceutiques. Un médicament doit être prescrit par un médecin, pas par un footballeur.» Il était médecin, mais c'est le sportif qu'on sollicitait.

Détonant dans ce milieu plutôt conservateur, Socrates s'appelait aussi Brasileiro, comme s'il portait en lui tout un peuple. Venu en équipe nationale à 24 ans seulement, il flambait maintenant avec ses compères Zico, Falcao, Cerezo et les autres. Comme capitaine, il avait donc un rôle précis à jouer lors de ce match si important contre l'Italie. Mais Paolo Rossi allait changer le cours «prévu» des choses.

Dès la cinquième minute, un centre lumineux de Cabrini dans le dos des défenseurs brésiliens et Rossi, le petit lutin, bat Peres de la tête: 1 à 0.

Mais Socrates s'échappe et après une course dans l'axe et un 1-2 avec Zico, se décale à droite et surprend Dino Zoff d'un tir sec au sol: 1 à 1.

La squadra, à la vingt-cinquième minute, exploite une erreur monstrueuse de Cerezo qui, par une passe trop molle, abandonne le ballon au centre. Attaque immédiate de Rossi et but: 2 à 1.

Puis, au milieu de la seconde période, Falcao laissé étrangement libre à dix-huit mètres devant le but, laisse partir un plomb et c'est 2 à 2. Formidable. À ce moment-là, le Brésil est demi-finaliste.

Toutefois, quinze minutes avant terme, lors d'un corner pour l'Italie, Rossi, encore et toujours, saute sur un ballon fou et marque, profitant d'un très mauvais placement des Brésiliens. Et les bleus triomphent.

Magnifique rencontre qui s'est poursuivie par la fête autour du stade. En effet, des Italiens faisant flotter des drapeaux brésiliens et des Brésiliens brandissant les couleurs italiennes défilaient dans les rues avoisinantes. Pourtant, la pilule était dure à avaler pour les grands favoris. Superbe spectacle d'amitié, de camaraderie qui transcende le sport. On en redemande.

La France dans ses œuvres

Groupe D: Autriche, France, Irlande du Nord.

Peu de choses à dire ici si ce n'est que les Français, heureusement tombés dans le groupe le plus facile, en profitèrent pleinement.

Victoires de 1 à 0 sur l'Autriche, avec en prime un prodigieux coup franc de Bernard Genghini pour le seul but du match, et de 4 à 1 sur la valeureuse équipe d'Irlande du Nord. Deux buts de Dominique Rocheteau et deux autres du petit Alain Giresse propulsaient les Français parmi les quatre meilleurs au monde. L'excellent Armstrong avait sauvé l'honneur des Irlandais. Cette sélection française qui avait déjà fortement impressionné en Argentine arrivait presque à maturité. Michel Hidalgo, l'entraîneur tricolore, très près de ses joueurs, avait trouvé les bonnes solutions pour tirer le maximum de sa troupe.

En réalité, les Français n'avaient pas d'avant-centres de pénétration capables de s'engager dans la surface pour faire la différence. Qu'à cela ne tienne. Les buts viendront du milieu. Pour compenser leur lacune, les attaquants évolueront souvent dos au but pour remettre aux milieux de terrain venant occuper l'espace. Cette façon de procéder rend la tâche difficile aux défenseurs qui marquent avant tout les attaquants. Sur les seize buts français du tournoi, six seulement furent l'œuvre d'attaquants. Le danger venait de derrière.

Pour l'Autriche et l'Irlande du Nord, une élimination aussi tardive laissait supposer que les deux formations étaient allées au bout de leurs possibilités. Plusieurs Autrichiens réussiront de très belles carrières avec de grands clubs européens dont Herbert Prohaska à l'Inter de Milan (Italie), Hans Krankl au FC Barcelone (Espagne) et Bruno Pezzey à l'Eintracht de Francfort (RFA). Pour les meilleurs Irlandais du Nord, les clubs anglais constituaient la filière payante. Entre autres, Norman Whiteside évoluait à Manchester United et le gardien Pat Jennings se retrouvait à Arsenal.

Rossi, la boîte à surprises

Rien ne pouvait plus arrêter les Italiens. Solides et solidaires, ils savaient maintenant qu'ils pouvaient tout rafler, que la chance était leur compagne.

La Pologne et l'Italie, issues du même groupe initial, avaient déjà fait match nul 0 à 0 à Vigo. Mais en demi-finale, les Polonais ne firent pas illusion très longtemps malgré un style agréable et franchement offensif. Dès la vingt-deuxième minute, le mal était fait. Sur un coup franc du remarquable meneur de jeu Giancarlo Antognoni, Paolo Rossi dévie le ballon derrière Mlynarczyk. Dos au mur, les Polonais attaqueront sans cesse une défense solidement regroupée. Et sur contre-attaque, le rapide Bruno Conti de l'aile gauche centre. Rossi, au deuxième poteau, se lance et pousse le ballon de la tête hors de portée du gardien polonais: 2 à 0. L'imprévisible squadra jouera donc la grande finale grâce à l'insaisissable Paolo Rossi qui venait pourtant de quitter l'enfer. Suspendu pendant deux ans pour une affaire de paris illégaux sur le résultat des matchs, il saisissait alors pleinement sa chance pour se replacer sur les rails du succès. Son sens du placement était tout simplement exceptionnel. Les azzurri lui doivent beaucoup.

En quittant le stade du Nou Camp de Barcelone, après le match, on m'apprend que pendant le long règne du général Franco à la tête de l'Espagne, les régionalismes étaient étouffés par le pouvoir central. Tout était axé sur Madrid. L'expression de la culture catalane était limitée au minimum. Le stade devenait un lieu de résistance. On y parlait catalan, on y entonnait des chants patriotiques. Impossible de contrôler une foule de 100 000 personnes. Une étonnante complicité s'était établie entre le peuple et le football. On peut facilement penser que ce phénomène s'est reproduit très souvent partout dans le monde et sous tous les régimes totalitaires.

La nuit noire de Séville

«Fabuleux», titrait le quotidien *L'Équipe* au lendemain de cette terrible empoignade entre la France et la RFA à Séville, le 8 juillet. Pourtant, les Français avaient perdu. Mais, c'est vrai, ce match était déjà entré dans la légende.

Imaginez un peu. Pendant le temps réglementaire, l'Allemand Pierre Littbarski et Michel Platini sur penalty, avaient placé les deux équipes à égalité. Au cours du surtemps, après dix minutes, la France s'était détachée avec des buts de Marius Trésor et Alain Giresse: 3 à 1, et il reste vingt minutes à faire. Vingt minutes qui séparent la France d'une première finale de Coupe du monde. L'éternité.

Là, il fallait revoir le dispositif tactique et rapidement penser à défendre. Mais ce n'était pas le genre de la maison. La France n'est pas l'Italie. Un pied déjà dans l'infini, Platini et les siens continuaient d'évoluer sans tenir compte du contexte. Karl-Heinz Rummenigge et Klaus Fischer les ramèneront brutalement sur terre avec deux buts meurtriers: 3 à 3.

Au moment des tirs au but, l'arrogant gardien allemand Harald Schumacher avait peut-être déjà gagné la bataille. Pendant toute la rencontre, il avait joué l'intimidation au maximum d'abord sur Didier Six et surtout lors d'un coup d'une violence inouïe qu'il asséna au jeune Patrick Battiston à la cinquante-huitième minute. Remarquablement lancé par Michel Platini, le défenseur s'engageait dans l'axe vers le but allemand, suivant des yeux la trajectoire du ballon. Au moment de le dévier derrière Schumacher, il ne vit pas le gardien-bulldozer qui fonçait sur lui ignorant totalement la balle qui alla mourir à l'extérieur du but. L'impact eut lieu à l'intérieur de la surface de réparation. Battiston resta au sol, immobile, inconscient. On a craint alors une blessure très grave à la colonne vertébrale. Hospitalisé pendant plusieurs jours, il s'en tira finalement avec des côtes enfoncées, des dents brisées. Aussi invraisemblable que cela puisse paraître, il n'y eut pas d'expulsion, pas de penalty, pas même d'avertissement à l'agresseur qui avait vraiment frappé pour blesser. Incroyable. Bien plus, ce sont les

Français qui seront pénalisés puisqu'ils durent alors utiliser leur deuxième substitut, Battiston étant lui-même le remplaçant de Bernard Ghengini, blessé.

Et la valse des tirs au but s'amorça. Curieusement Didier Six, quatrième tireur — était-il toujours mystifié par Schumacher? — ratera son coup. L'Allemand Ulrich Stielike également. Et, devant Maxime Bossis, sixième Français, Shumacher bloquera. Horst Hrubesch qui suivit marquera et fera alors la différence. La RFA l'emportera donc par 5 buts à 4. Malgré tout, cette confrontation extraordinaire fait toujours parler la France du football.

Mais pour les Allemands, il faut le souligner, il est des victoires qui n'ennoblissent pas toujours leurs auteurs. Ceux qui croient que tous les moyens sont bons pour gagner ont finalement bien peu de respect pour le sport qu'ils pratiquent.

L'Italie revient de loin

Après une demi-finale aussi intense et exténuante, les Français disputèrent aux Polonais le match pour la troisième place sans grande conviction. Laissant de côté les Platini, Giresse, Rocheteau, les tricolores furent battus 3 à 2 par une sélection plus motivée alignant ses meilleurs éléments. La Pologne répétait ainsi son exploit de 1974 en montant sur la troisième marche du podium.

Par ailleurs, la finale Italie-RFA du 11 juillet, à Madrid, au stade Santiago Bernabeu plein à craquer, fut d'un niveau très moyen. Rien à signaler durant la première période si ce n'est un penalty raté d'Antonio Cabrini après une faute de Hans Peter Briegel sur Bruno Conti dans le rectangle de réparation. Une première mi-temps hachée, farcie de fautes de toutes sortes.

La rencontre fut vraiment lancée, à la cinquante-septième minute quand Paolo Rossi marqua son sixième but, meilleur total du tournoi. Puis, Marco Tardelli et le bel Alessandro Altobelli concrétisèrent aussi pour la squadra devenue intouchable. Paul Breitner, le vieux routier du ballon rond — il avait participé à la finale de 1974 —, évitera l'humiliation aux

Allemands sept minutes avant terme: 3 à 1, et l'Italie rejoignait le Brésil seul autre triple vainqueur de la Coupe du monde. Le dernier triomphe de la squadra datait de 1938. Et, ici en Espagne, rares étaient ceux qui avaient prévu son parcours victorieux. Le roi d'Espagne, Juan Carlos, remit le trophée à Dino Zoff, gardien de but et capitaine héroïque de cette sélection qui avait su hausser son niveau de jeu à chaque étape de la compétition.

À Montréal, comme partout dans le monde, la colonie italienne a laissé éclater son bonheur.

D'autre part, au plan tactique, le 4-4-2 était consacré. Presque tous s'en inspiraient. Malgré le nombre réduit des attaquants, on avait maintenu la moyenne de la dernière phase finale. (Si on exclut l'exceptionnel 10 à 1 de la Hongrie face au Salvador. Ce résultat faussait, d'une certaine façon, les statistiques officielles.) Plusieurs buts avaient été marqués par ou grâce aux grandes qualités des milieux de terrain offensifs comme les Brésiliens et les Français. Reste que le 4-4-2, en général, est un système plutôt défensif où les risques sont limités.

Enfin, rendez-vous est donc pris pour 1986 en Colombie d'abord élue pour accueillir la treizième édition du championnat du Monde. Entre-temps, quelques mois plus tard, à Turin, j'eus l'occasion d'interroger le grand ailier italien Roberto Bettega sur les succès de la squadra en Espagne. Blessé mais présent là-bas, il n'avait pu prendre part directement au triomphe. Son analyse est intéressante: «Après le premier tour très difficile des azzurri, on était tous inquiets. Mais au fur et à mesure, les gars ont joué avec de plus en plus de motivation et de conviction. Après le gain sur l'Argentine au second tour, on sentait que le coup était parfaitement jouable. Et toutes les composantes psychophysiques se sont impeccablement coordonnées pour nous porter vers la victoire finale tout à fait méritée.»

Chapitre 13

1986 Mexique

DIEGO ARMANDO MARADONA

«Les grandes équipes meurent quand ont disparu les créateurs.»
MICHEL HIDALGO, ex-entraîneur de l'équipe de France

En quittant l'Espagne à la fin du dernier Mundial, la Colombie nous invitait pour la phase finale de 1986.

Dès 1974, la FIFA avait donné son aval à ce pays d'Amérique du Sud qui se croyait alors en mesure de recevoir le monde. Mais depuis quelques mois, des rumeurs circulaient selon lesquelles les Colombiens auraient bien du mal à respecter les exigences de la Fédération internationale en matière d'installations sportives, de réseau de communication, d'hébergement...

Or en novembre 1982, le gouvernement colombien, soudain conscient de son incapacité à organiser un événement d'une telle ampleur, se désiste. Quelques mois après la finale de Madrid et moins de quatre ans avant la ronde ultime de 1986, le Canada, le Brésil, les États-Unis et le Mexique présentèrent leur candidature pour remplacer la Colombie.

Le Canada avait déjà amorcé des démarches pour obtenir la tenue de la Coupe du monde. Mais officiellement, on visait la finale de 1994 puisque celle de 1990, selon le principe de l'alternance entre les continents, devait se dérouler en Europe où l'Italie avait déjà été désignée.

Pressentant les difficultés de la Colombie, la délégation canadienne dirigée par Georges Schwartz, et dont faisaient partie le Père de La Sablonnière, l'ex-tennisman François Godbout et Walter Siebert, actuel membre du CIO et du comité d'organisation de la Coupe du monde, était en Espagne durant l'été de 82 et multipliait les contacts auprès des dirigeants mondiaux pour les convaincre des avantages de tenir la phase finale ici. Son dossier était étoffé. En effet, neuf stades parfaitement opérationnels — autant que ce qui est prévu aux États-Unis en 94 — étaient disponibles. De plus, la popularité croissante du soccer à la base et des moyens de transport et de communication ultramodernes devaient en rassurer plus d'un. Cependant, l'immensité du territoire, les déplacements longs et épuisants, l'affaiblissement de la Ligue nord-américaine de soccer dont le nombre de membres diminuait chaque année et, enfin, la faible tradition du soccer-football ici allaient jouer contre le projet canadien. C'est sans doute sur ce dernier point que s'appuiera Joao Havelange pour écarter la présentation de nos délégués.

Président de la Fédération internationale de football association, Havelange tenait solidement les rênes du pouvoir et décida d'opter pour la sécurité maximale (selon lui) en faisant pencher la balance en faveur du Mexique qui avait déjà accueilli la phase finale en 1970.

Malgré une situation économique désastreuse, le gouvernement mexicain avait accepté de remplacer la Colombie poussé en cela par certaines entreprises privées qui voyaient là un eldorado à portée de la main. Ce fut le cas en particulier du groupe Televisa, une colossale entreprise de communications présente en Amérique latine et aux États-Unis et dont le vice-président, Guillermo Canedo, allait devenir président du comité organisateur. Sans commentaire.

Mais le 19 septembre 85, le Mexique est victime d'un violent tremblement de terre qui secoue la ville de Mexico et aussi le sud-ouest du pays. On a parlé de 15 000 morts. Un drame d'une exceptionnelle intensité. Insoutenable. Comment, alors, le tournoi de la Coupe du monde peut-il encore faire partie des priorités dans un pays aussi durement éprouvé?

Les stades sélectionnés n'ont cependant pas été touchés. Peut-être juge-t-on que le peuple, dans ces circonstances, a besoin de diversion. En tout cas, les autorités mexicaines réaffirment leur volonté de respecter leur engagement.

La FIFA hésite. Mais, à un an du coup d'envoi, elle décide de faire confiance à la grande société Televisa, à qui elle a, à toutes fins utiles, vendu la compétition. De plus, les puissants commanditaires étaient toujours présents et assuraient des recettes appréciables.

Le Canada atteint la terre promise

Si, en 1981, le Canada avait effleuré la gloire, cette fois, il la saisit à bras-le-corps. La progression de la sélection canadienne avait été constante particulièrement depuis les qualifications pour la finale de 1978. Tony Waiters était maintenant à la barre de l'équipe. Son CV impressionnait. Gardien de but du club de Blackpool de 57 à 69, il obtint cinq sélections avec l'équipe d'Angleterre. Waiters fit ses classes comme entraîneur avec le club Plymouth Argyle qu'il fit passer de la troisième à la deuxième division en 74-75. À la tête de la sélection anglaise junior, il remporta le championnat d'Europe en 1973. En 1977, il vint s'établir en Colombie-Britannique où il devint tour à tour entraîneur, gérant général et président des White Caps de Vancouver de la Ligue nord-américaine de soccer. Il conduisit cette formation à la victoire au Soccer Bowl de 1979.

Guidé par cet homme expérimenté, le Canada entreprit le premier tour des éliminatoires de la zone CONCACAF en obtenant un laissez-passer, car la Jamaïque, opposant désigné, fut suspendue faute d'avoir réglé sa cotisation à la FIFA.

Au second tour, dans le groupe 2, avec Haïti et le Guatemala, les Canadiens coiffèrent le peloton après la série de quatre rencontres. À Victoria, nos représentants écartent successivement Haïti par 2 buts à 0 et le Guatemala par 2 à 1. Puis, lors des matchs retour, ils disposèrent d'Haïti 2 à 0 à Port-au-Prince après avoir accroché le Guatemala 1 à 1.

Dale Mitchell s'était illustré avec quatre buts et Igor Vrablic avait fait mouche deux fois. Paul Dolan, un jeune gardien natif d'Ottawa, faisait alors des débuts prometteurs devant le filet canadien. Il n'avait que 18 ans.

Avec le Honduras et le Costa Rica, les Canadiens devaient maintenant s'engager dans un dernier tournoi régional. Seul le meilleur des trois pays atteindrait la terre promise.

À Toronto, le 17 août 85, la troupe de Tony Waiters frôlait la catastrophe face au Costa Rica qui avait marqué dès la dixième minute de jeu. Il fallut attendre une heure avant que Paul James ne parvienne à égaliser. L'essentiel était sauvé.

La deuxième partie s'avéra déterminante. Au Honduras, au stade Nacional de Tegucigalpa, devant 55 000 partisans inconditionnels, le Canada récolta un de ses plus beaux fleurons en battant les Honduriens 1 à 0. But de George Pakos.

À San Jose de Costa Rica, le match nul de 0 à 0 fut bien accueilli puisque, après trois parties, l'équipe canadienne était seule en tête avec quatre points. Restait alors un dernier affrontement contre le Honduras qui venait de vaincre le Costa Rica 3 à 1 à Tegucigalpa. Tout se jouerait donc au Canada le 14 septembre 1985.

Pour rendre la tâche le plus difficile possible à ses adversaires, l'Association canadienne de soccer avait choisi de jouer ce match à Saint-Jean, Terre-Neuve, espérant que la température fraîche, le vent et peut-être même la pluie poseraient de sérieux problèmes aux Honduriens habitués au soleil et à la chaleur.

Le stade, au nom pompeux de King George V, pouvait accueillir 7500 personnes qui y étaient, d'ailleurs, pour stimuler la bande à Waiters.

Comme un écho aux bruits de la foule petite mais bruyante, George Pakos ouvrit la marque sur un centre de Carl Valentine, le rapide ailier qui évoluait en Angleterre en première division avec le club West Bromwich Albion.

Le Honduras, toutefois, créa l'égalité en deuxième période. Le match nul aurait suffi au Canada qui jouissait alors d'une meilleure différence de buts. Mais, les rouges poursuivaient leurs attaques et Igor Vrablic, de Waterloo, Ontario, offrit la victoire aux siens sur un coup de coin de Carl Valentine.

Ça y est. Cette fois, c'est la bonne.

Soudain, cette île de Terre-Neuve ne nous paraissait pas si lointaine. Pour cette ronde historique, Tino Lettieri, de Montréal, seul Québécois titulaire de la formation, avait réintégré son poste devant le but participant largement au succès de l'équipe.

Grâce à cette présence au Mexique, l'Association canadienne de soccer pourra compter sur d'excellents revenus grâce auxquels on assurera, espère-t-on, un meilleur encadrement aux différentes sélections nationales (olympiques, junior, hommes, femmes...).

Les Danois, comme des enfants

Trente-deux pays européens s'étaient engagés dans le long et périlleux processus des éliminatoires. Parmi eux, treize joindront l'élite mondiale au Mexique. Avec l'Italie, qualifiée d'office, l'Europe envahissait le Mundial avec quatorze des vingt-quatre places de finalistes. En ajoutant l'Amérique du Sud qui en comptait quatre, les deux continents les plus influents ne laissaient que six possibilités à toutes les autres régions du globe. L'Afrique, l'Asie, le nord de l'Amérique étaient sous-représentés. L'Océanie ne l'était pas du tout. Était-ce l'image réelle du football mondial?

Néanmoins, en consultant la liste des pays européens qualifiés, la présence du Danemark détonnait. Pour la première fois, ce petit pays de cinq millions d'habitants côtoyait les plus grandes nations.

«Je n'accepte pas de joueurs tristes dans mon équipe. Nous recherchons un jeu vivant et sans contraintes, comme celui des enfants», avait déclaré Sepp Piontek, le sympathique entraîneur-chef des Danois. Les Vikings tiendront parole et laisseront un souvenir impérissable.

La venue au Mexique de la RFA, de l'Angleterre, de la

239

France, de la Pologne, de l'URSS, de la Hongrie, de l'Espagne et même de l'Écosse était attendue. Ces pays faisaient partie, en quelque sorte, de «la visite» habituelle, tout comme l'Italie, bien sûr.

Par contre, pour le Portugal, l'Irlande du Nord, la Belgique et la Bulgarie, la qualification était plus étonnante.

Enfin, les grands perdants de ces éliminatoires européennes furent la Tchécoslovaquie, la Yougoslavie, la Suède, la Hollande et l'Autriche. Tous ces pays avaient imprégné l'histoire de la Coupe du monde à un moment ou à un autre.

L'Irak, seul nouveau pays du reste du monde

Dans les autres régions du monde, une certaine «tradition» semblait s'établir. En effet, la grande majorité des pays qualifiés revenaient au sommet pour, au moins, une deuxième fois.

Par exemple, le Maroc accédait à une seconde phase finale après une longue série de quatre tournois. En 1970, au Mexique, les Marocains se pointaient parmi les seize finalistes. Curieusement, ils reviendront encore au pays des Aztèques. L'Algérie, après son excellente campagne de 1982, récidivait en battant deux fois la Tunisie au tour final. L'Afrique déléguera donc deux pays du Maghreb.

En Asie, la Corée du Sud, déjà présente en Suisse en 1954, et l'Irak, pour la première fois, porteront les espoirs de cette gigantesque région du monde.

L'Australie, meilleure formation de l'Océanie, dut livrer deux matchs de barrage à l'Écosse, second du groupe 7 européen. Elle fut vaincue à Glasgow 2 à 0 et fit match nul 0 à 0 à Melbourne. Le petit continent océanien ne sera donc pas présent à cette ronde finale mexicaine.

Pour l'Amérique du Sud, nulle surprise. Les trois grands ayant déjà remporté une Coupe du monde, le Brésil en 58, 62, 70, l'Uruguay en 30 et 50, et l'Argentine en 78, ont encore une fois obtenu leur billet pour la ronde finale dès le premier tour.

Le Paraguay, par ailleurs, tira son épingle du jeu mais pas avant d'avoir dominé un tour supplémentaire avec la Colombie, le Chili et le Pérou. Les Paraguayens n'avaient pas revécu une telle fête depuis la finale de 58.

La phase finale: Un mode d'emploi différent

Cent dix-neuf pays s'étaient manifestés à l'aube des séries éliminatoires. Maintenant, avec les vingt-quatre finalistes connus, on avait procédé au tirage au sort en protégeant, comme toujours, les têtes de série pour éviter l'élimination prématurée des formations favorites.

Ainsi, l'Italie, championne, le Mexique, pays hôte, les puissances établies (Brésil, RFA et les derniers demi-finalistes, France et Pologne) n'auraient pas à s'affronter au départ, chacune se retrouvant dans un des six groupes de quatre équipes.

Et, cette fois, on modifiera de nouveau les dispositions techniques pour la compétition finale. Alors que les derniers tournois avaient adopté la formule de championnat — matchs par groupes de pays — jusqu'aux demi-finales, ici on revient, dès le second tour, à l'élimination directe. Après la ronde initiale, on retiendra les deux meilleurs de chaque poule et les quatre meilleurs troisièmes; donc seize sélections.

À partir de là, les équipes seront jumelées et les perdants seront éliminés après chaque partie qui est donc à finir, soit après les prolongations, soit à l'occasion des tirs au but.

La nouvelle vague

Groupe A: Argentine, Bulgarie, Corée du Sud, Italie.

Le 31 mai 1986, 95 000 spectateurs (sur 115 000 places) assistaient au match d'ouverture au magnifique stade Azteca de Mexico. Le prix des billets est prohibitif pour la grande majorité des Mexicains fortement touchés par le chômage chronique, l'inflation galopante et la corruption généralisée. Pas étonnant donc que les discours officiels des dirigeants soient ensevelis sous les huées constantes de la foule qui n'a rien à voir avec les intérêts politico-économiques impliqués à cette occasion et dont elle est parfaitement consciente.

241

Mais dès que le ballon est mis en jeu, le rideau s'ouvre sur le rêve. Le pouvoir du football est extraordinaire. Pour plusieurs, il fera oublier, au moins pendant quatre semaines, le merdier quotidien dans lequel ils doivent survivre.

Et c'est l'Italie et la Bulgarie qui se font face dans cette rencontre inaugurale. Alessandro Altobelli avait placé les azzurri en avant à la quarante-troisième minute. Mais Nasko Sirakov, à la toute fin, provoqua l'égalité. Les Italiens, cette fois, n'avaient pas su protéger un résultat. Ce n'était guère dans leurs habitudes. Mais ils savent bien aussi que ce premier match n'est qu'une mise en situation, que l'étape sérieuse est la suivante.

Curieusement, les médias du monde entier, cet après-midi-là, semblent découvrir le phénomène de la «vague» que le public d'ici exécute dans les grandes manifestations sportives depuis un certain temps. Les journalistes venus de partout retiendront le terme de la «ola» (vague, en espagnol) pour décrire ce mouvement des spectateurs qui se lèvent et s'assoient à tour de rôle.

Dans les autres joutes du groupe, l'Argentine jouit d'un début plus facile devant la Corée du Sud. Le superbe attaquant Jorge Valdano, deux fois, et le défenseur Oscar Ruggeri mettront les bleu et blanc à l'abri en quarante-six minutes. Au milieu du jeu, Diego Maradona dirige magistralement la manœuvre. Les Coréens battront quand même le gardien Nery Pumpido vers la fin du match: 3 à 1.

Puis, c'est le match phare du groupe avec Italie-Argentine. Après seulement trois jours de répit pour la troupe de l'entraîneur argentin Carlos Bilardo. Dès la sixième minute, Altobelli, toujours lui, marque. Mais, encore une fois, la squadra se fera remonter. Maradona déjouera Galli à la trente-quatrième minute. Marque finale 1 à 1.

Deuxième match nul de l'Italie qui disposera très difficilement des Coréens 3 à 2 lors de leur dernière rencontre. Altobelli avait frappé encore deux fois mais les Asiatiques aussi. Il fallut que le défenseur Kwang Rae Cho marque contre son camp pour ouvrir la voie du second tour aux champions du monde en titre.

Défensivement, les Italiens n'avaient pas la même efficacité qu'en 82. On sentait les bleus moins sereins qu'en Espagne même si Altobelli, avec quatre buts en trois matchs, se révélait aussi alerte que Rossi son illustre prédécesseur.

Enfin, les deux Jorge, Valdano et Burruchaga, seront les exécuteurs de la Bulgarie dans la victoire de l'Argentine 2 à 0 lors de la dernière partie de ce groupe. Avec ce gain, Maradona et les siens occupaient la première place. L'Italie se qualifiait également et même la Bulgarie sera repêchée parmi les meilleurs troisièmes malgré les deux maigres points arrachés.

Que viva Mexico!

Groupe B: Belgique, Irak, Mexique et Paraguay.

Sans trop de mal, la sélection mexicaine a coiffé son groupe à la fin du premier tour. Petit succès de 1 à 0 sur l'Irak, match nul face au Paraguay et victoire des plus stimulantes devant les Belges qui atteindront plus tard les demi-finales.

Constamment dynamisée par un public indéfectible, la sélection locale jouait bien. Sans plus. Bora Milutinovic, l'entraîneur savait qu'il fallait bien doser les efforts. D'autre part, les quatre points du Paraguay seront suffisants pour atteindre le second échelon. Deux matchs nuls, 1 à 1 avec le Mexique et 2 à 2 face aux Belges, précédés d'une victoire de 1 à 0 sur l'Irak et les Paraguayens fêtent déjà l'accession au deuxième tour. La Belgique, elle, a joué pour .500 sur toute la ligne. Une victoire, un match nul et une défaite. Cinq buts marqués et cinq concédés. Les trois points seront quand même suffisants pour atteindre le second tour.

Les Irakiens, qui étaient venus pour apprendre, n'ont rien à se reprocher en limitant leurs trois adversaires à quatre buts en trois parties.

URSS: un collectif éblouissant

Groupe C: Canada, France, Hongrie et URSS.

Après le tirage au sort, le Canada réalisait qu'il avait échu dans un groupe très difficile. La France, l'URSS et la Hongrie pouvaient susciter plus d'un souci à Tony Waiters, l'entraîneur canadien.

Et c'est la France qu'il fallait d'abord affronter à León, au centre du Mexique. Avant cette rencontre, les journalistes français prenaient plaisir à pronostiquer non pas seulement la victoire des leurs mais plutôt la marge de buts qui sépareraient les deux formations: 3 à 0, 4 à 0, 5 à 0 et même un arrogant 6 à 0.

Quant à moi, j'estimais qu'une différence de trois buts refléterait assez bien l'écart entre les deux équipes qui ne s'étaient jamais affrontées. Le Canada n'ayant aucun passé footballistique à ce niveau, les confrères d'outre-mer s'en donnaient à cœur joie. Toutefois, je les avais prévenus. Les Canadiens pourchasseraient sans relâche le porteur du ballon, même s'il s'agissait de Platini, Giresse ou Rocheteau. Des marathoniens, voilà ce que sont les joueurs nord-américains. Et on savait que les Français, habitués à imposer leur rythme, n'aimaient pas subir un pressing constant.

Enfin, le match s'engagea et, surprise, malgré quelques bonnes occasions, les «cousins» ne concrétisaient pas et, à la mi-temps, c'était toujours 0 à 0.

Étonné, Gérard Ejnes, collaborateur à *L'Équipe* me lance alors en blaguant: «Vous nous emmerdez.» Pensait-il qu'on les regarderait jouer?

Et Jean-Pierre Papin, à ses débuts internationaux, libérera toute la France à la soixante-dix-huitième minute. Yannick Stopyra centra de l'aile droite au second poteau. Hésitation coûteuse du jeune gardien Paul Dolan et Papin reprend et marque: 1 à 0. Les Français ont eu très chaud, très très chaud.

«Sur l'ensemble des occasions, je crois que le score de 4 à 1 serait assez juste», de souligner Michel Platini. En effet, Igor Vrablic avait raté l'immanquable alors que Joel Bats, le gardien des bleus, avait quitté son but. Encore une fois la France entamait un mondial bien modestement. Elle pouvait toutefois toujours compter sur un fantastique milieu de terrain avec Platini, Giresse et Tigana auxquels était venu maintenant s'ajouter un formidable ratisseur de ballon, Luis Fernandez.

D'ailleurs, la sélection française avait enlevé, deux ans auparavant, le Championnat d'Europe des nations. Elle était alors à son apogée. Si la Coupe du monde s'était tenue cet été-là, on peut penser que les tricolores auraient tout enlevé. Ils auront été un peu trop «verts» en 82 et un peu trop «mûrs» en 86.

En 1984, Michel Platini avait écrasé de toute sa classe le championnat européen. Une incroyable moisson de neuf buts en cinq matchs. Il était vraiment alors au sommet de son art. Doué d'une intelligence remarquable, créateur génial, technicien exceptionnel, il dominait aussi le championnat italien comme meneur de jeu et grand buteur de la Juventus de Turin qu'il conduisit à la conquête de la Coupe des champions en 1985. Au début des années 80, seul Maradona lui fera ombrage, surtout grâce à l'aspect plus spectaculaire de son jeu. Au tout début de sa carrière, Platini s'est vu refuser des contrats parce qu'on le jugeait trop frêle. Il dira de lui-même: «Jeune, 1000 joueurs étaient plus rapides que moi, 1000 autres sautaient plus haut que moi et des milliers étaient plus costauds que moi. J'ai donc dû compenser par ma technique, ma vision du jeu et mon imagination.» Un joueur prodigieux, un être humain sensible et attachant.

Une dernière chose concernant ce match Canada-France à León. Le lendemain de la rencontre, une vieille Chevrolet agonisait dans le stationnement du stade. Mais elle portait des plaques du Québec. Elle appartenait à trois jeunes Québécois de souche qui m'avouent être allés voir les Expos à Los Angeles avant d'être témoins du premier affrontement de l'équipe canadienne en Coupe du monde.

À Irapuato, près de León, le lendemain, lors du second match du groupe, l'URSS a littéralement exterminé la Hongrie par 6 buts à 0. Jamais je n'avais vu une rencontre aussi parfaite disputée par une formation nationale. L'explication était simple. Huit des dix joueurs de champ évoluaient au Dynamo de Kiev qui dominait, à l'époque, le football soviétique. Pas surprenant alors de constater une telle unité de pensée, une telle domination tactique. Le jeune Pavel Yakovenko, 21 ans, m'avait alors terriblement impressionné. À un moment donné, il avait effectué une passe de 50 mètres pour ouvrir complètement le flanc gauche de la défense hongroise. Inattendu. Sublime. Les Hongrois, qui formaient pourtant un onze plus que respectable, n'avaient l'air que des titulaires d'un club de troisième division. Ils étaient totalement dépassés.

Cinq buteurs différents illustrent encore davantage l'efficacité du collectif soviétique. Comme au hockey. Qui a oublié la fabuleuse série du siècle?

Après cette incroyable prestation, les observateurs voyaient déjà l'URSS écarter tous les adversaires. Mais un mondial, c'est long et il faut être super au bon moment.

Justement, contre la France, l'URSS retomba sur terre et fit match nul 1 à 1. Les buts? Un tir fabuleux de Vasili Rats de trente mètres. Le gardien tricolore s'élance sur sa gauche mais ne touche pas au ballon. Lucarne. Et Luis Fernandez, l'infatigable milieu défensif sauvera la France de la défaite à la soixante et unième minute.

L'URSS remportera son troisième match 2 à 0 devant le Canada. Les Français feront de même en repoussant la Hongrie 3 à 0. La France et l'Union Soviétique s'assureront les deux premières places et la qualification. En disposant du Canada 2 à 0, les Hongrois ne feront pas vraiment oublier leur pénible présence au Mexique.

Malgré les trois défaites, le Canada n'aura pas démérité. Après le premier duel avec la France, Tino Lettieri a repris sa place devant le but et les rouges n'encaisseront que cinq buts en trois rencontres contre des opposants aguerris aux grandes compétitions. Pas si mal. Par contre, ils n'en marqueront aucun malgré le travail intelligent de Carl Valentine sur les ailes, les longues relances de Wilson et l'engagement incessant de toute la bande.

C'est vrai, le zéro dans la colonne des buts est un peu désolant. Par ailleurs, la préparation de la sélection ne laissait pas présager de très grandes réalisations à l'attaque. En fait, en sept rencontres entre la victoire de Saint-Jean, Terre-Neuve — qui avait qualifié les nôtres —, et le premier match face à la

France à León, les hommes de Waiters cumulaient des statistiques peu rassurantes: un gain, deux nuls et quatre défaites; trois buts marqués et dix concédés. Tony Waiters avait donc dû mettre l'accent sur l'aspect défensif du jeu afin d'éviter que l'équipe soit déclassée. Des défaites cinglantes auraient pu avoir des retombées négatives, certaines pour des années.

Mais cette première expérience en phase finale de la Coupe du monde démontra aussi que les dirigeants canadiens auraient intérêt à regarder d'un peu plus près les joueurs québécois qui de par leur «culture» sont plus techniques et plus créateurs. Or c'est précisément ce qui avait le plus manqué au onze canadien.

Voici la liste des dix-sept joueurs canadiens qui ont participé à ces trois matchs historiques. Les seuls du Canada en phase finale de la Coupe du monde. Gardiens: Paul Dolan et Tino Lettieri (qui demeure le seul Québécois à avoir participé à une phase finale de Coupe du monde); défenseurs: Bob Lenarduzzi, Ian Bridge, Bruce Wilson, Randy Samuel; milieux: Paul James, Branko Segota, Randy Ragan, Mike Swenny, Jamie Lowery, Paul Norman, Gerry Gray, George Pakos; attaquants: Carl Valentine, Igor Vrablic, Dale Mitchell; entraîneur: Tony Waiters

Le Brésil: reçu six sur six

Groupe D: Algérie, Brésil, Espagne et Irlande du Nord.

Cinq buts pour les Brésiliens en trois matchs. Rien pour s'éclater mais suffisamment pour remporter ce groupe avec trois victoires et six points. Trois jeux blancs pour le gardien Carlos. La défensive carioca est-elle devenue imprenable? L'Espagne, d'autre part, avec une attaque retrouvée grâce à Emilio Butragueno et Ramon Caldere s'empare facilement du second rang.

L'Irlande du Nord et l'Algérie, qui a perdu sa touche de 82, sont éliminées, avec un seul point acquis lors du match nul disputé entre eux.

Les Vikings débarquent

Groupe E: Danemark, Écosse, RFA et Uruguay.

À leur première participation, les Danois n'ont pas fait dans la dentelle. Danemark 1 Écosse 0; Danemark 6 Uruguay 1; et surtout Danemark 2 RFA 0. Trois victoires, six points; neuf buts pour et un seul contre. Première place et qualification.

Une énorme impression grâce à un football moderne, instinctif et nettement offensif, voilà ce qu'ont laissé les Danois au lendemain du premier tour. On se rappelle les longues chevauchées du «Bison» Preben Elkjaer-Larsen et ses quatre buts en trois matchs, de son compère à l'attaque Michael Laudrup et du magnifique Morten Olsen en défense centrale. Une équipe vraiment spontanée, sans complexe, qui va apporter beaucoup à ce tournoi, un peu comme les Hollandais de 1974.

La RFA, de peine et de misère s'extirpera des dernières places surtout à la suite d'une victoire, la seule, sur l'Écosse: 2 à 1. Cette dernière sera éliminée avec une maigre récolte d'un point.

L'Uruguay, ancien, très ancien vainqueur du trophée Jules Rimet en 30 et 50, n'a jamais redécouvert son football technique et offensif de l'époque. La Céleste continuait à se défendre en utilisant trop souvent des moyens illégaux. Malgré un mince bilan de deux points et une différence de buts de -5, les Uruguayens seront récupérés in extremis pour les huitièmes de finale.

L'Afrique prend sa place

Groupe F: Angleterre, Maroc, Pologne et Portugal.

Premier pays africain à se qualifier pour une phase finale en 1970, le Maroc sera aussi le premier à survivre au premier tour. Formidable. C'était un sérieux coup porté à tous ceux qui prétendaient que le football de qualité n'avait d'existence qu'en Europe ou en Amérique du Sud.

Merci au remarquable gardien Badou Ezaki qui n'accorda aucun but à la Pologne (0 à 0) ni à l'Angleterre (0 à 0), deux sélections capables pourtant de faire éclater bien des défenses.

Les Maghrébins compléteront la première étape avec quatre points après avoir écarté le Portugal par 3 buts à 1 arrachant du même coup la première position. L'Angleterre, seconde, passe aussi au tour suivant. La Pologne également qui, avec trois points, se faufilera parmi les seize élus.

Le Portugal, qui avait pourtant battu la grande Angleterre à son premier match, ne pourra que constater les dégâts irréparables après les deux échecs suivants.

Huitièmes de finale: l'élimination directe, une formule à conserver

On entreprenait donc le second tour selon le principe de l'élimination directe. Ça changeait tout. Plus moyen, comme en 82, de gagner la première partie et de se contenter d'un match nul à la deuxième pour assurer la présence à l'étape suivante. Là, il fallait tout donner. Le calcul n'était plus permis. Cette formule allait ajouter à la Coupe du monde une nouvelle dimension dramatique qui avait été reléguée aux oubliettes depuis la finale de 1970. Par ailleurs, les trente-six premières rencontres avaient été extrêmement exigeantes physiquement et avaient sérieusement hypothéqué plusieurs sélections. En plus des problèmes d'altitude avec lesquels on ne savait pas toujours comment composer, il régna une chaleur torride sur tous les stades.

Télévision oblige, les matchs étaient disputés à midi ou à 16 heures alors que les températures avoisinent les 35 °C. Mais il fallait satisfaire les publics européens, grands consommateurs de foot, qui recevaient les émissions en soirée.

Pour pallier les effets terribles de la chaleur, la FIFA autorisa alors l'utilisation de petits sacs de plastique contenant de l'eau et des sels minéraux. Pendant les arrêts de jeu, on verra fréquemment voltiger ces sachets du banc de touche vers les joueurs venus se ravitailler. Certains portaient même au poignet des bandeaux imbibés de produits rafraîchissants.

Enfin, le jumelage des équipes pour ces huitièmes de finale avait déjà été établi et était illustré par un tableau très complexe.

En résumé, les formations victorieuses de chaque groupe avaient l'avantage de faire face à des équipes de troisième ou de deuxième place des autres poules. Les sélections ont été accouplées de la façon suivante: (1B = premier du groupe B; 3A = troisième du groupe A...)

Mexique 1B	-	Bulgarie 3A
Belgique 3B	-	URSS 1C
Brésil 1D	-	Pologne 3F
Argentine 1A	-	Uruguay 3E
France 2C	-	Italie 2A
RFA 2E	-	Maroc 1F
Angleterre 2F	-	Paraguay 2B
Espagne 2D	-	Danemark 1E

La France après soixante-six ans

Sur les huit matchs de cette deuxième étape, un seul a nécessité la prolongation. Cinq se sont conclus avec des écarts de deux buts ou plus. On n'était pas encore vraiment entré dans le vif du sujet. Le Mexique, toujours dans son stade fétiche, l'Azteca de Mexico, n'a eu aucun mal à repousser la Bulgarie par 2 buts à 0. Manuel Negrete, sur une reprise de volée en ciseau, fait bondir 115 000 partisans. C'est un des plus beaux buts de la compétition.

À León, la Belgique a disposé de l'URSS 4 à 3 après prolongation. Un excellent duel aux rebondissements fréquents. Trois buts de Igor Belanov n'auront pas suffi aux Soviétiques. Les Belges frapperont deux fois pendant la prolongation et, à chaque occasion, l'action est à la limite du hors-jeu. À 20 ans, le belge Enzo Scifo, déjà meneur de jeu, faisait voir sa remarquable habileté au milieu de l'attaque des diables rouges. La sélection soviétique, quant à elle, prouve encore une fois qu'il ne faut pas atteindre le sommet de son efficacité trop tôt.

Le Brésil-Pologne au stade Jalisco de Guadalajara n'offrit pas un grand suspense. Un retentissant 4 à 0 pour de merveilleux

Brésiliens qui jouent leur football-samba magistralement. Les Polonais ne pourront donc répéter leur exploit précédent (troisième au monde en 82). Grzegorz Lato, le plus grand joueur polonais de l'histoire, avait mis fin à sa carrière internationale. Il n'est jamais facile de remplacer un attaquant aussi exceptionnel.

Le 16 juin, à Puebla, deux des sélections sud-américaines, l'Argentine et l'Uruguay, devaient faire un maître.

Par 1 but à 0, l'Argentine a enfin vengé l'échec subi lors de la finale de la première Coupe du monde en 1930. Maradona est éblouissant surtout en seconde période et prépare le but de Pasculli à la quarante et unième minute.

Au stade olympique de Mexico, 70 000 spectateurs sont témoins de la première victoire de la France sur l'Italie en matchs officiels depuis le 29 août 1920. Platini et Stopyra, les buteurs, élimineront les champions du monde dans un match où les Français ont toujours été aux commandes. Enzo Bearzot, l'entraîneur de la squadra à la pipe omniprésente qui avait mené sa troupe jusqu'au bout en 82, avouera: «L'équipe de France est au sommet de son art et de son expérience.»

Lors de l'affrontement Maroc-RFA à Monterrey, il aura fallu quatre-vingt-sept minutes pour que la machine allemande trouve finalement la faille dans le dispositif défensif marocain. C'est Lothar Matthaus, un des très grands du football germanique, qui a trompé le formidable gardien Badou Ezaki. Celui-ci n'a concédé que deux buts. Le Maroc se retire après avoir ouvert une belle brèche dans l'hégémonie des pays d'Europe et d'Amérique du Sud.

Entre l'Angleterre et le Paraguay, il n'y a pas eu vraiment de match. Gary Lineker, le petit attaquant britannique au poignet gauche recouvert d'un pansement, a frappé deux fois. Et Peter Beardsley a complété: 3 à 0. Le compte est bon. Avec ses deux derniers filets, Lineker avait déjà atteint le cap des cinq buts. Il en avait marqué trois contre la Pologne au premier tour. Il prend alors la tête des buteurs qu'il ne quittera plus.

Enfin, à Queretaro, dans le petit stade de la Corregidora, le Danemark, fou d'espoir après une première ronde fabuleuse, est littéralement asphyxié par l'Espagne 5 à 1. Quatre buts de Emilio Butragueno «le vautour» — parce qu'il rôde dangereusement devant le but adverse et fond sur ses proies — et l'affaire est réglée. À la mi-temps, c'était quand même 1 à 1.

Tous regretteront ces superbes Danois qui avaient donné un souffle nouveau à la compétition. Ils sont victimes surtout de leur tendance à attaquer à outrance. Qui le leur reprochera? Ce style les avait si bien servis jusque-là.

Évolution stratégique

Le départ prématuré de l'URSS était également déplorable. Avec les Danois, les Soviétiques avaient démontré une force de frappe étonnante et cela tenait, entre autres, à certains changements d'ordre tactique. Comme quelques autres formations, ils avaient compris qu'il était inutile, contre deux attaquants — on jouait en général avec quatre défenseurs, quatre demis et deux attaquants —, de laisser quatre défenseurs derrière. Trois suffisaient pour assurer la supériorité numérique devant le gardien. Le défenseur ainsi libéré pouvait alors venir soutenir l'attaque de façon plus systématique. Chez les Soviétiques, par exemple, le défenseur latéral gauche Anatoli Demianenko se tenait en fait constamment sur son aile au niveau des demis. On vit alors certaines équipes se déployer en 3 - 5 - 2. Cette nouvelle disposition limitait l'espace au milieu du jeu et exigeait de tous une plus grande rapidité d'exécution. Cette accélération du rythme forçait aussi les joueurs à améliorer leur technique en mouvement. C'est un peu ce qu'aura laissé comme testament tactique ce second mondial mexicain.

Quarts de finale: Maradona et la main de Dieu

Pas question de rater ce match de quarts de finale entre la France et le Brésil. Les Brésiliens, inspirés par le jeu offensif, source même de leur culture footballistique, et les Français, qui étaient qualifiés de «Brésiliens d'Europe», ne pouvaient que mettre en scène un spectacle grandiose.

À Guadalajara depuis la veille et bien que très officiellement accrédité, je n'avais pu obtenir le billet indispensable pour accéder à une place dans la galerie de presse. Des centaines de journalistes flairant aussi le match exceptionnel étaient passés avant moi.

Ne voulant courir aucun risque, je me pointe à sept heures du matin au stade Jalisco. Comme je l'avais espéré les portes n'étaient pas verrouillées et la surveillance était réduite. Je me suis glissé jusqu'à la tribune des médias pour attendre le coup d'envoi prévu à midi. À mon grand étonnement, deux journalistes de Rio de Janeiro diffusaient déjà en direct à la radio brésilienne et supputaient les chances de leur sélection. Incroyable. Cinq heures avant le match et à sept heures du matin. Quand avaient-ils commencé leur émission? Décidément, ils sont fous ces Brésiliens!

Bientôt le stade sera gavé de 65 000 supporteurs pour la plupart favorable aux bleu et or. On rythme la «batucada» (sorte de battements sur tambours ou autres objets disponibles) depuis longtemps lorsque l'arbitre signale le début de l'affrontement.

Ça joue vite et bien. Les attaques se succèdent. Comme prévu on assiste à un match gigantesque, sept, huit, dix passes par vague offensive. Le ballon circule et presque toujours au sol. Le match respire pleinement. À la dix-septième minute, une superbe action de Josimar, Muller et Junior se termine par un tir de Careca dans l'axe des quinze mètres. Joel Bats est pris à contre-pied: 1 à 0. Avant la fin de la première période, les bleus réagissent et, après une montée sur l'aile droite, le ballon circule d'Amoros à Giresse à Rocheteau qui centre. Carlos, le portier, fébrile, ne peut retenir le ballon que Platini pousse dans une cage vide: 1 à 1.

Mais, ce jour-là, les Français sont vraiment bénis. Un tir de Muller heurte le poteau; une tête de Careca percute la transversale. Enfin, Bats stoppe un penalty de Zico qui n'en rate jamais.

Dominée assez souvent, la France plie mais ne rompt pas et porte aussi l'attaque devant le but de Carlos.

253

Les prolongations ne modifient pas la marque figée à 1 à 1.

Aux tirs au but, le destin sourit toujours aux tricolores. Joel Bats a sorti un grand match et il se surpasse encore en bloquant les tirs de Socrates et Julio Cesar. Bruno Bellone, côté français, catapulte le ballon sur le poteau droit, mais il revient dans le dos du gardien et pénètre dans le but. Platini expédiera son tir dans les nuages mais Luis Fernandez battra enfin Carlos et la France sera qualifiée (quatre tirs au but à trois).

À Monterrey, les Mexicains, qui ont quitté le stade Azteca pour la première fois depuis le début de la compétition, ont succombé devant l'Allemagne fédérale. On aurait cru la tâche plus facile pour les Rummenigge, Matthaus, Brehme... Mais, tenaces, Hugo Sanchez et les siens sont allés au bout de leurs moyens n'étant finalement écartés que lors de l'épreuve des tirs au but. Les Mexicains, beaucoup plus nerveux, rateront trois des quatre tirs. Les Allemands, au contraire, habitués à ce genre de pression, en réussiront quatre sur quatre pour éliminer le pays hôte. Malgré tout, la peine des Mexicains était rapidement dissipée par le sentiment d'avoir accompli le maximum. Personne n'avait osé croire à la demi-finale.

Le 22 juin, on revient au stade Azteca de Mexico pour le duel Argentine-Angleterre. Le souvenir de la guerre des Malouines de 1982 n'est pas si loin et les médias ne se gênent pas pour exacerber l'antagonisme existant depuis entre les deux pays.

Fort heureusement les joueurs ne sont pas tombés dans ce panneau et la rencontre fut excellente et disputée dans un bon esprit. Et s'il y avait encore des doutes, ce match a confirmé de façon indubitable que Diego Maradona était le plus grand de tous.

Bien sûr son premier but n'aurait jamais dû être accordé. Il l'avait marqué de la main. «La main de Dieu», s'est-il empressé d'ajouter en s'adressant aux médias du monde. À la surprise générale, l'arbitre n'avait pas vu l'astuce. Par ailleurs, on ne peut guère blâmer celui que Pierre Foglia, de *La Presse*, avait baptisé le «crapaud macho». C'est l'arbitre qui devait trancher.

Mais lors de son deuxième filet, il avait plutôt des allures de feu follet. Inouï. Peut-être la plus belle action individuelle de toute l'histoire de la Coupe du monde. Il a pris possession du ballon à soixante-dix mètres du but de Shilton, soit dans sa zone. D'une touche, il élimine deux adversaires et s'engage vers la cage anglaise. Il change constamment de rythme et de direction contrôlant parfaitement le ballon. Ce faisant, il déjoue cinq opposants et pousse la balle derrière un Peter Shilton totalement subjugué.

L'homme est petit, 1,66 m (5 pi 5 po). Son centre de gravité est donc très bas. On a souvent l'impression qu'il va chuter. Mais non. De plus, il joue la tête haute. Sa technique est telle qu'il ne regarde pratiquement pas le ballon qu'il transporte. Il a alors une vision constante des possibilités qui s'offrent à lui. Le ballon est comme un prolongement de son pied tellement les deux font corps. Cette action d'anthologie lui fut peut-être inspirée par l'accroc à la morale sportive lors de son premier but. On ne manquerait pas de le lui reprocher.

Pour l'Angleterre, Gary Lineker marqua son sixième but (plus que tout autre) sur un centre de John Barnes que l'entraîneur anglais, Bobby Robson, avait fait rentrer trop tard, à la soixante-quatorzième minute. Dès son apparition au jeu, il avait fait des malheurs sur l'aile gauche provoquant de belles occasions.

Éclipsée par un Maradona insaisissable, l'Angleterre se replace néanmoins dans le concert des nations dominantes pendant que l'Argentine de Diego poursuit son ascension.

Trois des quatre matchs des quarts de finale se seront terminés lors des tirs au but. À Puebla également, en effet, entre la Belgique et l'Espagne, il fallut se rendre à l'ultime épreuve. Ce sont les Belges qui en sortirent gagnants. Ils peuvent remercier leur grand gardien, bouffon sur les bords, Jean-Marie Pfaff. Les diables rouges avaient été souvent débordés, surtout en seconde mi-temps, mais Pfaff veillait. Ceulemans avait marqué pour la Belgique à la trente-quatrième minute et Senor avait sauvé les siens cinq minutes avant la fin.

Belgique 1 Espagne 1 (5-4 aux tirs au but).

Dommage pour les Espagnols qui méritaient beaucoup mieux. Quant aux Belges déjà vainqueurs des Soviétiques en prolongation sur deux buts à la limite du hors-jeu, ils étaient vraiment chanceux d'être rendus aussi loin.

Demi-finales: la France à plat

Quatre jours après leur match à haute intensité face au Brésil, les Français, complètement à plat, se sont fait rosser 2 à 0 par une sélection allemande pas très gaillarde non plus.

Joel Bats, qui avait été excellent pendant tout le tournoi devant le but français, laisse échapper dès la huitième minute un coup franc d'Andreas Brehme. Les tricolores ne s'en remettront pas. Rudi Voeller aggravera le compte et la RFA disposera de la France 2 à 0.

La bande à Platini n'atteindra donc pas encore la finale d'un mondial. Certains diront qu'ils avaient pourtant la plus belle équipe. Leur nouvel entraîneur, Henri Michel, avait remplacé Michel Hidalgo qui s'était retiré après la victoire française au Championnat d'Europe des nations de 84. Les deux hommes étaient aux antipodes. Autant Hidalgo était médiatique et humain, autant Henri Michel était distant et sans charisme. Au point où, de l'extérieur, on eut l'impression qu'il ne dirigeait pas vraiment cette sélection. Elle était plutôt animée par Michel Platini, le vrai patron, et les autres aînés de 78 et de 82, Rocheteau, Tigana, Giresse, Bossis, Battiston...

Pour le match de troisième place, les Français trouveront assez de courage et de motivation pour triompher des Belges 4 à 2 après prolongation malgré le retrait de plusieurs titulaires.

L'autre demi-finale fit voir un nouveau feu d'artifice de Maradona. Il marquera les deux buts argentins en prolongeant d'abord subtilement derrière Pfaff une passe de Burruchaga. Puis, dix minutes plus tard, il déjoue encore toute la défense et marque un autre but exceptionnel.

Le petit lutin a encore dominé la rencontre. Déjà ce Mundial lui appartient. Sur la pelouse après le match, Jean-Marie Pfaff, le populaire gardien belge, vint faire une longue accolade à son bourreau Maradona. Sympathique.

Finale: l'Argentine, prise 2

Témoin des exploits précédents de l'as argentin, Franz Beckenbauer, l'entraîneur allemand, avait décidé d'enfermer Maradona avant qu'il ne puisse s'exprimer. Il réussit dans la mesure ou le numéro 10 le plus illustre du monde ne fut pas aussi éclatant. Mais en faisant le bilan de cette finale que les Argentins ont remportée, on se rend compte qu'il a provoqué le premier but en obtenant un coup franc converti par Brown sur service de Burruchaga. Puis il participe à la préparation du second, celui de Valdano.

À ce stade, c'était donc 2 à 0, et les Argentins n'étaient pas inquiétés. Pourtant, pendant la deuxième demie, les Allemands, pugnaces et toujours très forts mentalement, étaient revenus à 2 à 2 grâce à Karl Heinz Rummenigge et Rudi Voeller.

Mais six minutes avant la fin du temps réglementaire, Maradona effectua une passe lumineuse à Burruchaga qui s'échappa pour battre Harald Schumacher, le célèbre portier allemand qui est passé tout à fait à côté de ce match. Argentine 3 république fédérale d'Allemagne 2.

Dans le stade Azteca, encore chaud d'émotions, j'ai demandé à un confrère de me faire part de ses commentaires sur cette Coupe du monde. Jean-Jacques Rosselet du quotidien *La Suisse* et correspondant de *France football* dans ce pays avait assisté à plusieurs phases finales dont celle de 1970 ici même. «L'Argentine n'est pas une grande équipe championne comme le fut le Brésil de 70. Mais il faut quand même se réjouir de sa victoire parce que c'est celle de Maradona et ce sont ses plus beaux buts qui resteront les plus belles images de cette compétition.»

Pour la deuxième fois, l'Argentine, après 78, s'appropriait la Coupe du monde rejoignant ainsi dans l'histoire la RFA (54 et 74) et l'Uruguay (30 et 50).

Chapitre 14

1990 Italie

L'ITALIE DE TOUTES LES PASSIONS

«Le foot a deux images différentes selon qu'il est joué par des
enfants pauvres ou par des gosses de riches. Aujourd'hui, le sport
appartient aux classes moyennes. L'art n'est plus que calcul,
diététique, entraînement. Ce foot-là ne m'intéresse pas.»
RAFAEL PIVIDAL, romancier français

L'Italie est une péninsule épousant la forme d'une botte.
C'est bien connu. À l'extrémité sud, la Sicile joue le rôle de
ballon au bout de cet immense pied. Même géographiquement,
l'Italie et le football vivent en parfaite osmose.

Si en Amérique du Sud les Brésiliens vibrent au rythme du
ballon rond, en Europe, c'est en Italie qu'on vit le plus
intensément le foot. La passion s'y exprime peut-être plus que
partout ailleurs.

Le calcio est à l'Italie ce que les feuilles sont à l'arbre. En
effet, il se nourrit des plus grands joueurs du monde et des
meilleurs éléments nationaux. En même temps, le football
fournit à tout un peuple l'oxygène du rêve et de l'espoir
nécessaire à son équilibre.

D'autre part, en plus des journaux régionaux, trois quotidiens du sport se disputent la ferveur des tifosi et alimentent le feu des émotions. La presse audiovisuelle est également omniprésente et consacre aussi la grande majorité de son espace sportif au football.

La quatorzième édition de la Coupe du monde allait donc nicher dans un contexte éminemment favorable.

La loi du 3-5-2

Tactiquement, c'est le 3-5-2 qu'avaient adopté la plupart des grandes formations. Trois défenseurs centraux, dont un libero assurant la supériorité numérique, et deux stoppeurs, qui prenaient en charge les deux attaquants ennemis. Cinq milieux de terrain dont deux, à l'extérieur, avaient des responsabilités offensives et défensives en occupant les couloirs à droite et à gauche. Enfin, deux attaquants.

Certaines sélections évoluaient même en 4-5-1 renforçant encore davantage le secteur défensif au détriment de l'attaque, où il ne restait qu'un avant-centre. Lors d'une entrevue qu'il m'accordait à Milan, Teofilo Cubillas, immense vedette péruvienne des Coupes du monde de 70, 78 et 82, affirmait, misérieux: «Peut-être qu'en 1994 aux USA on ne verra plus d'attaquants du tout.»

Même si le 3-5-2, voire le 4-5-1 peuvent être offensifs — cela dépend des risques qu'on veut bien prendre —, dans l'ensemble, c'est la prudence qui a dominé. Au point où cette phase finale sera marquée par une grande indigence offensive.

On ne marquera que cent quinze buts pour une moyenne misérable de 2,21 par match, la plus faible de l'histoire. Jamais les concepts défensifs n'avaient autant régné sur les terrains.

Tous ceux qui aiment le beau jeu et le spectacle, dont les buts font partie intégrante, osent croire qu'on est allé au bout de cette tendance négative. Toutefois, cela ne signifie pas que ce Mondiale ait été sans intérêt. Il y eut de superbes rencontres. Reste quand même qu'une équipe comme l'Argentine, manquant de génie même avec Maradona, jouait uniquement pour ne pas perdre. Elle nous a laissé dans la gorge comme un goût de vinaigre... jusqu'en finale.

Le miel, par ailleurs, ce sont les Camerounais qui l'on offert au monde entier par un football qui respirait la joie de jouer. L'état d'esprit des Africains était bien différent de celui de Carlos Bilardo, le triste entraîneur des Argentins.

Le mode d'emploi

Par rapport à la dernière édition au Mexique, il n'y eut pas de modifications à la formule adoptée pour déterminer un gagnant parmi les vingt-quatre finalistes. On reverra donc ici six groupes de quatre pays chacun. Les deux premiers de chaque groupe ainsi que les quatre meilleurs troisièmes se qualifient pour le tour suivant.

La seconde étape se déroule alors selon le principe de l'élimination directe, c'est-à-dire en un seul match à finir. On poursuit ainsi jusqu'à la grande finale où s'affronteront les deux sélections qui ont remporté leurs trois dernières parties.

Enfin, cette fois, cent douze pays ont postulé pour occuper une des vingt-deux places. L'Argentine, championne en titre, et l'Italie, pays d'accueil, étaient en effet qualifiées automatiquement.

Cul-de-sac pour le Canada

Présent à la phase finale précédente, le Canada était exempté du premier tour de la région CONCACAF. Mais l'aventure allait tourner court. En effet, lors de la deuxième ronde, la sélection canadienne fut éliminée par le Guatemala, qui avait, dans un premier temps, écarté Cuba par 2 buts à 1 sur l'ensemble des deux matchs aller-retour. La même formule était employée au second tour et, après les deux affrontements, le Canada était exclu de la phase finale malgré une victoire de 3 à 2 à Burnaby, Colombie-Britannique, lors de la deuxième partie.

Les Guatémaltèques avaient enlevé le premier match 1 à 0 devant leurs partisans. Donc, dans les deux rencontres, chaque sélection avait réussi trois buts; le Guatemala se sauvait avec la victoire grâce aux deux filets marqués sur le terrain adverse.

Ce revers constituait une inquiétante régression pour le soccer d'ici. Qualifiés pour la phase finale de 1986, une première dans notre histoire, les rouges, cette fois, n'atteignaient même pas le tour final de la zone CONCACAF qui sera représentée, en Italie, par le Costa Rica et les USA. Le tableau de développement du soccer canadien présentait, jusqu'en 1986, une courbe nettement ascendante. Mais, là, il fallait retourner à la case départ. Le programme de l'Association canadienne de soccer en prenait pour son rhume.

L'élimination rapide était d'autant plus difficile à comprendre que la porte était largement ouverte en l'absence du Mexique suspendu par la FIFA pour avoir utilisé un joueur non admissible à un tournoi junior international. Quelques semaines plus tard, Tony Taylor, l'entraîneur, démissionnait.

En 1987, Bob Bearpark, alors responsable des sélections canadiennes, avait avancé: «Nous nous donnons dix ans pour inventer un style de jeu proprement canadien qui pourrait se définir comme ceci: attaquer comme les Brésiliens et défendre comme les Anglais.» À l'époque, plusieurs techniciens et journalistes étaient conscients que le jeu britannique, préconisé depuis toujours par les dirigeants anglophiles du soccer canadien, devait être repensé. Mais, visiblement, on n'avait pas encore trouvé la solution. Le défilé des entraîneurs (Tony Waiters en 86, Bob Bearpark en 86-87 et Tony Taylor en 1988) n'avait rien, non plus, pour assurer, au moins, une continuité.

Pourtant, cette équipe canadienne du Mondiale de 1990 donnait plutôt bonne bouche.

Voici les joueurs qui ont participé à, au moins, un des deux matchs. Gardien: Paul Dolan; défenseurs: Peter Sarantopoulos, Ian Bridge, Randy Samuel, John Limniatis; milieux: Gerry Gray, Lyndon Hooper, Mike Sweeny; attaquants: Branko Segota, John Catliff, Alex Bunbury, John Fitzgerald, Carl Valentine, Dale Mitchell, Dominic Mobilio.

Plusieurs jeunes, dont les Montréalais Alex Bunbury et John Limniatis, permettaient de croire en des lendemains meilleurs malgré la lourde nuit qui risquait maintenant de tomber sur notre soccer.

L'Europe: trente-deux pays pour treize places

À la mi-novembre 89, l'Europe dévoilait à son tour le nom des treize pays qui s'étaient qualifiés au terme d'une longue compétition où trente-deux équipes s'étaient engagées.

On y retrouvait les grandes puissances et les sélections qui avaient fréquenté le mondial auparavant sans s'y illustrer, en tout cas pas récemment. L'Allemagne fédérale, l'Angleterre, la Hollande, l'URSS et, à un moindre titre, la Yougoslavie et l'Espagne faisaient partie du premier groupe. Les autres, la Suède, l'Autriche, la Roumanie, l'Écosse, l'Eire, la Belgique et la Tchécoslovaquie se présentaient en Italie avec un palmarès suffisamment étoffé pour croire à la possibilité de passer le premier tour. Et, après... Sait-on jamais!

Avec l'Italie, déjà qualifiée, l'Europe pouvait entretenir les plus grands espoirs de reprendre le titre mondial que Maradona et les siens avaient légué aux Sud-Américains.

Par contre, l'exclusion de la France et de la Pologne procédait du même phénomène. Dans ces deux pays, on n'avait pas réussi à remplacer une génération de joueurs particulièrement talentueux. Il faudra attendre, dans les deux cas, une relève qui pourrait soutenir la comparaison avec les Platini, Giresse, Rocheteau, en France, et les Lato, Deyna, Szarmach, en Pologne. Pour les Danois, qui avaient présenté un football si merveilleux en 86, la défaite ultime et l'élimination devant la Roumanie ne remettaient pas en question les vertus d'un groupe qui continuait de progresser.

Les autres: soixante-quatre pays pour huit postes en finale

En Amérique du Sud, la Colombie, après avoir enlevé le groupe 2 devant le Paraguay et l'Équateur, dut livrer deux matchs de barrage qu'elle remporta face aux Israéliens, logés curieusement avec la zone Océanie.

Dirigés par un prodigieux milieu de terrain offensif, Carlos Valderrama, les Colombiens revenaient en phase finale après une absence de vingt-huit ans. L'Argentine, championne du monde, classée sans jouer, le Brésil, seul pays présent à toutes les phases finales, et l'Uruguay complétaient le tableau des représentants de cette région du monde.

L'Afrique, pour sa part, enverrait en Italie l'Égypte et le Cameroun qui avaient respectivement disposé de l'Algérie et de la Tunisie lors d'un troisième et dernier tour. Les Camerounais revenaient au sommet du monde pour la seconde fois au cours des trois dernières éditions. Les Égyptiens, quant à eux, avaient vécu un long jeûne de cinquante-six ans.

Enfin, en Asie, la Corée du Sud et les Émirats arabes unis avaient pris les deux premières positions dans une région où vingt-cinq pays s'étaient inscrits au départ. Les Sud-Coréens étaient présents pour une troisième reprise après 1966 et 1986. Les Émirats joignaient le groupe des finalistes pour la toute première fois.

On peut s'étonner du déséquilibre entre les différentes régions de la FIFA quant aux places disponibles en phase finale du mondial. En effet, en 1990, l'Europe a vu 42 % de ses membres accéder à Italia 90. L'Amérique du Sud, 40 %. La CONCACAF avec 13 %, l'Afrique et l'Asie avec 8 %, faisaient figure de parents pauvres. Ces écarts pourtant considérables s'expliquent néanmoins par des raisons économiques, sportives et politiques étroitement liées.

Pendant longtemps, les pays d'Afrique et d'Asie n'ont pas ou ont peu participé aux éliminatoires de la Coupe du monde. Les conditions économiques de ces régions, en général, ne permettaient pas d'investir dans une sélection nationale malgré l'importance considérable du football pour les masses. Et quand ces pays ont manifesté leur intérêt, les résultats, sauf exception, ont tardé à venir. Si bien que leur influence, au sein de la FIFA a toujours été assez limitée.

Pour la zone CONCACAF et ses vingt-quatre membres, les prestations antérieures n'ont jamais pu justifier une plus grande représentation.

Mais, lentement, la trajectoire de certains pays d'Afrique par exemple, comme l'Algérie en 82, le Maroc en 86 et le Cameroun au Mondiale 90 aura convaincu les dirigeants mondiaux. Pour 1994, le continent africain est assuré de compter sur trois représentants au lieu de deux.

Des têtes de série contestables

La nomination des six têtes de série était toujours un exercice périlleux pour la FIFA. En général, on pouvait dégager sans crainte d'erreur trois ou quatre pays dont le choix était pratiquement unanime. Mais pour les autres, tout devenait plus aléatoire.

Le Mondiale 90 n'échappait pas à la règle. L'Italie, pays hôte et vainqueur en 1982, l'Argentine, détentrice du titre, la RFA, finaliste en 82 et 86, et le Brésil toujours parmi les cinq meilleurs depuis 1966, tous imposaient le plus grand respect et leur choix était logique. Mais, pour la Belgique et l'Angleterre, ça n'allait pas de soi. Les Pays-Bas, finalistes de 74 et 78 et champions d'Europe en 88, se sentaient trahis. L'URSS et l'Espagne avaient aussi de solides arguments pour plaider leur légitimité.

Mais la sentence était rendue et ces trois dernières sélections durent vivre avec cette énorme contrainte puisque chacune allait échouer dans un groupe où trônait déjà forcément un des six pays désignés favoris.

Il faudra bien, un jour, établir des critères objectifs pour déterminer les équipes qui doivent être protégées. Un peu comme au tennis, avec les classements ATP.

D'ailleurs, en 1993, la FIFA a procédé dans ce sens en présentant périodiquement un tableau hiérarchique des pays. Ce classement universel est établi selon une formule informatisée tenant compte:
a) des matchs de la phase finale de la Coupe du monde
b) des matchs de qualification de la Coupe du monde
c) des matchs de compétition finale des championnats continentaux

d) des matchs de qualification des championnats continentaux
e) des matchs amicaux

Ainsi, à l'avenir, sera-t-il possible d'éviter les interminables discussions menant, de toute façon, à des décisions controversées.

Mais, maintenant, c'est sur le terrain qu'il fallait prouver sa valeur et les groupes formés pour cette phase finale laissaient présager de solides empoignades.

Le «joker» de Vicini

Groupe A: Autriche, Italie, Tchécoslovaquie, États-Unis.

Six points en trois matchs. La squadra n'aurait pu faire mieux. Face à des adversaires valeureux mais moins ambitieux, les Italiens n'avaient pas droit à l'erreur, surtout devant leur chaud public. Donc, tout avait été minutieusement préparé.

Néanmoins, la première partie, devant les Autrichiens, fut acquise sur le tard grâce à Salvatore Schillaci à la soixante-dix-huitième minute. Il venait tout juste de remplacer Andrea Carnevale, peu efficace.

L'entraîneur Azeglio Vicini avait annoncé la couleur. Advenant des ratés des attaquants partants Vialli et Carnevale, Schillaci, la carte cachée, le «joker», entrerait en jeu.

Sitôt dit, sitôt fait, et dès le premier match, en ne jouant que quinze minutes, «Toto» plaçait l'Italie sur un nuage. Seule la défense en ligne des Autrichiens avait créé des problèmes aux «locaux» pris onze fois hors jeu. Pour le reste, le libero Franco Baresi et les siens firent preuve d'une supériorité évidente. Marque finale 1 à 0.

Curieusement, dans leur deuxième affrontement et en face de jeunes Américains jouant pourtant avec la peur au ventre, les azzurri ne marquèrent qu'une seule fois par Giuseppe Giannini à la onzième minute. Autre gain de 1 à 0 mais beaucoup moins convainquant. Un résultat qui laissait poindre plus d'un doute. Lors du troisième match, l'adversaire était tchécoslovaque. On était le 19 juin. Ce soir-là, j'étais allé à Milan pour la confrontation RFA - Colombie qui commençait à dix-sept heures. On reviendra à ce match du groupe D.

De retour à Turin vers vingt et une heures, je me précipite de la gare à mon hôtel en courant pour ne pas rater à la télé le duel Italie-Tchécoslovaquie qui, lui, se déroulait au Stadio Olimpico de Rome.

La ville semblait inanimée, déserte, inerte. Soudain, une clameur s'élève venue de toutes les fenêtres comme si l'Italie n'avait qu'un seul poumon. Au même moment, deux carabinieri (gendarmes) en fonction mais transistor à la main me sourient, triomphants. «Goal, Italia?» — «Si, Schillaci.» À la neuvième minute, en effet, le sympathique Toto avait propulsé les siens en avant d'un coup de tête magistral. Ce ne serait pas le dernier.

Roberto Baggio ajoutera un second but à la suite d'une action individuelle époustouflante éliminant tour à tour deux défenseurs et le gardien Jan Stejskal d'un tir instantané.

Qui oubliera, lors de ce match, les yeux exorbités de Schillaci implorant, mais en vain, l'arbitre français, M. Quiniou, de lui accorder un penalty, par ailleurs mérité.

Victoire donc de 2 à 0 sur des Tchécoslovaques souvent dépassés, mais qui se virent quand même refuser un but sur un hors-jeu inexistant. Quand donc le soccer utilisera-t-il les reprises vidéo pour éviter de telles erreurs qui peuvent changer le résultat sportif? Qu'on pense au but de la main de Maradona au Mexique en 1986 qui avait injustement éliminé les Anglais.

Malgré cet échec, la troupe du professeur Jozef Venglos, un des entraîneurs les plus diplômés du monde, récoltera la deuxième place assurant ainsi sa qualification après les succès de 5 à 1 sur les USA et de 1 à 0 contre les Autrichiens. Ceux-ci amasseront deux petits points après un gain de 2 à 1 devant les États-Unis. Ce sera bien insuffisant.

Enfin, pour les jeunes Américains Meola, Harkes, Ramos, Caligiuri... l'expérience sera sans doute profitable. Ils ont marqué deux buts en évoluant contre trois sélections européennes de fort calibre.

Les lions rugissent

Groupe B: Argentine, Cameroun, Roumanie, URSS.

C'est dans le magnifique stade Giuseppe Meazza de Milan que le match d'ouverture de cette quatorzième édition de la Coupe du monde s'est déroulé. Selon la tradition, les champions en titre, cette fois les Argentins, avaient le privilège de lancer la compétition. Pour la première fois, un pays africain partagerait cet honneur.

Après des cérémonies grandioses, c'est à un véritable bouleversement des valeurs auquel près de 74 000 spectateurs et des centaines de millions de téléspectateurs assistèrent.

Oui, un coup de tonnerre secoua le monde du football ce jour-là alors que des Camerounais déterminés infligeront une défaite à des Argentins plutôt désorganisés.

Les «lions indomptables» (leur surnom africain) avaient amorcé cette partie en étouffant littéralement un Maradona qui, n'étant plus à son niveau de 86, n'en demeurait pas moins dangereux. Neuf fautes commises sur le meneur de jeu argentin dans la seule première mi-temps. C'est énorme mais ça marche puisque le gardien Nkono n'a pas été très sollicité.

Déployant un style très agressif qui provoquera l'expulsion de deux des leurs, les Camerounais enlèveront ce match par un but à zéro. C'est une tête de Omam Biyik qui a fait la différence. Mais jamais ce ballon inoffensif n'aurait dû franchir la ligne de but. Une gigantesque bévue du gardien argentin Pumpido qui aura bien du mal à s'en remettre.

Vainqueurs aussi des Roumains 2 à 1 sur deux buts du vénérable Roger Milla venu de nulle part, les Camerounais subtiliseront la première place du groupe avec quatre points. Personne n'avait prévu un tel dénouement.

Derrière, la Roumanie et la décevante Argentine suivaient. Les champions du monde ne seront rescapés pour le second tour que parmi les quatre meilleurs troisièmes.

L'URSS, classée parmi les favoris, flanchera encore et, cette fois, dès le premier tour. Dans le dernier match, la victoire soviétique de 4 à 0 sur un Cameroun déjà qualifié n'a convaincu personne.

Le lapin sort du sac

Groupe C: Brésil, Costa Rica, Écosse, Suède.

L'ordre alphabétique des membres de cette poule correspond précisément à leur classement final après les trois premières joutes. Le Brésil, jouant à l'économie, avec un système défensif renforcé, remporta ses trois rencontres. Pas de surprise. Mais, la deuxième position du Costa Rica étonne au plus haut point. Ce petit pays d'Amérique centrale put compter sur un excellent gardien, Gabelo Conejo, qui a accompli un parcours phénoménal et sauvé les siens à plusieurs occasions. Mais les Costaricains ont aussi du répondant en attaque et les Cayasso, Jara et Ramirez ont fait souffrir, particulièrement sur contre-attaque, l'Écosse, d'abord, 1 à 0, et la Suède, 2 à 1.

Or, Conejo, en espagnol, signifie lapin. Et c'est Bora Milutinovic, nommé entraîneur quelques mois auparavant qui a sorti ce lapin de son sac, mais aussi toute une sélection de l'anonymat général. Bora était celui-là même qui avait hissé le Mexique jusqu'en quart de finale en 86.

Les Écossais s'étaient qualifiés pour une phase finale pour la cinquième fois consécutive. Plusieurs grands pays ne peuvent présenter un tel tableau d'efficacité. Mais ils semblent incapables de résister à l'élimination dès le tour initial. Ils tomberont encore à cause, principalement, d'un manque flagrant de réussite.

Terrible naufrage collectif par ailleurs, pour les Suédois. On attendait beaucoup de ces Vikings qui seront «lanterne rouge» d'un groupe pourtant «faible». Seul, le jeune Tomas Brolin, un surdoué, aura évité la grogne générale. Même l'entraîneur Olle Nordin perdra son poste très rapidement. On lui reprocha d'avoir été totalement dépassé par les événements.

RFA: un trio offensif percutant

Groupe D: Colombie, Émirats arabes unis, Allemagne fédérale, Yougoslavie.

Après deux parties, la RFA, avec neuf buts marqués et deux encaissés lors de triomphes de 4 à 1 devant la Yougoslavie et de 5 à 1 face aux Émirats arabes unis, était non seulement qualifiée mais pratiquement assurée de la première place. Le trio Lothar Matthaus, Jurgen Klinsmann et Rudi Voeller a pesé lourd dans ces victoires décisives en marquant pas moins de huit fois.

D'ailleurs, à ce moment-là, Matthaus atteint son apogée. Il sera élu Ballon d'or européen en 1990 devant Salvatore Schillaci pourtant meilleur buteur de ce Mondiale.

La Yougoslavie, guidée par un excellent milieu offensif en Dragan Stojkovic, corrigera son départ catastrophique devant l'Allemagne et obtiendra deux gains de 1 à 0 devant la Colombie et de 4 à 1 contre les Émirats arabes unis. Ces quatre points suffiront pour assurer la seconde place.

Enfin, les Colombiens, présents pour la deuxième fois après 1962, ont terrassé les Émirats 2 à 0 et obtenu un miraculeux match nul de 1 à 1 devant la RFA à la quatre-vingt-dixième minute grâce à un but de Rincon servi brillamment par Carlos Valderrama. Ce point précieux acquis en fait à la quatre-vingt-douzième minute, soit durant le temps que l'arbitre compte pour compenser les secondes ou minutes d'arrêts de jeu, projetait la Colombie parmi les seize pays présents au second tour.

Un artiste parmi les diables

Groupe E: Belgique, Espagne, Corée du Sud, Uruguay.

En 1984, en France, lors du Championnat d'Europe des nations, le Belge Enzo Scifo avait 18 ans. Il était déjà sûr de lui au milieu de l'attaque des diables rouges. En 1990, en Italie, il arrivait à sa pleine maturité. Créateur par le génie de ses ouvertures et poète par l'élégance et la beauté de ses gestes, Scifo est un merveilleux numéro 10. Il n'en reste plus beaucoup de ces meneurs de jeu capables d'établir le rythme d'une formation au gré de leur imagination.

Animés par Scifo, les diables rouges entamèrent le tournoi en fanfare déclassant tour à tour la Corée, 2 à 0, et l'Uruguay, 3 à 1. Cependant, une défaite de 2 à 1 devant l'Espagne, et la Belgique dut se contenter du second rang. Les Espagnols vainqueurs également de la Corée 3 à 1 et auteurs d'un match nul de 0 à 0 devant l'Uruguay, arrachaient finalement la première position.

De son côté, la Céleste avait frôlé l'abîme en soutirant une qualification in extremis grâce à un but de Daniel Fonseca à la dernière minute du dernier match contre la Corée du Sud.

Ce groupe E révéla aussi un certain Miguel Gonzalez, dit Michel, milieu de terrain de son état, qui marqua quatre buts pour l'Espagne prenant alors provisoirement la tête des buteurs de ce Mondiale 90.

Un match à haut risque

Groupe F: Angleterre, Égypte, république d'Irlande, Pays-Bas.

L'Angleterre, comme tête de série, et les Pays-Bas, par le jeu du tirage au sort, se retrouvèrent donc dans le dernier groupe. Depuis longtemps, ce peloton avait été casé en Sicile et en Sardaigne, les deux îles du sud-ouest de la péninsule.

Ce n'était pas un hasard. Les forces policières redoutaient au plus haut point les hooligans anglais et, à un moindre degré, les «siders» hollandais. En France, en Italie et en Espagne, on les appelle les ultras. Il valait mieux isoler les supporteurs qui risquaient de jeter une ombre sur la tenue du Mondiale. Ainsi, limités dans l'espace, il serait plus facile de contrôler leurs déplacements et de circonscrire le périmètre de leurs activités. Les problèmes créés par ces hordes de jeunes n'étaient pas nouveaux. Les autorités anglaises, entre autres, devaient composer avec le phénomène depuis plusieurs années.

Mais pourquoi donc toute cette violence dans les estrades et, surtout, autour des stades? Des études montrent que ces 15-25 ans se sentent, pour de multiples raisons, rejetés par la collectivité. Alors ils s'inventent des micro-sociétés où ils sont importants, où ils ont un pouvoir. Les médias ne manquent pas de leur faire toute la publicité, toute la promotion en somme, qu'ils recherchent. Ils exhibent d'ailleurs, comme autant de trophées, les coupures de journaux qui les mettent en évidence.

En Italie, malgré des moyens sans précédent, il y eut affrontement entre hooligans anglais et forces de l'ordre à Cagliari quelques heures avant le match Pays-Bas - Angleterre. D'autres confrontations se sont produites à Turin lorsque l'Angleterre a accédé à la demi-finale contre la RFA.

«Mais globalement, ce Mondiale n'a pas donné lieu à la guerre annoncée. Au total, 284 supporters de diverses nationalités ont été arrêtés dont 129 inculpés. 102 personnes ont été blessées dont cinquante policiers. Les autorités italiennes ont expulsé 384 supporters et refusé l'entrée de leur territoire à 52 autres. En tout, pour l'ensemble du mondial italien, l'opération de maintien de l'ordre a représenté un coût de 80 000 000$ et impliqué plus de 50 000 fonctionnaires dont 45 000 policiers.» Voilà quelques données extraites du livre de Philippe Broussard *Génération supporter* publié chez Robert Laffont. Elles expliquent sans doute l'impact mitigé des hooligans anglais.

Au plan sportif, ce groupe F fut le plus avare en matière de buts. Sept seulement en six rencontres. Une vraie disette. Et cinq matchs nuls sur six. Un vrai carême. L'Angleterre, seul vainqueur de cette poule — 1 à 0 sur l'Égypte — accédera donc à la place d'honneur. Avec trois matchs nuls et donc trois points, la république d'Irlande (Eire) et les Pays-Bas se partagèrent la seconde position. L'égalité était parfaite, deux buts pour et deux buts contre. On départagera les deux pays par un tirage au sort. Il est absolument impossible maintenant, avec vingt-quatre finalistes et un mois de compétition, de procéder à une joute supplémentaire qui handicaperait très sérieusement les deux formations. C'est l'Irlande qui s'est vu accorder le second rang. De toute façon la Hollande passait avec les seize du second tour mais parmi les meilleurs troisièmes.

En forçant les Hollandais et les Irlandais à un match nul et en perdant très honorablement devant l'Angleterre, les Égyptiens ont prouvé encore une fois la progression constante du football africain.

Enfin, il faut revenir sur ce match de Cagliari entre l'Angleterre et la Hollande sur lequel les hooligans avaient attiré l'attention. En fait cette partie est mémorable pour des raisons fort différentes. D'abord, Peter Shilton, le gardien anglais, obtenait alors sa cent vingtième sélection en équipe nationale, un nouveau record mondial. De plus, la rencontre s'est déroulée parfaitement malgré la pression qu'on avait mise sur les joueurs, qui ont disputé ce match avec la plus grande correction, un fair-play peu commun. Si bien que l'excellent arbitre yougoslave, M. Petrovic, ne sortit même pas un seul carton jaune. Comme quoi le hooliganisme et le jeu de football ont bien peu en commun.

La ronde des seize: jouer ou crever

À partir de maintenant, on ne peut plus jouer pour se contenter d'un point ou espérer une défaite d'une autre formation. Il faut jouer chaque match à fond. Un seul échec et c'est l'élimination. L'avenir se joue à chaque rencontre.

Le 23 juin, à Naples, le Cameroun, surprenant premier du groupe B, s'était vu opposer la Colombie.

Tout s'est joué lors de la seconde période de prolongation. Roger Milla, le vieux routier du ballon rond qui évoluait alors pour une formation amateur à l'île de la Réunion, joua encore parfaitement son rôle de joker. Rentré à la cinquante-quatrième minute à la place de Louis-Paul Mfédé, il trompa deux fois le fantasque gardien René Higuita dont les sorties hasardeuses faisaient parler la galerie. Sur le deuxième but, qui allait finalement éliminer son pays, Higuita, seul derrière, perdit bêtement le ballon à Milla qui ne rata pas une si belle occasion.

Malgré une passe sur le but de Redin Valverde à la toute fin de ce match, Carlos Valderrama n'a pas eu son influence habituelle sur le jeu et la Colombie devait donc plier bagage.

Vainqueurs donc 2 à 1, les Camerounais, chose étrange, étaient dirigés par un Russe né en Sibérie qui ne parlait que sa langue natale. Malgré toutes les barrières de communication, de culture, de climat... Valeri Nepomniachi avait établi, avec l'aide d'adjoints camerounais, un système de jeu extrêmement efficace. L'utilisation qu'il fit de Roger Milla, fortement contestée au départ, fut finalement à l'origine du fabuleux parcours des lions indomptables.

Le même jour, à Bari, la Tchécoslovaquie ne fit pas dans les sentiments en assommant le «petit» Costa Rica par 4 buts à 1. Tomas Skuhravy marqua trois fois, et dans chaque cas, grâce à son exceptionnel jeu de tête. Le puissant avant-centre tchécoslovaque, comme plusieurs autres qui s'étaient mis en évidence pendant le tournoi, se retrouvera rapidement en Italie avec le Genoa (Gênes). Gabelo Conejo, le gardien du Costa Rica, blessé, n'avait pu prendre part à cette partie. Il joindra bientôt le club espagnol Albacete.

À la suite de cette défaite, somme toute attendue, Bora Milutinovic, ex-entraîneur du Mexique en 1986 et qui avait pris charge de la sélection costaricaine quelques mois seulement avant la compétition, déclarera: «Mon équipe a joué avec son cœur et son cerveau. J'en suis très fier. Mais les joueurs ne sont que des amateurs. Alors...»

Maradona est un phénomène. C'est désolant. Voilà la singulière constatation qui s'impose après la joute Argentine - Brésil à Turin. Un match dominé outrageusement par les Cariocas, mais gagné 1 à 0 par l'archiprudente Argentine.

Cinq ou six fois, les Brésiliens dérapent devant le but de l'excellent Goycochea. Pourtant, les occasions se multiplient: Careca, Alemao, Dunga voient leurs tirs frapper la barre, les poteaux. Rien à faire. Et Maradona, relevant d'une blessure à la cheville, presque inexistant depuis le début de la rencontre, va, d'un coup de patte, faire basculer le match.

À la quatre-vingtième minute, il part de la ligne médiane, balle au pied, il évite un tacle, attire trois défenseurs et donne, juste avant de perdre l'équilibre, un ballon en or à Caniggia complètement isolé là-bas à gauche. Seul devant le gardien

Taffarel, il n'a plus qu'à pousser le cuir vers... la victoire. Injustice, malédiction, les supporteurs brésiliens inconsolables ne comprennent plus. Longtemps courbés sur leur fauteuil, ils sont restés dans ce Stadio Delle Alpi (stade des Alpes) devenu siège de leur désenchantement. José Werneck, du *Jornal do Sports* de Rio de Janeiro, savait, lui, qui devait porter le blâme: «Sebastiao Lazaroni, l'entraîneur national, nous a volé notre football. Depuis le début du tournoi, nous avons joué sans imagination. Au lieu de partir des qualités intrinsèques de nos joueurs, il a décidé d'imposer sa tactique. Il a alors choisi les hommes qui convenaient à sa philosophie. Le Brésil a joué contre nature. Finalement, je suis déçu, bien sûr, mais pas vraiment surpris.»

Il est en tout cas étonnant de constater que Lazaroni avait laissé sur le banc de touche deux remarquables attaquants, Romario et Bebeto, qui s'inscrivent dans la lignée des grands buteurs brésiliens.

Le match le plus attendu de ce deuxième tour était certainement ce RFA - Hollande du 24 juin à Milan. Une rencontre marquée par une extrême nervosité. L'expulsion de Frank Rijkaard des Pays-Bas et de l'allemand Rudi Voeller en témoigne après seulement vingt-deux minutes de jeu.

À dix contre dix, il y a plus d'espace. Le match est d'un excellent niveau et le rythme, rapide. Lothar Matthaus excelle au milieu de l'attaque allemande et, avec Jurgen Klinsmann et l'expérimenté Pierre Littbarski, la défense batave est souvent malmenée. À la cinquante et unième minute, Klinsmann dévie un centre de Buchwald derrière Van Breukelen: 1 à 0.

Puis, Andreas Brehme, qui occupe remarquablement tout le flanc gauche allemand, inscrit un superbe but de quinze mètres et du pied droit. Pourtant c'est un gaucher. Son tir enveloppé trouve la lucarne à droite: 2 à 0.

Ronald Koeman, le grand défenseur blond hollandais, réussira un penalty à la quatre-vingt-neuvième minute mais la victoire des hommes de l'entraîneur Beckenbauer est déjà acquise et fort logique. Van Basten et Gullit n'auront pu retrouver leur meilleur niveau et la Hollande doit fermer les livres.

À Gênes, le duel Roumanie - république d'Irlande ne fit pas de maître même après cent vingt minutes. On allait procéder aux tirs au but. Avant cet exercice hasardeux, il fallait voir l'habile Jackie Charlton, ex-international anglais, devenu entraîneur d'une sélection irlandaise appuyée par des supporteurs merveilleux. Charlton, dans le rond central, distribuait les poignées de main à chacun de ses hommes en leur disant que, quoi qu'il arrive, il serait très fier d'eux. Ainsi, il enlevait des tonnes de pression sur les épaules de ses joueurs qui gagnèrent finalement l'épreuve par 5 tirs au but à 4. Pour les Roumains, Georghe Hagi fut de loin le meilleur. Mais par un excès d'individualisme, il dirigea souvent son équipe vers l'échec.

Deux autres face à face se terminèrent à la fin du temps supplémentaire. Entre l'Espagne et la Yougoslavie, c'était 1 à 1 après le temps réglementaire. Dragan Stojkovic, le superbe numéro 10 yougoslave, signa le but vainqueur dès le début du surtemps. Il avait déjà donné l'avantage à son pays à la soixante-dix-huitième minute. Seul Julio Salinas avait trompé Ivkovic, très fébrile en début de match. L'échec espagnol peut être imputé en partie à Rafael Martin Vazquez. Ce milieu offensif, excellent technicien, a loupé de très bonnes occasions. C'est avant tout un fabricant de jeu. Pas un finisseur.

Même scénario entre l'Angleterre et la Belgique, 0 à 0 après les deux périodes normales. Ce n'est qu'à la cent dix-neuvième minute que David Platt reprendra à la volée un coup franc tiré en finesse par Paul Gascoigne, l'enfant terrible du foot anglais, qui devenait de plus en plus indispensable à cette équipe.

Quarts de finale: l'Argentine des funambules

On attend des Latino-Américains un football conquérant, magique. Or, le Brésil éliminé, l'Argentine portait seule le drapeau, mais le tenait bien bas. En jouant toujours avec le même esprit calculateur, sans vraiment chercher à attaquer, Carlos Bilardo et sa formation vogueront quand même vers la demi-finale en battant la Yougoslavie, à Florence, le 30 juin.

Dès la trente-troisième minute, les Yougoslaves durent jouer à dix après l'expulsion de leur défenseur Sabanadzovic sanctionné par deux cartons jaunes. Malgré cette déconvenue si tôt dans le match, les Européens luttèrent avec courage et talent. Robert Prosinecki, Dragan Stojkovic et Safet Susic ont disputé une rencontre remarquable se donnant de bonnes occasions sans concrétiser. Côté argentin, le véloce Claudio Caniggia, laissé souvent seul en attaque, a attendu, en vain cette fois, la passe miracle de Maradona.

Aucun but, donc, après deux heures de jeu. Tout s'est décidé lors des tirs au but. Là, c'est Sergio Goycochea, le gardien argentin remplaçant de Nery Pumpido, blessé, qui a pris les choses en main stoppant deux tirs des Yougoslaves. Sur la première tentative, Stojkovic avait atteint la barre transversale. Malgré les échecs de Maradona et Troglio, l'Argentine l'emportait finalement 3 tirs au but à 2. Sans plaire et surtout sans convaincre, la bande à Diego atteignait le carré final évitant de très peu la chute dans le vide.

Schillaci s'éclate

C'est encore Salvatore Schillaci qui sauva l'Italie devant des Irlandais tenaces au stade Olimpico de Rome. À la trente-huitième minute, Toto, qui a fait un grand match, reprit victorieusement un tir de Roberto Donadoni bloqué mais relâché par le portier Pat Bonner. Les gars de Jackie Charlton ne pourront jamais revenir à la marque. Ils avaient pourtant bousculé la défense bleue très nerveuse surtout lors d'actions initiées par Ray Houghton et Paul McGrath qui tentaient de placer les avants Tony Cascarino et John Aldridge sur orbite.

Après quatre matchs nul, ce premier échec stoppait net la marche de l'Eire. Mais ces Irlandais avaient laissé une excellente impression. Longtemps après la partie, dix mille merveilleux partisans réclamèrent la présence de leurs joueurs pour les remercier. En venant saluer cette foule exubérante avec ses hommes, Jackie Charlton, pourtant gagnant de la Coupe du monde en 1966 avec l'équipe d'Angleterre, s'exclamera: «Je suis plus heureux aujourd'hui que jamais auparavant car mes joueurs m'ont fait un immense plaisir.»

À Milan, la RFA joue à domicile

Au stade Giuseppe Meazza de Milan, 75 000 spectateurs, dont la grande majorité allemande, étaient venus assister à la victoire de la RFA, que tous voyaient déjà championne.

Le point tournant de cette rencontre se situe à la vingt-quatrième minute lorsque Jurgen Klinsmann, effectuant un slalom devant le but adverse, fut fauché. Penalty. Lothar Matthaus transforme et devient le bourreau des Tchécoslovaques: 1-0. Rideau.

Souvent dépassés par la vitesse des Allemands, les Européens de l'Est n'ont pu que retarder l'échéance. On attendait beaucoup du puissant avant-centre Tomas Skuhravy, mais il était menotté par deux défenseurs centraux, Thomas Berthold et Jurgen Kohler, qui assuraient une énorme sécurité libérant ainsi les autres qui attaquaient souvent à six ou sept. Remarquable RFA qui aurait pu aggraver le score avec un peu plus de chance.

Les Brésiliens d'Afrique

Une révolution de palais. Voilà comment on peut qualifier le changement tactique apporté par l'entraîneur anglais Bobby Robson lors de ce Mondiale. Dans la sélection de Sa Majesté comme dans les clubs de la English League, on avait toujours ignoré le libero pourtant exploité depuis longtemps partout à l'extérieur du royaume. La défense en ligne à quatre joueurs suffisait amplement. En général, on pratiquait un jeu certes rapide mais prévisible et la sélection anglaise avait toujours adopté ce même schéma défensif. Mais ici, pour la première fois, donc, Robson optera pour la solution du libero (sweeper, en anglais). Il avait sans doute jugé que, contre des équipes plus latines jouant balle au sol et développant un football imaginatif, il valait mieux mettre en place un réseau défensif plus prudent. Mark Wright devint alors le premier libero de la sélection anglaise. Comme les Britanniques avaient toujours été indépendants et même arrogants avec leur conception du jeu, le choix tactique de Robson surprit, au plus haut point, tous les observateurs.

Donc, à Naples, lors de ce match de quart de finale contre le Cameroun, Wright évoluait devant Shilton, mais derrière Walker et Butcher, deux autres défenseurs centraux.

Cette rencontre allait se jouer lorsque l'arbitre, M. Codesal Mendez, du Mexique, accorda pas moins de trois penalties. L'Anglais Gary Lineker en réussira deux, dont un pendant la prolongation qui deviendra le but gagnant: 3 à 2 Angleterre. Superbe affrontement aux rebondissements fréquents. David Platt avait ouvert le bal pour les Britanniques à la vingt-cinquième minute, mais Emmanuel Kunde égalisait sur penalty après une heure de jeu. Et les Camerounais prenaient l'avance cinq minutes plus tard par Ekeke servi joliment par le «patriarche» Roger Milla. Et, quelques minutes avant la fin du temps réglementaire, Lineker transforma son premier penalty.

On dira encore que les Africains quittent une phase finale de Coupe du monde la tête haute. Ce n'est pas une expression vide. Jamais ils n'étaient allés aussi loin. Et là, autour de la pelouse, les Camerounais firent un tour d'honneur, un peu comme des vainqueurs, saluant la foule qui avait hautement apprécié leur excellent football. En fait, ils avaient remplacé les Brésiliens dans le cœur de plusieurs. Et, par leur virtuosité, ils avaient fait trembler les colonnes de l'ancien empire.

Les demi-finales: voir Naples et souffrir

«Diego, tu restes dans nos cœurs, mais l'Italie est notre patrie», affirmait cette immense banderole dans le stade San Paolo de Naples, cette grande ville du sud. Maradona jouait justement pour le Napoli dans le championnat italien et il avait, depuis longtemps, fait vibrer les supporteurs napolitains. Diego avait bien tenté d'exploiter la rivalité nord-sud pour séduire les tifosi et, du même coup, perturber l'équipe azzurra. Mais, en général, les spectateurs sont restés fidèles à leur sélection et certains ont même hué l'Argentin à quelques reprises pendant cette rencontre capitale.

D'autre part, Azeglio Vicini, l'entraîneur des bleus avait eu du génie, disait-on, en remplaçant, lors du premier tour, Vialli par Roberto Baggio, qui s'était illustré particulièrement devant les Tchécoslovaques. Mais, par la suite, il avait été moins incisif. Néanmoins, à la surprise générale, Vicini décida de rappeler Vialli pour ce duel impitoyable. Étrange, puisque Gianluca semblait lui-même ébranlé d'avoir été rejeté si rapidement.

Les azzurri inscrivirent le premier but. Dès la dix-septième minute, après une série de passes entre Schillaci, De Napoli, Vialli, Giannini, c'est Vialli qui reprend à la volée. Goycochea ne peut retenir ce boulet et Toto suit et fait mouche: 1-0. Le public, grisé, jubile. L'Italie ira en finale. Qui peut en douter?

Mais le match est jeune et la squadra, de nouveau habitée par ses vieux démons défensifs, laissera l'initiative aux Argentins qui placeront alors quelques banderilles dans le camp italien. Et, à la soixante-septième minute, Maradona transmet à gauche à Olarticoechea qui centre vers Caniggia. L'attaquant blond saute et touche de la tête ce ballon juste avant le gardien Walter Zenga, mal sorti. C'était le premier but concédé par la défense italienne. Il sera fatal. Brusquement alors, des milliers de spectateurs délaissèrent leur sélection et se mirent à marteler les «DIE-GO», «DIE-GO». Cette attitude très dure à l'égard de la troupe de Vicini a sans doute eu une influence sur la suite des événements. La prolongation ne modifia pas le compte malgré des Argentins pour une fois agressifs en attaque et qui essayaient de passer le KO à une formation habitée par le doute.

Encore une fois, les tirs au but forceront la décision. Après les six premiers tirs, c'était 3 à 3. Et Roberto Donadoni vit sa frappe arrêtée par le remarquable Goycochea. Maradona suivit et marqua: 4 à 3. Aldo Serena devait alors réussir pour poursuivre l'épreuve. Mais Goycochea, encore fit l'arrêt. Serena resta penché au point de réparation. Vaincu.

Aussi incroyable que cela puisse paraître, l'Italie, après une trajectoire sans faille, était larguée avant la finale. Elle n'avait concédé qu'un seul but et obtenu onze points sur une possibilité de douze. Un échec terrible. Injuste.

Le mondial des tirs au but

Déterminer un gagnant lors de l'exercice des tirs au but laisse toujours comme un goût d'inachevé. Les vaincus ne sont pas vraiment perdants et les gagnants n'ont pas vraiment prouvé leur supériorité. C'est à la suite d'actions de jeu que les vainqueurs devraient émerger. D'ailleurs, à ce sujet, la FIFA adoptera sans doute la formule du hockey des éliminatoires où le premier but en surtemps met fin au match.

En tout cas, lors de cette seconde demi-finale, le scénario de Naples s'est répété quasi parfaitement au Stadio Delle Alpi de Turin. La seule différence c'est que les deux buts réussis pendant la partie, l'ont été en deuxième période. D'abord, Andreas Brehme, un spécialiste des coups francs touchera la cible à la soixantième minute. De vingt-cinq mètres, sur balle arrêtée, il s'exécute et son tir percute Parker sorti très vite du mur et lobe un Shilton impuissant.

Les Anglais avaient bien entrepris cette rencontre mais ne seront récompensés que vers la fin du match alors que Gary Lineker profite d'une énorme erreur de trois défenseurs, Augenthaler, Kohler et Berthold. La confusion entre les trois compères est telle que Lineker se retrouve seul avec le ballon et sa frappe, au sol, trompe Bodo Illgner, le gardien allemand. C'est 1 à 1. La prolongation, comme toute la partie, fut jouée intensément et sans lever le pied. Tour à tour, l'Anglais Chris Waddle — qui joue alors avec l'Olympique de Marseille — et l'Allemand Buchwald toucheront le poteau. Le tableau d'affichage reste bloqué à 1 à 1 et il faut encore procéder à l'épreuve des tirs au but. Et comme à Naples, les six premiers tireurs marquèrent. Brehme, Matthaus et Riedle d'un côté, et Lineker, Beardsley et Platt de l'autre. Mais Illgner sortit le grand jeu devant Pearce pendant que Thon donnait l'avance aux Allemands. Chris Waddle devait donc impérativement transformer son essai. Mais son tir, trop enlevé, passait au-dessus.

L'Allemagne fédérale atteignait la grande finale pour la troisième fois consécutive. Défaite en 82 et en 86, elle ne doutait pas que ce Mondiale serait le sien.

La finale: Rome, morne plaine

Cette finale, au Stadio Olimpico de Rome, mit aux prises la formation la plus offensive du tournoi, la RFA, à une sélection argentine médiocre qui avait franchi chacune des étapes avec un maximum de chance. Elle sera triste. Que faisaient les Sud-Américains dans cette ultime rencontre, eux qui avaient une fiche peu éloquente de deux gains, trois nuls et une défaite?

Franz Beckenbauer, à la barre de la sélection allemande pour la dernière fois — il avait lui-même décidé de partir — choisit d'aligner une redoutable machine offensive. Devant, Voeller, qui évoluait à l'AS Roma — il jouerait cette finale sur «son» terrain —, et Klinsmann. Au milieu, trois joueurs offensifs: Littbarski, le plus latin des Allemands, Hassler et Matthaus. Sans compter les arrières latéraux qui soutenaient régulièrement une attaque déjà dévastatrice. Pour sa part, Bilardo avait renforcé encore davantage son dispositif défensif élevant un véritable bouclier devant son but. Seul Dezotti, remplaçant de Caniggia suspendu, errait sur le front de l'attaque. Les autres étaient tous derrière.

Comme prévu, la RFA se lança à l'assaut du but argentin contrôlant constamment le ballon, mais n'arrivant pas à passer les rideaux défensifs savamment dressés par le diabolique Bilardo. Le jeu se durcissait souvent et l'arbitre, M. Codesal Mendez, sifflait, sifflait, hachant un match qui avait bien du mal à vivre. En fermant le jeu, les Argentins espéraient probablement atteindre l'étape des tirs au but qui leur avait été si favorable jusque-là. Ils faillirent y arriver. Mais, cinq minutes avant la fin, Rudi Voeller, balle au pied, s'engage dans la surface adverse et est crocheté par Sensini. L'officiel montra immédiatement le point de penalty. Décision sévère pour les Argentins. Il semble, en effet, que Sensini ait joué le ballon. Maradona et les siens, furieux, entourent l'arbitre. Le match se jouera à ce moment précis. Brehme s'avance et calmement place son ballon au ras du poteau à droite de Goycochea battu. Les Sud-Américains privés de deux joueurs expulsés ne purent rien d'autre et la victoire est allemande.

La RFA remportait alors par un but à zéro sa troisième Coupe du monde rejoignant ainsi le Brésil et l'Italie.

Enfin, à Bari, la veille de la grande finale, l'Italie et l'Angleterre s'étaient disputés la «finalina» (petite finale). La pression n'était pas aussi forte que lors d'une rencontre pour la première place. Comme c'est le cas très souvent dans ces circonstances, les deux formations livrèrent un excellent match arraché finalement par les Italiens 2 à 1. David Platt pour l'Angleterre, et Roberto Baggio — revenu dans les bonnes grâces de Vicini — et Salvatore Schillaci, sur penalty, furent les auteurs des trois filets. Cette sixième réussite sacrait Toto roi des buteurs de ce Mondiale. Mais cette victoire consolait-elle vraiment la péninsule?

Par ailleurs, au plan organisationnel, cette phase finale fut un immense succès autant en Italie, où 2 517 348 spectateurs assistèrent aux cinquante-deux rencontres — moyenne de 48 411 par partie —, qu'à l'extérieur, partout dans le monde, où 26,7 milliards de téléspectateurs auront été témoins de l'ensemble des matchs dont 1,4 pour la joute finale. Des chiffres tellement incroyables qu'on a peine à en mesurer la réelle signification. Disons que les 26,7 milliards de personnes correspondent à presque cinq fois la population de la planète.

CONCLUSION

La dernière Coupe du monde ne fut pas un hymne au jeu offensif. On l'a dit. Et la vague de prudence extrême déferle sur le football depuis longtemps. En 1984, aux Jeux olympiques tenus aux États-Unis, j'avais demandé à M. Joao Havelange, président de la FIFA, s'il n'y aurait pas lieu de changer certains règlements pour que le ballon rond retrouve le chemin des buts. Réponse: «Le football est parfait. Il ne nécessite aucune modification.» Pourtant, quelques années plus tard, la Fédération internationale, contrairement aux affirmations de son dirigeant et inquiète de la tendance négative générale, retouchait certaines règles du jeu dont celles concernant le hors-jeu et la passe en retrait au gardien. Il fallait se soucier du spectacle et redonner un souffle nouveau au foot en relançant l'attaque.

En Amérique, il est plus difficile de faire naître l'émotion sans les buts. On reproche alors souvent au soccer de ne pas être assez généreux à ce chapitre. Mais si on ne considérait que cet aspect des sports d'équipe, le handball serait de loin le plus populaire. On y comptabilise autour de quarante buts par partie.

On est aussi porté à comparer le soccer à d'autres sports. C'est une terrible erreur. En fait, il suffit d'opposer le football à lui-même pour voir surgir des solutions aux tactiques défensives dominantes. En effet, il y a trente ou quarante ans, on atteignait des moyennes de quatre, voire cinq buts par match. C'était le même jeu et pratiquement les mêmes lois.

Pour apprivoiser le public d'ici, le foot devra retrouver ses racines, sa raison d'être, c'est-à-dire la victoire et donc les buts.

Les médias ont également un rôle à jouer. Mais, seront-ils freinés par l'inertie de la routine, l'insécurité créée par la «nouveauté» ou par les pressions des dirigeants des grandes équipes de baseball, hockey, basketball... qui ne voudront pas assister passivement à la montée d'une concurrence dangereuse. Il faudra bien aussi que les amateurs de sport essaient de comprendre les mécanismes qui animent le soccer pour mieux vibrer aux joies qu'il fait naître. De cette façon, ils apprécieront à sa juste valeur le jeu le plus connu et le plus aimé de la planète.

Et, justement, par le biais de la World Cup 94, le foot c'est un peu une main que le reste du monde tend à l'Amérique.

BIBLIOGRAPHIE

ARETS, Raymond, *Les coulisses du football*, Paris, Marabout Service.

BOULLY, Jean, *Les stars du football,* Paris, Bordas.

COLLECTIF D'ÉCRIVAINS, *Football — autres regards*, Le Castor Astral.

DE RYSWICK, Jacques, *100 000 heures de football*, Paris, La Table Ronde.

FERRAN, Jacques, *Football aventure des hommes*, Paris, La Table Ronde.

GHIRELLI, Antonio, *Storia del calcio in Italia*, Turin, Einaudi.

GLANVILLE, Brian, *History of the Word Cup*, Londres, Times Newspapers.

GLANVILLE, RADNEDGE *et al., The Word Game*, Hamlyn.

HUBERT, Christian, *50 ans de Coupe du monde*, Bruxelles, Arts et Voyages.

JOSE, Colin et William F. RANNIE, *The Story of Soccer in Canada*.

KOVACS, Stefan, *Football Total*, Paris, Calmann-Lévy.

LAURIER, Alain, *Football, culture tactique et principes de jeu,* Chiron Sports.

LE GOULVEN et DELAMARRE, *Les grandes heures de la Coupe du monde*, Paris, PAC.

LE GOULVEN ET ICHAH, *Mundial 78*, Paris, PAC.

LO PRESTI, Salvatore, *et al.*, *Annuario del calcio mondiale 89-90*, Turin.

MORRIS, Desmond, *The Soccer Tribe*.

ORMEZZANO et COLOMBERO, *Il calcio e la coppa del mondo*, Milan, Longanesi.

PELÉ, *Ma vie et ce jeu merveilleux*, Paris, Robert Laffont.

RÉTACKER, Jean-Philippe, *Le football*, Paris, La Table Ronde.

RÉTHACKER et THIBERT, *La fabuleuse histoire du football*, Paris, ODIL.

ROLAND, Thierry, *La fabuleuse histoire de la coupe du monde*, Paris, ODIL.

WRZOS, Jerzy, *La tactique de l'attaque*, Belgique, Broodcoorens Michel.

60 años de campeonato mundial de futbol.

Compeonato mundial de futbol.

FIFA 1904-1984. Historical Publication of FIFA.

L'épopée de la Coupe du monde, Paris, Mondial.

STATISTIQUES

COUPE DU MONDE DE LA FIFA

1930 URUGUAY

13 au 30/07/1930

Nombre de pays membres de la FIFA: 46
Président de la FIFA: Jules Rimet (France)
Nombre de pays inscrits: 13 (Tournoi sur invitation)
Les participants: Argentine, Belgique, Bolivie, Brésil, Chili, France, Mexique, Paraguay, Pérou, Roumanie, Uruguay, USA, Yougoslavie

RÉSULTATS:

Groupe 1

France 4	Mexique 1
Argentine 1	France 0
Chili 3	Mexique 0
Chili 1	France 0
Argentine 6	Mexique 3
Argentine 3	Chili 1

Groupe 2

Yougoslavie 2	Brésil 1
Yougoslavie 4	Bolivie 0
Brésil 4	Bolivie 0

Groupe 3

Roumanie 3	Pérou 1
Uruguay 1	Pérou 0
Uruguay 4	Roumanie 0

Groupe 4

USA 3	Belgique 0
USA 3	Paraguay 0
Paraguay 1	Belgique 0

Classement après les matchs de groupes:

Groupe 1	J	G	N	P	BP	BC	Pts
Argentine	3	3	0	0	10	4	6
Chili	3	2	0	1	5	3	4
France	3	1	0	2	4	3	2
Mexique	3	0	0	3	4	13	0

Groupe 2	J	G	N	P	BP	BC	Pts
Yougoslavie	2	2	0	0	6	1	4
Brésil	2	1	0	1	5	2	2
Bolivie	2	0	0	2	0	8	0

Groupe 3	J	G	N	P	BP	BC	Pts
Uruguay	2	2	0	0	5	0	4
Roumanie	2	1	0	1	3	5	2
Pérou	2	0	0	2	1	4	0

Groupe 4	J	G	N	P	BP	BC	Pts
USA	2	2	0	0	6	0	4
Paraguay	2	1	0	1	1	3	2
Belgique	2	0	0	2	0	4	0

1/2 finales

Argentine 6	USA 1
Uruguay 6	Yougoslavie 1

FINALE

Uruguay 4	Argentine 2

Buts: Dorado, Cea, Iriarte et Castro pour l'Uruguay; Peucelle et Stabile pour l'Argentine

LES FINALISTES:

Uruguay: Ballesteros; Nasazzi (C), Mascheroni, Andrade, Fernandez, Gestido Dorado, Scarone, Castro, Cea, Iriarte.

Argentine: Botasso; Della Torre, Paternoster, Evaristo, Monti, Suarez, Peucelle, Varallo, Stabile, Ferreira (C), M. Evaristo.

BUTEURS:

Stabile	Argentine	8 buts
Cea	Uruguay	5
Peucelle	Argentine	4
Subiabre	Chili	4
Patenaude	USA	3

VAINQUEUR: URUGUAY

1934 ITALIE

27/05 au 10/06/1934

Nombre de pays membres de la FIFA: 53
Président de la FIFA: Jules Rimet (France)
Nombre de pays inscrits pour la ronde préliminaire: 31
Les 16 participants à la phase finale: Argentine, Autriche, Belgique, Brésil, Tchécoslovaquie, Égypte, France, Allemagne, Hongrie, Italie, Pays-Bas, Roumanie, Espagne, Suède, Suisse, USA

RÉSULTATS:

1/8 de finale:

Autriche 3	France 2
Hongrie 4	Égypte 2
Espagne 3	Brésil 1
Italie 7	USA 1
Allemagne 5	Belgique 2
Suède 3	Argentine 2
Suisse 3	Pays-Bas 2
Tchécoslovaquie 2	Roumanie 1

1/4 de finale:

Autriche 2	Hongrie 1
Espagne 1	Italie 1
Italie 1	Espagne 0
(match rejoué)	
Allemagne 2	Suède 1
Tchécoslovaquie 3	Suisse 2

1/2 finale:

Italie 1	Autriche 0
Tchécoslovaquie 3	Allemagne 1

Finale pour la 3e place:

Allemagne 3	Autriche 2

FINALE

Italie 2	Tchécoslovaquie 1
(en prolongation)	

Buts: Orsi et Schiavio pour l'Italie; Puc pour la Tchécoslovaquie.

LES FINALISTES:

Italie: Combi (C); Monzeglio, Allemandi, Ferraris IV, Monti, Bertolini, Guaita, Meazza, Schiavio, Ferrari, Orsi.

Tchécoslovaquie: Planicka (C); Zenisek, Ctyroky, Kostalek, Cambal, Krcil, Junek, Svoboda, Sobotka, Nejedly, Puc.

BUTEURS:

Nejedly	Tchécoslovaquie	5 buts
Conen	Allemagne	4
Schiavio	Italie	4
Orsi	Italie	3
Kielholz	Suisse	3

VAINQUEUR: ITALIE

292

1938 FRANCE

04/06 au 19/06/1938

Nombre de pays membres de la FIFA: 57
Président de la FIFA: Jules Rimet (France)
Nombre de pays inscrits pour la ronde préliminaire: 36
Les 16 participants à la phase finale: Autriche, Belgique, Brésil, Cuba,
Tchécoslovaquie, France, Allemagne, Italie, Pays-Bas, Norvège, Pologne,
Roumanie, Suède, Suisse, Indes Néerlandaises.

RÉSULTATS:

1/8 de finale:

Italie 2	Norvège 1
France 3	Belgique 1
Brésil 6	Pologne 5
Tchécoslovaquie 3	Pays-Bas 0
Allemagne 1	Suisse 1
Suisse 4	Allemagne 2
(rejoué)	
Hongrie 6	Indes Néerl. 0
Suède	Autriche
(retrait de l'Autriche)	
Cuba 3	Roumanie 3
Cuba 2	Roumanie 1
(rejoué)	

1/4 de finale:

Italie 3	France 1
Brésil 1	Tchécoslovaquie 1
Brésil 2	Tchécoslovaquie 1
(rejoué)	
Hongrie 2	Suisse 0
Suède 8	Cuba 0

1/2 finale:

Italie 2	Brésil 1
Hongrie 5	Suède 1

Finale pour la 3e place:

Brésil 4	Suède 2

FINALE:

Italie 4	Hongrie 2

Buts: Colaussi (2) Piola (2) pour l'Italie;
Titkos, Sarosi pour la Hongrie.

LES FINALISTES:

Italie: Olivieri; Foni, Rava; Serantoni
Andreolo, Locatelli; Biavati,
Meazza (C), Piola, Ferrari, Colaussi.

Hongrie: Szabo; Polgar, Biro; Szalay,
Szucs, Lazar; Sas, Vincze, Sarosi (C),
Szengeller, Titkos.

Buteurs:

Leonidas	Brésil	8 buts
Zsengeller	Hongrie	7
Piola	Italie	5
Colaussi	Italie	4
Sarosi	Hongrie	4

VAINQUEUR: ITALIE

1950 BRÉSIL
24/06 au 17/07/1950

Nombre de pays membres de la FIFA: 70
Président de la FIFA.: Jules Rimet (France)
Nombre de pays inscrits à la ronde préliminaire: 33
Les 13 participants à la phase finale: Bolivie, Brésil, Chili, Angleterre, Italie, Mexique, Paraguay, Espagne, Suède, Suisse, Uruguay, U.S.A., Yougoslavie.

RÉSULTATS:

Groupe 1

Brésil 4	Mexique 0
Yougoslavie 3	Suisse 0
Yougoslavie 4	Mexique 1
Brésil 2	Suisse 2
Brésil 2	Yougoslavie 0
Suisse 2	Mexique 1

Groupe 2

Angleterre 2	Chili 0
Espagne 3	USA 1
USA 1	Angleterre 0
Espagne 2	Chili 0
Espagne 1	Angleterre 0
Chili 5	USA 2

Groupe 3

Suède 3	Italie 2
Suède 2	Paraguay 2
Italie 2	Paraguay 0

Groupe 4

Uruguay 8	Bolivie 0

Classement après les matchs de groupes:

Groupe 1	J	G	N	P	BP	BC	Pts
Brésil	3	2	1	0	8	2	5
Yougoslavie	3	2	0	1	7	3	4
Suisse	3	1	1	1	4	6	3
Mexique	3	0	0	3	2	10	0

Groupe 2							
Espagne	3	3	0	0	6	1	6
Angleterre	3	1	0	2	2	2	2
Chili	3	1	0	2	5	6	2
USA	3	1	0	2	4	8	2

Groupe 3	J	G	N	P	BP	BC	Pts
Suède	2	1	1	0	5	4	3
Italie	2	1	0	1	4	3	2
Paraguay	2	0	1	1	2	4	1

Groupe 4							
Uruguay	1	1	0	0	8	0	2
Bolivie	1	0	0	1	0	8	0

RONDE FINALE:

Brésil 7	Suède 1
Uruguay 2	Espagne 2
Brésil 6	Espagne 1
Uruguay 3	Suède 2
Suède 3	Espagne 1
Brésil 1	Uruguay 2

Buts: Schiaffino et Ghiggia pour l'Uruguay; Friaça pour le Brésil

Classement final:

Uruguay	3	2	1	0	7	5	5
Brésil	3	2	0	1	14	4	4
Suède	3	1	0	2	6	11	2
Espagne	3	0	1	2	4	11	1

Buteurs:

Ademir	Brésil	9 buts
Schiaffino	Uruguay	7
Basora	Espagne	5
Ghiggia	Uruguay	5
Chico	Brésil	4

VAINQUEUR: URUGUAY

1954 SUISSE

16/06 au 04/07/1954

Nombre de pays membres de la FIFA: 80
Président de la FIFA: Rodolphe W. Seeldrayers (Belgique)
Nombre de pays inscrits à la ronde préliminaire: 38
Les 16 participants à la phase finale: Autriche, Belgique, Brésil, Tchécoslovaquie, Angleterre, France, Allemagne fédérale, Hongrie, Italie, Corée, Mexique, Écosse, Suisse, Turquie, Uruguay, Yougoslavie.

RÉSULTATS:

Groupe 1
Yougoslavie 1	France 0
Brésil 5	Mexique 0
France 3	Mexique 2
Brésil 1	Yougoslavie 1

Groupe 2
Hongrie 9	Corée 0
Allemagne féd. 4	Turquie 1
Hongrie 8	Allemande Féd. 3
Turquie 7	Corée 0

Groupe 3
Autriche 1	Écosse 0
Uruguay 2	Tchécoslovaquie 0
Uruguay 7	Écosse 0
Autriche 5	Tchécoslovaquie 0

Groupe 4
Angleterre 4	Belgique 4
Suisse 2	Italie 1
Angleterre 2	Suisse 0
Italie 4	Belgique 1

Classement après les matchs de groupes:

Groupe 1
	J	G	N	P	BP	BC	Pts
Brésil	2	1	1	0	6	1	3
Yougoslavie	2	1	1	0	2	1	3
France	2	1	0	1	3	3	2
Mexique	2	0	0	2	2	8	0

Groupe 2
	J	G	N	P	BP	BC	Pts
Hongrie	2	2	0	0	17	3	4
Turquie	2	1	0	1	8	4	2
All. féd.	2	1	0	1	7	9	2
Corée	2	0	0	2	0	16	0

(Match décisif pour la 2ᵉ place:
Allemagne féd. 7   Turquie 2)

Groupe 3
	J	G	N	P	BP	BC	Pts
Uruguay	2	2	0	0	9	0	4
Autriche	2	2	0	0	6	0	4
Tchécos.	2	0	0	2	0	7	0
Écosse	2	0	0	2	0	8	0

Groupe 4
	J	G	N	P	BP	BC	Pts
Angleterre	2	1	1	0	6	4	3
Italie	2	1	0	1	5	3	2
Suisse	2	1	0	1	2	3	2
Belgique	2	0	1	1	5	8	1

(Match décisif pour 2ᵉ place:
Suisse 4   Italie 1)

1/4 de finale:
Uruguay 4	Angleterre 2
Autriche 7	Suisse 5
Allemagne féd. 2	Yougoslavie 0
Hongrie 4	Brésil 2

1/2 finale:
Allemagne féd. 6	Autriche 1
Hongrie 4	Uruguay 2

Finale pour la 3e place:
Autriche 3	Uruguay 1

FINALE:
Allemagne féd. 3 Hongrie 2

Buts: Morlock et Rahn (2) pour l'Allemagne Fédérale
Puskas et Czibor pour la Hongrie.

LES FINALISTES:
Allemagne fédérale: Turek; Posipal, Kohlmeyer; Eckel, Liebrich, Mai; Rahn, Morlock, O. Walter, F. Walter (C), Schaefer

Hongrie: Grosics; Buzansky, Lantos; Bozsic, Lorant, Zakarias; Czibor, Kocsis, Hidegkuti, Puskas (C), J. Toth

BUTEURS:

Kocsis	Hongrie	11 buts
Morlock	Allemagne féd.	6
Probst	Autriche	6
Hugi	Suisse	6
Puskas	Hongrie	4

VAINQUEUR: ALLEMAGNE FÉDÉRALE

1958 SUÈDE

Nombre de pays membres de la FIFA: 96
Président de la FIFA: Arthur Drewry (Angleterre)
Nombre de pays inscrits à la ronde préliminaire: 53
Les 16 participants à la phase finale: Argentine, Angleterre, Autriche, Brésil, Tchécoslovaquie, France, Allemagne fédérale, Hongrie, Mexique, Irlande du Nord, Paraguay, Écosse, Suède, URSS, Galles, Yougoslavie.

RÉSULTATS:

Groupe 1

Allemagne féd. 3	Argentine 1
Irlande du Nord 1	Tchécoslovaquie 0
Tchécoslovaquie 2	Allemagne féd. 2
Argentine 3	Irlande du Nord 1
Irlande du Nord 2	Allemagne féd. 2
Tchécoslovaquie 6	Argentine 1

Groupe 2

France 7	Paraguay 3
Yougoslavie 1	Écosse 1
Paraguay 3	Écosse 2
Yougoslavie 3	France 2
Yougoslavie 3	Paraguay 3
France 2	Écosse 1

Groupe 3

Suède 3	Mexique 0
Hongrie 1	Galles 1
Mexique 1	Galles 1
Suède 2	Hongrie 1
Suède 0	Galles 0
Hongrie 4	Mexique 0

Groupe 4

Angleterre 2	URSS 2
Brésil 3	Autriche 0
Brésil 0	Angleterre 0
URSS 2	Autriche 0
Brésil 2	URSS 0
Angleterre 2	Autriche 2

Classement après les matchs de groupes:

Groupe 1	J	G	N	P	BP	BC	Pts
Allemagne féd.	3	1	2	0	7	5	4
Tchécoslovaquie	3	1	1	1	8	4	3
Irlande du Nord	3	1	1	1	4	5	3
Argentine	3	1	0	2	5	10	2

(Match décisif pour la 2e place:
Irlande du Nord 2 Tchécoslovaquie 1)

Groupe 2	J	G	N	P	BP	BC	Pts
France	3	2	0	1	11	7	4
Yougoslavie	3	1	2	0	7	6	4
Paraguay	3	1	1	1	9	12	3
Écosse	3	0	1	2	4	6	1

Groupe 3	J	G	N	P	BP	BC	Pts
Suède	3	2	1	0	5	1	5
Hongrie	3	1	1	1	6	3	3
Galles	3	0	3	0	2	2	3
Mexique	3	0	1	2	1	8	1

(Match décisif pour la 2e place:
Galles 2 Hongrie 1)

Groupe 4	J	G	N	P	BP	BC	Pts
Brésil	3	2	1	0	5	0	5
URSS	3	1	1	1	4	4	3
Angleterre	3	0	3	0	4	4	3
Autriche	3	0	1	2	2	7	1

(Match décisif pour la 2e place:
URSS 1 Angleterre 0)

1/4 de finale:

Allemagne féd. 1	Yougoslavie 0
France 4	Irlande du Nord 0
Suède 2	URSS 0
Brésil 1	Galles 0

Finale pour la 3e place:

France 6	Allemagne féd. 3

FINALE:

Brésil 5	Suède 2

Buts: Vava (2), Pelé (2), Zagalo pour le Brésil;
Liedholm et Simonsson pour la Suède.

LES FINALISTES:

Brésil: Gilmar; D. Santos, N. Santos
Orlando, Bellini (C), Zito, Didi,
Garrincha, Vava, Pelé, Zagalo.

Suède: Boerjesson, Gustavsson, Parliag;
Hamrin, Gren, Simonsson,
Liedholm (C), Skoglund.

BUTEURS:

Fontaine	France	13 buts
Pelé	Brésil	6
Rahn	Allemagne féd.	6
Vava	Brésil	5
McParland	Irlande du Nord	5

VAINQUEUR: BRÉSIL

1962 CHILI

30/05 au 17/06/1962

Nombre de pays membres de la FIFA: 109
Président de la FIFA: Sir Stanley Rous (Angleterre)
Nombre de pays inscrits à la ronde préliminaire: 56
Les 16 participants à la phase finale: Angleterre, Allemagne fédérale, Argentine, Brésil, Bulgarie, Chili, Colombie, Hongrie, Italie, URSS, Mexique, Espagne, Suisse, Tchécoslovaquie, Uruguay, Yougoslavie.

RÉSULTATS:

Groupe 1

Uruguay 2	Colombie 1
URSS 2	Yougoslavie 0
Yougoslavie 3	Uruguay 1
URSS 4	Colombie 4
URSS 2	Uruguay 1
Yougoslavie 5	Colombie 0

Groupe 2

Chili 3	Suisse 1
Italie 0	Allemagne féd. 0
Chili 2	Italie 0
Allemagne Féd. 2	Suisse 1
Allemagne Féd. 2	Chili 0
Italie 3	Suisse 0

Groupe 3

Brésil 2	Mexique 0
Tchécoslovaquie 1	Espagne 0
Brésil 0	Tchécoslovaquie 0
Espagne 1	Mexique 0
Brésil 2	Espagne 1
Mexique 3	Tchécoslovaquie 1

Groupe 4

Argentine 1	Bulgarie 0
Hongrie 2	Angleterre 1
Angleterre 3	Argentine 1
Hongrie 6	Bulgarie 1
Argentine 0	Hongrie 0
Bulgarie 0	Angleterre 0

Classement après les matchs de groupes:

Groupe 1	J	G	N	P	BP	BC	Pts
URSS	3	2	1	0	8	5	5
Yougoslavie	3	2	0	1	8	3	4
Uruguay	3	1	0	2	4	6	2
Colombie	3	0	1	2	5	11	1

Groupe 2	J	G	N	P	BP	BC	Pts
Allemagne féd.	3	2	1	0	4	1	5
Chili	3	2	0	1	5	3	4
Italie	3	1	1	1	3	2	3
Suisse	3	0	0	3	2	8	0

Groupe 3	J	G	N	P	BP	BC	Pts
Brésil	3	2	1	0	4	1	5
Tchécoslovaquie	3	1	1	1	2	3	3
Mexique	3	1	0	2	3	4	2
Espagne	3	1	0	2	2	3	2

Groupe 4	J	G	N	P	BP	BC	Pts
Hongrie	3	2	1	0	8	2	5
Angleterre	3	1	1	1	4	3	3
Argentine	3	1	1	1	2	3	3
Bulgarie	3	0	1	2	1	7	1

1/4 de finale:

Brésil 3	Angleterre 1
Chili 2	URSS 1
Yougoslavie 1	Allemagne Féd. 0
Tchécoslovaquie 1	Hongrie 0

1/2 finale:

Brésil 4	Chili 2
Tchécoslovaquie 3	Yougoslavie 1

Finale pour la 3e place:

Chili 1	Yougoslavie 0

FINALE:

Brésil 3	Tchécoslovaquie 1

Buts: Amarildo, Zito et Vava pour le Brésil; Masopust pour la Tchécoslovaquie.

LES FINALISTES:

Brésil: Gilmar (C); D. Santos, Mauro, Zozimo, N. Santos; Zito, Didi; Garrincha, Vava, Amarildo, Zagalo.

Tchécoslovaquie: Schroiff; Tichy, Novak (C); Pluskal, Popluhar, Masopust; Pospichal, Scherer, Kvasniak, Kadraba, Jelinek.

BUTEURS:

Garrincha	Argentine	4 buts
Vava	Brésil	4
Sanchez	Chili	4
Ivanov	URSS	4
Jerkovic	Yougoslavie	4
Albert	Hongrie	4

VAINQUEUR: BRÉSIL

1966 ANGLETERRE

11 au 30/07/1966

Nombre de pays membres de la FIFA: 126
Président de la FIFA: Sir Stanley Rous (Angleterre)
Nombre de pays inscrits à la ronde préliminaire: 71
Les 16 participants à la phase finale: Allemagne fédérale, Angleterre, Argentine, Brésil, Bulgarie, Chili, France, Hongrie, Italie, Mexique, Corée du Nord, Portugal, Espagne, Suisse, URSS, Uruguay.

RÉSULTATS:

Groupe 1

Angleterre 0	Uruguay 0
France 1	Mexique 1
Uruguay 2	France 1
Angleterre 2	Mexique 0
Mexique 0	Uruguay 0
Angleterre 2	France 0

Groupe 2

Allemagne féd. 5	Suisse 0
Argentine 2	Espagne 1
Espagne 2	Suisse 1
Allemagne féd. 0	Argentine 0
Argentine 2	Suisse 0
Allemagne féd. 2	Espagne 1

Groupe 3

Brésil 2	Bulgarie 0
Portugal 3	Hongrie 1
Hongrie 3	Brésil 1
Portugal 3	Bulgarie 0
Portugal 3	Brésil 1
Hongrie 3	Bulgarie 1

Groupe 4

URSS 3	Corée du Nord 0
Italie 2	Chili 0
Chili 1	Corée du Nord 1
URSS 1	Italie 0
Corée du Nord 1	Italie 0
URSS 2	Chili 1

Classement après les matchs de groupes:

Groupe 1	J	G	N	P	BP	BC	Pts
Angleterre	3	2	1	0	4	0	5
Uruguay	3	1	2	0	2	1	4
Mexique	3	0	2	1	1	3	2
France	3	0	1	2	2	5	1

Groupe 2	J	G	N	P	BP	BC	Pts
Allemagne féd.	3	2	1	0	7	1	5
Argentine	3	2	1	0	4	1	5
Espagne	3	1	0	2	4	5	2
Suisse	3	0	0	3	1	9	0

RÉSULTATS:

Groupe 3	J	G	N	P	BP	BC	Pts
Portugal	3	3	0	0	9	2	6
Hongrie	3	2	0	1	7	5	4
Brésil	3	1	0	2	4	6	2
Bulgarie	3	0	0	3	1	8	0

Groupe 4	J	G	N	P	BP	BC	Pts
URSS	3	3	0	0	6	1	6
Corée du Nord	3	1	1	1	2	4	3
Italie	3	1	0	2	2	2	2
Chili	3	0	1	2	2	5	1

1/4 de finale:

Allemagne féd. 4	Uruguay 0
URSS 2	Hongrie 1
Portugal 5	Corée du Nord 3
Angleterre 1	Argentine 0

1/2 finale:

Allemagne féd. 2	URSS 1
Angleterre 2	Portugal 1

Finale pour la 3e place:

Portugal 2	URSS 1

FINALE:

Angleterre 4	Allemagne féd. 2

Buts:
Hurst (3) et Peters pour l'Angleterre;
Haller et Weber pour l'Allemagne féd.

LES FINALISTES:

Angleterre: Banks; Cohen, Wilson; Stiles, J. Charlton, Moore (C); Ball, Hurst, Hunt, B. Charlton, Peters.

Allemagne fédérale: Tilkowski; Hottges, Schulz, Weber, Schnellinger; Haller, Beckenbauer; Overath, Seeler (C), Held, Emmerich.

BUTEURS:

Eusebio	Portugal	9 buts
Haller	Allemagne féd.	6
Beckenbauer	Allemagne féd.	4
Hurst	Angleterre	4
Bene	Hongrie	4

VAINQUEUR: ANGLETERRE

1970 MEXIQUE

31/05 au 21/06/1970

Nombre de pays membres de la FIFA: 137
Président de la FIFA: Sir Stanley Rous (Angleterre)
Nombre de pays inscrits à la ronde préliminaire: 71
Les 16 participants à la phase finale: Belgique, Brésil, Bulgarie, Tchécoslovaquie, Israël, El Salvador, Angleterre, Allemagne fédérale, Italie, Mexique, Maroc, Pérou, Roumanie, Suède, URSS, Uruguay.

RÉSULTATS:

Groupe 1

Mexique 0	URSS 0
Belgique 3	El Salvador 0
URSS 4	Belgique 1
Mexique 4	El Salvador 0
URSS 2	El Salvador 0
Mexique 1	Belgique 0

Groupe 2

Uruguay 2	Israël 0
Italie 1	Suède 0
Italie 0	Uruguay 0
Suède 1	Israël 1
Suède 1	Uruguay 0
Italie 0	Israël 0

Groupe 3

Angleterre 1	Roumanie 0
Brésil 4	Tchécoslovaquie 1
Roumanie 2	Tchécoslovaquie 1
Brésil 1	Angleterre 0
Brésil 3	Roumanie 2
Angleterre 1	Tchécoslovaquie 0

Groupe 4

Pérou 3	Bulgarie 2
Allemagne féd. 2	Maroc 1
Pérou 3	Maroc 0
Allemagne féd. 5	Bulgarie 2
Allemagne féd. 3	Pérou 1
Bulgarie 1	Maroc 1

Classement après les matchs de groupes:

Groupe 1	J	G	N	P	BP	BC	Pts
URSS	3	2	1	0	6	1	5
Mexique	3	2	1	0	5	0	5
Belgique	3	1	0	2	4	5	2
El Salvador	3	0	0	3	0	9	0

Groupe 2	J	G	N	P	BP	BC	Pts
Italie	3	1	2	0	1	0	4
Uruguay	3	1	1	1	2	1	3
Suède	3	1	1	1	2	2	3
Israël	3	0	2	1	1	3	2

RÉSULTATS:

Groupe 3	J	G	N	P	BP	BC	Pts
Brésil	3	3	0	0	8	3	6
Angleterre	3	2	0	1	2	1	4
Roumanie	3	1	0	2	4	5	2
Tchécoslovaquie	3	0	0	3	2	7	0

Groupe 4	J	G	N	P	BP	BC	Pts
Allemagne féd.	3	3	0	0	10	4	6
Pérou	3	2	0	1	7	5	4
Bulgarie	3	0	1	2	5	9	1
Maroc	3	0	1	2	2	6	1

1/4 de finale:

Uruguay 1	URSS 0
Italie 4	Mexique 1
Brésil 4	Pérou 2
Allemagne féd. 3	Angleterre 2

1/2 finale:

Italie 4	Allemagne féd. 3
Brésil 3	Uruguay 1

Finale pour la 3e place:

Allemagne Féd. 1	Uruguay 0

FINALE:

Brésil 4	Italie 1

Buts:
Pelé, Gerson, Jairzinho et Carlos Alberto pour le Brésil; Boninsegna pour l'Italie

LES FINALISTES:

Brésil: Felix; Carlos Alberto (C), Brito, Piazza, Everaldo; Clodoaldo, Gerson; Jairzinho, Tostao, Pelé, Rivelino.

Italie: Albertosi; Cera, Burgnich, Bertini puis Juliano, Rosato, Fachetti (C); Domenghini, Mazzola, De Sisti; Boninsegna puis Rivera, Riva.

BUTEURS:

Gerd Muller	Allemagne féd.	10 buts
Jairzinho	Brésil	7
Cubillas	Pérou	5
Pelé	Brésil	4
Byshovets	URSS	4

VAINQUEUR: BRÉSIL

1974 ALLEMAGNE FÉDÉRALE   13/06 au 07/07/1974

Nombre de pays membres de la FIFA: 141
Président de la FIFA: Joao Havelange (Brésil)
Nombre de pays inscrits à la ronde préliminaire: 98
Les 16 participants à la phase finale: Argentine, Australie, Brésil, Bulgarie, Chili, Allemagne de l'Est, Allemagne fédérale, Haiti, Italie, Pays-Bas, Pologne, Écosse, Suède, Uruguay, Yougoslavie, Zaire.

RÉSULTATS:

Groupe 1

Allemagne féd. 1	Chili 0
Allem. de l'Est 2	Australie 0
Allem. féd. 3	Australie 0
Chili 1	Allemagne de l'Est 1
Allem. de l'Est 1	Allemagne féd. 0
Chili 0	Australie 0

Groupe 2

Brésil 0	Yougoslavie 0
Écosse 2	Zaire 0
Écosse 0	Brésil 0
Yougoslavie 9	Zaire 0
Yougoslavie 1	Écosse 1
Brésil 3	Zaire 0

Groupe 3

Suède 0	Bulgarie 0
Pays-Bas 2	Uruguay 0
Pays-Bas 0	Suède 0
Uruguay 1	Bulgarie 1
Suède 3	Uruguay 0
Pays-Bas 4	Bulgarie 1

Groupe 4

Italie 3	Haiti 1
Pologne 3	Argentine 2
Pologne 7	Haiti 0
Italie 1	Argentine 1
Pologne 2	Italie 1
Argentine 4	Haiti 1

Classement après les matchs de groupes:

Groupe 1	J	G	N	P	BP	BC	Pts
Allem. de l'est	3	2	1	0	4	1	5
Allemagne féd.	3	2	0	1	4	1	4
Chili	3	0	2	1	1	2	2
Australie	3	0	1	2	0	5	1

Groupe 2	J	G	N	P	BP	BC	Pts
Yougoslavie	3	1	2	0	10	1	4
Brésil	3	1	2	0	3	0	4
Écosse	3	1	2	0	3	1	4
Zaire	3	0	0	3	0	14	0

Groupe 3							
Pays-Bas	3	2	1	0	6	1	5
Suède	3	1	2	0	3	0	4
Bulgarie	3	0	2	1	2	5	2
Uruguay	3	0	1	2	1	6	1

Groupe 4							
Pologne	3	3	0	0	12	3	6
Argentine	3	1	1	1	7	5	3
Italie	3	1	1	1	5	4	3
Haiti	3	0	0	3	2	14	0

2e tour :

Groupe A

Brésil 1	Allem. de l'Est 0
Pays-Bas 4	Argentine 0
Brésil 2	Argentine 1
Pays-Bas 2	Allem. de l'Est 0
Pays-Bas 2	Brésil 0
Allem. de l'Est 1	Argentine 1

Groupe B

Allemagne féd. 2	Yougoslavie 0
Pologne 1	Suède 0
Pologne 2	Yougoslavie 1
Allemagne féd. 4	Suède 2
Allemagne féd. 1	Pologne 0
Suède 2	Yougoslavie 1

Classement après le 2e tour:

Groupe A

Groupe A	J	G	N	P	BP	BC	Pts
Pays-Bas	3	3	0	0	8	0	6
Brésil	3	2	0	1	3	3	4
Allem. de l'Est	3	0	1	2	1	4	1
Argentine	3	0	1	2	2	7	1

Groupe B

Groupe B	J	G	N	P	BP	BC	Pts
Allemagne féd.	3	3	0	0	7	2	6
Pologne	3	2	0	1	3	2	4
Suède	3	1	0	2	4	6	2
Yougoslavie	3	0	0	3	2	6	0

Finale pour la 3e place: Pologne 1 - Brésil 0

FINALE:
Allemagne féd. 2   Pays-Bas 1

Buts:
Breitner et Muller pour l'Allemagne féd.;
Neeskens pour les Pays-Bas.

LES FINALISTES:

Allemagne fédérale: Maier; Vogts, Breitner, Bonhof, Schwarzenbeck, Beckenbauer (C), Grabowski, Hoeness, Muller, Overath, Holzenbein.

Pays-Bas: Jongbloed; Suurbier, Rijsbergen puis De Jong, Haan, Krol, Jansen, Van Hanegem, Neeskens, Rep, Cruyff (C), Rensenbrink puis R. Van der Kerkhof.

BUTEURS:

Lato	Pologne	7 buts
Neeskens	Pays-Bas	5
Szarmach	Pologne	5
Muller	Allemagne féd.	4
Rep	Pays-Bas	4

VAINQUEUR: ALLEMAGNE FÉDÉRALE

1978 ARGENTINE

01 au 25/06/1978

Nombre de pays membres de la FIFA: 147
Président de la FIFA: Joao Havelange (Brésil)
Nombre de pays inscrits à la ronde préliminaire: 106
Les 16 participants à la phase finale: Argentine, Australie, Brésil, France, Hongrie, Allemagne fédérale, Iran, Italie, Mexique, Pérou, Pays-Bas, Pologne, Écosse, Espagne, Suède, Tunisie

RÉSULTATS:

Groupe 1

Italie 2	France 1
Argentine 2	Hongrie 1
Italie 3	Hongrie 1
Argentine 2	France 1
Italie 1	Argentine 0
France 3	Hongrie 1

Groupe 2

Allemagne féd. 0	Pologne 0
Tunisie 3	Mexique 1
Pologne 1	Tunisie 0
Allemagne féd. 6	Mexique 0
Tunisie 0	Allemagne féd. 0
Pologne 3	Mexique 1

Groupe 3

Brésil 1	Suède 1
Autriche 2	Espagne 1
Autriche 1	Suède 0
Brésil 0	Espagne 0
Brésil 1	Autriche 0
Espagne 1	Suède 0

Groupe 4

Pays-Bas 3	Iran 0
Pérou 3	Écosse 1
Pays-Bas 0	Pérou 0
Écosse 1	Iran 1
Écosse 3	Pays-Bas 2
Pérou 4	Iran 1

Classement après les matchs de groupes:

Groupe 1	J	G	N	P	BP	BC	Pts
Italie	3	3	0	0	6	2	6
Argentine	3	2	0	1	4	3	4
France	3	1	0	2	5	5	2
Hongrie	3	0	0	3	3	8	0

Groupe 2	J	G	N	P	BP	BC	Pts
Pologne	3	2	1	0	4	1	5
Allemagne féd.	3	1	2	0	6	0	4
Tunisie	3	1	1	1	3	2	3
Mexique	3	0	0	3	2	12	0

RÉSULTATS:

Groupe 3	J	G	N	P	BP	BC	Pts
Autriche	3	2	0	1	3	2	4
Brésil	3	1	2	0	2	1	4
Espagne	3	1	1	1	2	2	3
Suède	3	0	1	2	1	3	1

Groupe 4	J	G	N	P	BP	BC	Pts
Pérou	3	2	1	0	7	2	5
Pays-Bas	3	1	1	1	5	3	3
Écosse	3	1	1	1	5	6	3
Iran	3	0	1	2	2	8	1

2e tour :

Groupe A

Italie 0	Allemagne féd. 0
Pays-Bas 5	Autriche 1
Italie 1	Autriche 0
Allemagne féd. 2	Pays-Bas 2
Pays-Bas 2	Italie 1
Autriche 3	Allemagne féd. 2

Groupe B

Brésil 3	Pérou 0
Argentine 2	Pologne 0
Pologne 1	Pérou 0
Argentine 0	Brésil 0
Brésil 3	Pologne 1
Argentine 6	Pérou 0

307

Classement après le 2e tour:

Groupe A	J	G	N	P	BP	BC	Pts
Pays-Bas	3	2	1	0	9	4	5
Italie	3	1	1	1	2	2	3
Allemagne Féd.	3	0	2	1	4	5	2
Autriche	3	1	0	2	4	8	2

Groupe B		J	G	N	P	BP	BC	Pts
Argentine	3	2	1	0	8	0	5	
Brésil	3	2	1	0	6	1	5	
Pologne	3	1	0	2	2	5	2	
Pérou	3	0	0	3	0	10	0	

Finale pour la 3e place : Brésil 2 - Italie 1

FINALE:

Argentine 3   Pays-Bas 1

Buts:

Kempes (2) et Bertoni pour l'Argentine;
Nanninga pour les Pays-Bas

LES FINALISTES:

Argentine: Fillol; Passarella (C), Olguin, L. Galvan, Tarantini, Ardiles puis Larrosa, Gallego, Ortiz (puis Houseman), Bertoni, Luque, Kempes.

Pays-Bas: Jongbloed; Krol (C), Poortvliet, Brandts, Jansen puis Suurbier, Haan, Neeskens, W. Van der Kerkhof, Rep puis Nanninga, R. Van der Kerkhof, Rensenbrink.

BUTEURS:

Kempes	Argentine	6 buts
Cubillas	Pérou	5
Rensenbrink	Pays-Bas	5
Luque	Argentine	4
Krankl	Autriche	4

VAINQUEUR: ARGENTINE

1982 ESPAGNE   **13/06 au 11/07/1982**

Nombre de pays membres de la FIFA: 150
Président de la FIFA: Joao Havelange (Brésil)
Nombre de pays inscrits à la ronde préliminaire: 109
Les 24 participants à la phase finale: Algérie, Argentine, Autriche, Belgique, Brésil, Cameroun, Chili, Tchécoslovaquie, El Salvador, Angleterre, France, Allemagne Fédérale, Honduras, Hongrie, Italie, Koweit, Nouvelle-Zélande, Irlande du Nord, Pérou, Pologne, Écosse, Espagne, URSS, Yougoslavie.

RÉSULTATS:

Groupe 1
Italie 0	Pologne 0
Pérou 0	Cameroun 0
Italie 1	Pérou 1
Pologne 0	Cameroun 0
Pologne 5	Pérou 1
Italie 1	Cameroun 1

Groupe 2
Algérie 2	Allemagne féd. 1
Autriche 1	Chili 0
Allemagne féd. 4	Chili 1
Autriche 2	Algérie 0
Algérie 3	Chili 2
Allemagne féd. 1	Autriche 0

Groupe 3
Belgique 1	Argentine 0
Hongrie 10	El Salvador 1
Argentine 4	Hongrie 1
Belgique 1	El Salvador 0
Belgique 1	Hongrie 1
Argentine 2	El Salvador 0

Groupe 4
Angleterre 3	France 1
Tchécoslovaquie 1	Koweit 1
Angleterre 2	Tchécoslovaquie 0
France 4	Koweit 1
France 1	Tchécoslovaquie 1
Angleterre 1	Koweit 0

Groupe 5
Espagne 1	Honduras 1
Yougoslavie 0	Irlande du Nord 0
Espagne 2	Yougoslavie 1
Honduras 1	Irlande du Nord 1
Yougoslavie 1	Honduras 0
Irlande du Nord 1	Espagne 0

Groupe 6
Brésil 2	URSS 1
Écosse 5	Nouvelle Zélande 2
Brésil 4	Écosse 1
URSS 3	Nouvelle Zélande 0
URSS 2	Écosse 2
Brésil 4	Nouvelle Zélande 0

Classement après les matchs de groupes :

Groupe 1	J	G	N	P	BP	BC	Pts
Pologne	3	1	2	0	5	1	4
Italie	3	0	3	0	2	2	3
Cameroun	3	0	3	0	1	1	3
Pérou	3	0	2	1	2	6	2

Groupe 2							
Allemagne Féd.	3	2	0	1	6	3	4
Autriche	3	2	0	1	3	1	4
Algérie	3	2	0	1	5	5	4
Chili	3	0	0	3	3	8	0

Groupe 3							
Belgique	3	2	1	0	3	1	5
Argentine	3	2	0	1	6	2	4
Hongrie	3	1	1	1	12	3	3
El Salvador	3	0	0	3	1	13	0

Groupe 4							
Angleterre	3	3	0	0	6	1	6
France	3	1	1	1	6	5	3
Tchécoslovaquie	3	0	2	1	2	4	2
Koweit	3	0	1	2	2	6	1

Groupe 5							
Irlande du Nord	3	1	2	0	2	1	4
Espagne	3	1	1	1	3	3	3
Yougoslavie	3	1	1	1	2	2	3
Honduras	3	0	2	1	2	3	2

Groupe 6	J	G	N	P	BP	BC	Pts
Brésil	3	3	0	0	10	2	6
URSS	3	1	1	1	6	4	3
Écosse	3	1	1	1	8	8	3
Nouvelle Zél.	3	0	0	3	2	12	0

2e tour:
Groupe A

Pologne 3	Belgique 0
URSS 1	Belgique 0
Pologne 0	URSS 0

Groupe B

Allemagne féd. 0	Angleterre 0
Allemagne féd. 2	Espagne 1
Espagne 0	Angleterre 0

Groupe C

Italie 2	Argentine 1
Brésil 3	Argentine 1
Italie 3	Brésil 2

Groupe D

France 1	Autriche 0
Autriche 2	Irlande du Nord 2
France 4	Irlande du Nord 1

Classement après le 2e tour :

Groupe A	J	G	N	P	BP	BC	Pts
Pologne	2	1	1	0	3	0	3
URSS	2	1	1	0	1	0	3
Belgique	2	0	0	2	0	4	0

Groupe B	J	G	N	P	BP	BC	Pts
Allemagne féd.	2	1	1	0	2	1	3
Angleterre	2	0	2	0	0	0	2
Espagne	2	0	1	1	1	2	1

Groupe C	J	G	N	P	BP	BC	Pts
Italie	2	2	0	0	5	3	4
Brésil	2	1	0	1	5	4	2
Argentine	2	0	0	2	2	5	0

Groupe D	J	G	N	P	BP	BC	Pts
France	2	2	0	0	5	1	4
Autriche	2	0	1	1	2	3	1
Irlande du Nord	2	0	1	1	3	6	1

1/2 finale:

Italie 2	Pologne 0
Allemagne féd. 3	France 3

(L'Allemagne féd. gagne 5 tirs au but à 4)

Finale pour la 3e place:

Pologne 3	France 2

FINALE:

Italie 3	Allemagne féd. 1

Buts:
Rossi, Tardelli et Altobelli pour l'Italie, Breitner pour l'Allemagne féd.

LES FINALISTES:
Italie: Zoff (C); Bergomi, Cabrini, Collovati, Scirea, Gentile, Oriali, Tardelli, Conti, Graziani puis Altobelli puis Causio, Rossi.

Allemagne fédérale: Schumacher; Kaltz, K.H. Forster, Stielike, B. Forster, Breitner, Dremmler puis Hrubesch, Littbarski, Briegel, Rummenigge (C) puis Muller, Fischer.

BUTEURS:

Rossi	Italie	6 buts
Rummenigge	Allemagne féd.	5
Boniek	Pologne	4
Zico	Brésil	4
Giresse	France	3
Falcao	Brésil	3

VAINQUEUR: ITALIE

310

1986 MEXIQUE 31/05 au 29/06/1986

Nombre de pays membres de la FIFA: 158
Président de la FIFA: Joao Havelange (Brésil)
Nombre de pays inscrits à la ronde préliminaire: 121
Les 24 participants à la phase finale: Algérie, Argentine, Belgique, Brésil,
Bulgarie, CANADA, Danemark, Angleterre, France, Allemagne fédérale, Hongrie,
Iraq, Italie, Corée du Sud, Mexique, Maroc, Irlande du Nord, Paraguay, URSS,
Pologne, Portugal, Écosse, Espagne, Uruguay.

RÉSULTATS:

Groupe A
Bulgarie 1	Italie 1
Argentine 3	Corée du Sud 1
Italie 1	Argentine 1
Corée du Sud 1	Bulgarie 1
Italie 3	Corée du Sud 2
Argentine 2	Bulgarie 0

Groupe B
Mexique 2	Belgique 1
Paraguay 1	Iraq 0
Mexique 1	Paraguay 1
Belgique 2	Iraq 1
Mexique 1	Iraq 0
Paraguay 2	Belgique 2

Groupe C
France 1	CANADA 0
URSS 6	Hongrie 0
France 1	URSS 1
Hongrie 2	CANADA 0
France 3	Hongrie 0
URSS 2	CANADA 0

Groupe D
Brésil 1	Espagne 0
Algérie 1	Irlande du Nord 1
Brésil 1	Algérie 0
Espagne 2	Irlande du Nord 1
Brésil 3	Irlande du Nord 0
Espagne 3	Algérie 0

Groupe E
Uruguay 1	Allemagne Féd. 1
Danemark 1	Écosse 0
Allemagne Féd. 2	Écosse 1
Danemark 6	Uruguay 1
Danemark 2	Allemagne Féd. 0
Écosse 0	Uruguay 0

Groupe F
Maroc 0	Pologne 0
Portugal 1	Angleterre 0
Angleterre 0	Maroc 0
Pologne 1	Portugal 0
Maroc 3	Portugal 1
Angleterre 3	Pologne 0

Classement après les matchs de groupes :

Groupe A	J	G	N	P	BP	BC	Pts
Argentine	3	2	1	0	6	2	5
Italie	3	1	2	0	5	4	4
Bulgarie	3	0	2	0	5	4	4
Corée du Sud	3	0	1	2	4	7	1

Groupe B							
Mexique	3	2	1	0	4	2	5
Paraguay	3	1	2	0	4	3	4
Belgique	3	1	1	1	5	5	3
Iraq	3	0	0	3	1	4	0

Groupe C							
URSS	3	2	1	0	9	1	5
France	3	2	1	0	5	1	5
Hongrie	3	1	0	2	2	9	2
CANADA	3	0	0	3	0	5	0

Groupe D							
Brésil	3	3	0	0	5	0	6
Espagne	3	2	0	1	5	2	4
Irlande du Nord	3	0	1	2	2	6	1
Algérie	3	0	1	2	1	5	1

Groupe E							
Danemark	3	3	0	0	9	1	6
Allemagne féd.	3	1	1	1	3	4	3
Uruguay	3	0	2	1	2	7	2
Écosse	3	0	1	2	1	3	1

Groupe F	J	G	N	P	BP	BC	Pts
Maroc	3	1	2	0	3	1	4
Angleterre	3	1	1	1	3	1	3
Pologne	3	1	1	1	1	3	3
Portugal	3	1	0	2	2	4	2

1/8 de finale:

Mexique 2	Bulgarie 0
Belgique 4	URSS 3
Argentine 1	Uruguay 0
Brésil 4	Pologne 0
France 2	Italie 0
Allemagne féd. 1	Maroc 0
Angleterre 3	Paraguay 0
Espagne 5	Danemark 0

1/4 de finale:

Brésil 1 — France 1
(La France gagne 4 tirs au but à 3)
Allemagne féd. 0 - Mexique 0
(L'Allemagne féd. gagne 4 tirs au but à 1)
Espagne 1 — Belgique 1
(La Belgique gagne 5 tirs au but à 4)
Argentine 2 — Angleterre 1

1/2 finale:

Argentine 2 — Belgique 0
Allemagne féd. 2 — France 0

Finale pour la 3e place:

France 4 — Belgique 2

FINALE:
Argentine 3 — Allemagne féd. 2

Buts:
Brown, Valdano et Burruchaga pour l'Argentine;
Rummenigge et Voller pour l'Allemagne Féd.

LES FINALISTES:

Argentine: Pumpido; Cuciuffo, Olarticoechea, Ruggeri, Brown, Giusti, Burruchaga puis Trobbiani, Batista, Valdano, Maradona (C), Enrique.

Allemagne fédérale: Schumacher; Berthold, Briegel, Jakobs, K.H. Forster, Eder, Brehme, Matthaus, Allofs puis Voller, Magath puis Hoeness, Rummenigge (C).

BUTEURS:

Lineker	Angleterre	6 buts
Maradona	Argentine	5
Careca	Brésil	5
Butragueno	Espagne	5
Valdano	Argentine	4
Altobelli	Italie	4
Elkjaer-Larsen	Danemark	4
Belanov	URSS	4

VAINQUEUR: ARGENTINE

1990 ITALIE
08/06 au 08/07/1990

Nombre de pays membres de la FIFA: 166
Président de la FIFA: Joao Havelange (Brésil)
Nombre de pays inscrits à la ronde préliminaire: 112
Les 24 participants à la phase finale: Argentine, Autriche, Belgique, Brésil, Cameroun, Colombie, Costa Rica, Tchécoslovaquie, Égypte, Angleterre, Allemagne fédérale, Eire, Italie, Corée du Sud, Pays-Bas, Roumanie, Écosse, Espagne, Suède, Emirats Arabes Unis, Uruguay, USA., URSS, Yougoslavie

RÉSULTATS:

Groupe A
Italie 1	Autriche 0
Tchécoslovaquie 5	USA 1
Italie 1	USA 0
Tchécoslovaquie 1	Autriche 0
Italie 2	Tchécoslovaquie 0
Autriche 2	USA 1

Groupe B
Cameroun 1	Argentine 0
Roumanie 2	URSS 1
Argentine 2	URSS 0
Cameroun 2	Roumanie 1
Argentine 1	Roumanie 1
URSS 4	Cameroun 0

Groupe C
Brésil 2	Suède 1
Costa Rica 1	Écosse 0
Brésil 1	Costa Rica 0
Écosse 2	Suède 1
Brésil 1	Écosse 0
Costa Rica 2	Suède 1

Groupe D
Colombie 2	EAU 0
Allemagne féd. 4	Yougoslavie 1
Yougoslavie 1	Colombie 0
Allemagne féd. 5	EAU 1
Allemagne féd. 1	Colombie 1
Yougoslavie 4	EAU 1

Groupe E
Belgique 2	Corée du Sud 0
Uruguay 0	Espagne 0
Belgique 3	Uruguay 1
Espagne 3	Corée du Sud 1
Espagne 2	Belgique 1
Uruguay 1	Corée du Sud 0

Groupe F
Angleterre 1	Eire 1
Pays-Bas 1	Égypte 1
Angleterre 0	Pays-Bas 0
Eire 0	Égypte 0
Angleterre 1	Égype 0
Eire 1	Pays-Bas 1

Classement après les matchs de groupes :

Groupe A	J	G	N	P	BP	BC	Pts
Italie	3	3	0	0	4	0	6
Tchécoslovaquie	3	2	0	1	6	3	4
Autriche	3	1	0	2	2	3	2
U.S.A.	3	0	0	3	2	8	0

Groupe B	J	G	N	P	BP	BC	Pts
Cameroun	3	2	0	1	3	5	4
Roumanie	3	1	1	1	4	3	3
Argentine	3	1	1	1	3	2	3
URSS	3	1	0	2	4	4	2

Groupe C	J	G	N	P	BP	BC	Pts
Brésil	3	3	0	0	4	1	6
Costa Rica	3	2	0	1	3	2	4
Écosse	3	1	0	2	2	3	2
Suède	3	0	0	3	3	6	0

Groupe D	J	G	N	P	BP	BC	Pts
Allemagne féd.	3	2	1	0	10	3	5
Yougoslavie	3	2	0	1	6	5	4
Colombie	3	1	1	1	3	2	3
EAU	3	0	0	3	2	11	0

Groupe E	J	G	N	P	BP	BC	Pts
Espagne	3	2	1	0	5	2	5
Belgique	3	2	0	1	6	3	4
Uruguay	3	1	1	1	2	3	3
Corée du Sud	3	0	0	3	1	6	0

Groupe F	J	G	N	P	BP	BC	Pts
Angleterre	3	1	2	0	2	1	4
Eire	3	0	3	0	2	2	3
Pays-Bas	3	0	3	0	2	2	3
Égypte	3	0	2	1	1	2	2

(Eire devant Pays-Bas par tirage au sort)

1/8 de finale:

Cameroun 2	Colombie 1
Tchécoslovaquie 4	Costa Rica 1
Argentine 1	Brésil 0
Allemagne féd. 2	Pays-Bas 1
Eire 0	Roumanie 0

(L'Eire gagne 5 tirs au but à 4)

Italie 2	Uruguay 0
Yougoslavie 2	Espagne 1
Angleterre 1	Belgique 0

1/4 de finale:

Argentine 0	Yougoslavie 0

(L'Argentine gagne 3 tirs au but à 2)

Italie 1	Eire 0
Allemagne féd. 1	Tchécoslovaquie 0
Angleterre 3	Cameroun 2

1/2 finale:

Argentine 1	Italie 1

(L'Argentine gagne 4 tirs au but à 3)

Allemagne féd. 1	Angleterre 1

(L'Allemagne féd. gagne 4 tirs
au but à 3)

Finale pour la 3e place:

Italie 2	Angleterre 1

FINALE:

Allemagne féd. 1	Argentine 0

Buts:
Brehme pour l'Allemagne.

LES FINALISTES:
Allemagne fédérale: Illgner;
Augenthaler; Buchwald, Kohler,
Berthold puis Reuter, Hassler, Matthaus
(C), Littbarski, Brehme; Voller,
Klinsmann.

Argentine: Goycochea; Simon;
Ruggeri puis Monzon, Serrizuela,
Sensini, Burruchaga puis Calderon,
Troglio, Basualdo, Lorenzo; Dezotti,
Maradona(C).

BUTEURS:

Schillaci	Italie	6 buts	
Skuhravy	Tchécoslovaquie	5	
Michel	Espagne	4	
Milla	Cameroun	4	
Matthaus	Allemagne féd.	4	
Lineker	Angleterre	4	

VAINQUEUR: ALLEMAGNE FÉDÉRALE

CLASSEMENT DES BUTEURS
(7 buts et plus)

BUTS

14	Gerd Muller	Allemagne féd.	10/1970	04/1974		
13	Just Fontaine	France	13/1958			
12	Pelé	Brésil	06/1958	01/1962	01/1966	04/1970
11	Sandor Kocsis	Hongrie	11/1954			
10	Helmut Rahn	Allemagne féd.	04/1954	06/1958		
	Teofilo Cubillas	Pérou	05/1970	05/1978		
	Grzegorz Lato	Pologne	07/1974	02/1978	01/1982	
	Gary Lineker	Angleterre	06/1986	04/1990		
9	Leonidas	Brésil	01/1934	08/1938		
	Ademir	Brésil	09/1950			
	Juan A. Schiaffino	Uruguay	07/1950	02/1954		
	Vava	Brésil	05/1958	04/1962		
	Uwe Seeler	Allemagne féd.	02/1958	02/1962	02/1966	03/1970
	Eusebio	Portugal	09/1966			
	Jairzinho	Brésil	07/1970	02/1974		
	Paolo Rossi	Italie	03/1978	06/1982		
	K.H. Rummenigge	Allemagne féd.	03/1978	05/1982	01/1986	
8	Guillermo Stabile	Argentine	08/1930			
7	Lajos Tichy	Hongrie	04/1958	03/1962		
	Johnny Rep	Pays-Bas	04/1974	03/1978		
	Andrzej Szarmach	Pologne	05/1974	01/1978	01/1982	
	Diego Maradona	Argentine	02/1982	05/1986		
	Careca	Brésil	05/1986	02/1990		
	Szengeller	Hongrie	07/1938			

TOTAL DE BUTS MARQUÉS ET MOYENNE PAR MATCH

Année	Endroit	Buts	Matchs	Moyenne
1930	Uruguay	70	18	3,89
1934	Italie	70	17	4,11
1938	France	84	18	4,66
1950	Brésil	88	22	4,00
1954	Suisse	140	26	5,38
1958	Suède	126	35	3,60
1962	Chili	89	32	2,78
1966	Angleterre	89	32	2,78
1970	Mexique	95	32	2,96
1974	Allemagne fédérale	97	38	2,55
1978	Argentine	102	38	2,68
1982	Espagne	146	52	2,54
1986	Mexique	132	52	2,54
1990	Italie	115	52	2,21
Total		**1443**	**464**	**3,11**

COUPE DU MONDE DE LA FIFA

CLASSEMENT GÉNÉRAL DES PAYS

#	Pays	J	G	N	P	BP	BC	Pts	Uru 1930	Ita 1934	Fra 1938	Bra 1950	Sui 1954	Swe 1958	Chi 1962	Eng 1966	Mex 1970	FRG 1974	Arg 1978	Esp 1982	Mex 1986	Ita 1990
1	Brésil	66	44	11	11	148	65	99	6	14	3	2	5	1	1	11	1	4	3	5	5	9
2	All. féd.	68	39	15	14	145	90	93		3	10		1	4	7	2	3	1	6	2	2	1
3	Italie	54	31	12	11	89	54	74		1	1	7	10		9	9	2	10	4	1	12	3
4	Argentine	48	24	9	15	82	59	57	2	9				13	10	5		8	1	11	1	2
5	Angleterre	41	18	12	11	55	38	48					8	6	11	1	8			6	8	4
6	Uruguay	37	15	8	14	61	52	38	1			1	4		12	7	4	13			16	16
7	URSS	31	15	6	10	53	34	36						7	6	4	5			7	10	17
8	France	34	15	5	14	71	56	35	7	9	6		11	3			13		12	4	3	
9	Yougoslavie	33	14	7	12	55	42	35	4			5	7	5	4			7		16		5
10	Hongrie	32	15	3	14	87	57	33		6	2		2	10	5	6			15	14	18	
11	Espagne	32	13	7	12	43	38	33		5		4			13	10			10	12	7	10
12	Pologne	25	13	5	7	39	29	31			11							3	5	3	14	
13	Suède	31	11	6	14	51	52	28		8	4	3		2			9	5	13			21
14	Tchécos.	30	11	5	14	44	45	27		2	5		14	9	2		15			19		6
15	Autriche	26	12	2	12	40	43	26		4			3	15					7	8		18
16	Pays-Bas	20	8	6	6	35	23	22		9	14							2	2			15
17	Belgique	25	7	4	14	33	49	18	11	15	13		12				10			10	4	11
18	Mexique	29	6	6	17	27	64	18	13			12	13	16	11	12	6		16		6	
19	Chili	21	7	3	11	26	32	17	5			9			3	13		11		22		
20	Écosse	20	4	6	10	23	35	14					15	14				9	11	15	19	18
21	Portugal	9	6	0	3	19	12	12								3					17	
22	Suisse	18	5	2	11	28	44	12		7	7	6	8		16	16						
23	Irlande du Nord	13	3	5	5	13	23	11						8						9	21	
24	Pérou	15	4	3	8	19	31	11	10								7		8	20		
25	Paraguay	11	3	4	4	16	25	10	9			11		12							13	
26	Cameroun	8	3	3	2	8	10	9												17		7
27	Roumanie	12	3	3	6	16	20	9	8	12	9						10					12
28	Danemark	4	3	0	1	10	6	6													9	
29	All. de l'Est	6	2	2	2	5	5	6										6				
30	États-Unis	10	3	0	7	14	29	6	3	16		10										23
31	Bulgarie	16	0	6	10	11	35	6							15	15	13	12			15	
32	Pays de Galles	5	1	3	1	4	4	5						6								
33	Maroc	7	1	3	3	5	8	5									14				11	
34	Algérie	6	2	1	3	6	10	5												13	22	
35	Rép. d'Irlande	5	0	4	1	2	3	4														8
36	Costa Rica	4	2	0	2	4	6	4														13
37	Colombie	7	1	2	4	9	15	4							14							14
38	Tunisie	3	1	1	1	3	2	3											9			
39	Corée du Nord	4	1	1	2	5	9	3								8						
40	Cuba	3	1	1	1	5	12	3			8											
41	Turquie	3	1	0	2	10	11	2					9									
42	Honduras	3	0	2	1	2	3	2												18		
43	Israël	3	0	2	1	1	3	2									12					
44	Égypte	4	0	2	2	3	6	2		13												20
45	Koweït	3	0	1	2	2	6	1												21		
46	Australie	3	0	1	2	0	5	1										14				
47	Iran	3	0	1	2	2	8	1											14			
48	Corée du Sud	8	0	1	7	5	29	1					16								20	22
49	Norvège	1	0	0	1	1	2	0			12											
50	Irak	3	0	0	3	1	4	0													23	
51	Canada	3	0	0	3	0	5	0													24	
52	Indes néerland.	1	0	0	1	0	6	0			15											
53	Émirats arabes unis	3	0	0	3	2	11	0														24
54	Nlle-Zélande	3	0	0	3	2	12	0												23		
55	Haïti	3	0	0	3	2	14	0										15				
56	Zaïre	3	0	0	3	0	14	0										16				
57	Bolivie	3	0	0	3	0	16	0	12			13										
58	Salvador	6	0	0	6	1	22	0									16			24		

N.B. Le chiffre indique le rang du pays à chaque phase finale.

RÉSUMÉ

ANNÉE	LIEU DE COMPÉTITION	VAINQUEURS
1930	URUGUAY	URUGUAY
1934	ITALIE	ITALIE
1938	FRANCE	ITALIE
1950*	BRÉSIL	URUGUAY
1954	SUISSE	ALLEMAGNE FÉDÉRALE
1958	SUÈDE	BRÉSIL
1962	CHILI	BRÉSIL
1966	ANGLETERRE	ANGLETERRE
1970	MEXIQUE	BRÉSIL
1974	ALLEMAGNE FÉDÉRALE	ALLEMAGNE FÉDÉRALE
1978	ARGENTINE	ARGENTINE
1982	ESPAGNE	ITALIE
1986	MEXIQUE	ARGENTINE
1990	ITALIE	ALLEMAGNE
1994	ÉTATS-UNIS	?

* Interruption due à la seconde guerre mondiale.

LE CANADA EN COUPE DU MONDE
(Zone CONCACAF)

1930: Abstention.

1934: Abstention.

1938: Abstention.

1950: Abstention.

1954: Abstention.

1958: Participation à la ronde préliminaire.
Élimination au premier tour.

1962: Abstention.

1966: Abstention.

1970: Élimination au premier tour.

1974: Élimination au premier tour.

1978: Élimination au premier tour.

1982: Élimination au tour final.

1986: Qualification à la phase finale au Mexique.

1990: Exemption lors du premier tour.
Élimination au second tour.

Le Canada est membre de la zone CONCACAF regroupant des pays d'Amérique du Nord, d'Amérique centrale et des Caraïbes.

Nom officiel: Confédération Norte-Centro-Americana y del Caribe de Futbol.

QUELQUES STATISTIQUES GÉNÉRALES

1) FIFA:
- 190 pays membres

- 120 000 000 de joueurs/euses enregistrés

- 1 000 000 d'arbitres

- 16 000 000 de matchs par année

2) COUPE DU MONDE DE 1990:
- 26,7 milliards de personnes de 167 pays. Voilà le nombre de téléspectateurs (cumulatif) lors de ITALIA 90.

- 1,4 milliard de personnes ont vut le match final.

- En moyenne, 513 millions de téléspectateurs ont vu chacun des 52 matchs de la phase finale.

3) AUX USA:
- 16 millions de participants.

- Le soccer est le sport d'équipe qui se développe le plus rapidement

- Plus de collèges américains jouent au soccer qu'au football américain.

- Approximativement 4,2 millions de foyers ayant un revenu de plus de 50 000 $ sont impliqués dans le soccer. Une augmentation de 30 % entre 1987 et 1990.

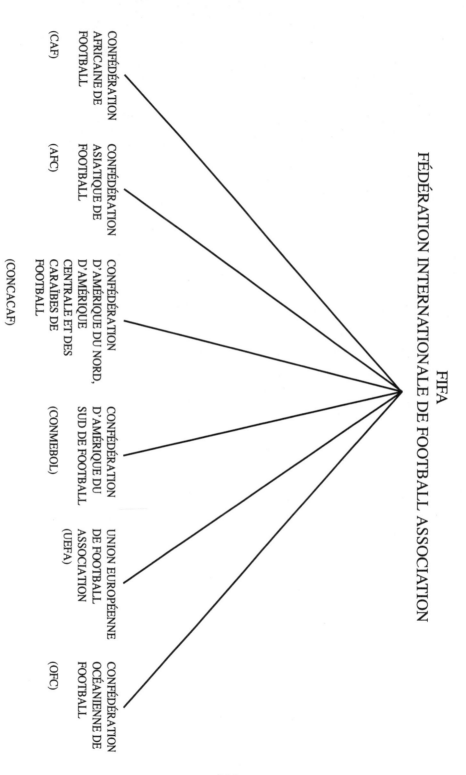

FIFA
FÉDÉRATION INTERNATIONALE DE FOOTBALL ASSOCIATION

CONFÉDÉRATION AFRICAINE DE FOOTBALL (CAF)

CONFÉDÉRATION ASIATIQUE DE FOOTBALL (AFC)

CONFÉDÉRATION D'AMÉRIQUE DU NORD, D'AMÉRIQUE CENTRALE ET DES CARAÏBES DE FOOTBALL (CONCACAF)

CONFÉDÉRATION D'AMÉRIQUE DU SUD DE FOOTBALL (CONMEBOL)

UNION EUROPÉENNE DE FOOTBALL ASSOCIATION (UEFA)

CONFÉDÉRATION OCÉANIENNE DE FOOTBALL (OFC)

TABLE DES MATIÈRES

Achevé d'imprimer
en juin 1994 sur les presses
de Litho Mille-Îles,
Terrebonne, Qc, Canada.